REINHOLD MESSNER

»Gehe ich nicht, gehe ich kaputt.«
Briefe aus dem Himalaja

Daheim, 27. Juni 1980

Lieber Reinhold!

Ich schreibe Dir heute nach Tibet, obwohl ich nicht weiß, ob Dich dieser Brief je erreichen wird.
Du lebst so in einer anderen Welt als Deine Brüder u. damit meine ich nicht nur die Berge.
Ich weiß, Du mußt es. paß auf Dich auf!
Heute vor zehn Jahren warst Du mit Günther auf dem Nanga Parbat.
Damals habe ich gehofft, daß Du jetzt bei uns bleiben wirst.
Du bist wieder aufgebrochen und ich habe Dich trotz allem nicht zurückgehalten. Ich tue es auch jetzt nicht.
Inzwischen hat sich hier in Europa so vieles verändert, der Horizont ist enger u. enger geworden.
Ich habe Deine Art zu leben mehr und mehr begreifen gelernt.
Bleib in Tibet, wenn es Krieg od. Revolution bei uns gibt u. bleibe vorsichtig.
Es denkt an Dich!

Deine
Mutter

REINHOLD MESSNER

»Gehe ich nicht, gehe ich kaputt.«
Briefe aus dem Himalaja

Mit dreizehn Abbildungen

NATIONAL GEOGRAPHIC MALIK

Mehr über unsere Autorinnen, Autoren und Bücher:
www.malik.de

Wenn Ihnen dieses Buch gefallen hat, schreiben Sie uns unter Nennung des Titels »Briefe aus dem Himalaja« an empfehlungen@piper.de, und wir empfehlen Ihnen gerne vergleichbare Bücher.

Die historischen Briefe wurden behutsam der heutigen Orthografie angepasst. Editorische Auszeichnungen und Eigenheiten z. B. der Interpunktion wurden weitgehend beibehalten und nur im Sinne der Lesbarkeit angeglichen.

Unser Versprechen für mehr Nachhaltigkeit
• Klimaneutrales Produkt
• FSC®-zertifiziertes Papier
• Hergestellt in Europa

FSC www.fsc.org
MIX
Papier | Fördert gute Waldnutzung
FSC® C083411

Erstmals im Taschenbuch
ISBN 978-3-492-40662-8
September 2022

erschienen im Verlagsprogramm Malik
Umschlaggestaltung: Petra Dorkenwald nach einem Entwurf von Birgit Kohlhaas
Umschlagabbildungen: Diane Schumacher (Portrait und Berge);
Reinhold Messner (Brief)
Autorenfoto: Peter von Felbert
Abbildungen im Innenteil: Archiv Reinhold Messner, bis auf Seite 14: akg-images / SPL / COLLECTION ABECASIS und Seite 60: akg-images / IMAGNO / Votava
Satz: psb, Berlin
Gesetzt aus der Minion und der Proxima Nova
Litho: Lorenz & Zeller, Inning am Ammersee
Druck und Bindung: CPI books GmbH, Leck
Printed in the EU

Je weiter weg,
desto größer die Sehnsucht nach zu Hause

INHALT

8.2.2020

Liebste,
beim Flug heute – von Bhutan nach Nepal – nahe an der Himalaja-Kette – sah ich den Kangchendzönga aus den Morgennebeln aufsteigen. Was für ein Bild! Wir waren am Chomolari schon vorbei und wenig später erschienen Makalu, Lhotse und Everest – ihre Ostflanken in der Morgensonne. Wenn ich daran denke, daß ich in den Siebzigern ein Jahrzehnt brauchte, um alle 14 Achttausender nur gesehen zu haben, wird mir klar, was es für ein Glück war, in dieses geheimnisvolle Schneeland aufbrechen zu dürfen und wie schwierig damals die Kommunikation mit der Außenwelt war. Wie schwierig muß es für meine Mutter gewesen sein, monatelang nichts über meinen Verbleib zu erfahren.
Ich kann Dir nicht mehr „den Nanga zu Füßen legen", wie es Mummery 1895 seiner Frau versprochen hat, ich kann Dir aber viel über den Himalaja erzählen. Ein Hiagyelo Dein

Reinhold

GETEILTE SEHNSUCHT

Bei den Briefen aus dem Himalaja geht es um Sehnsüchte: die Sehnsucht, die uns beseelt, Monate, oft Jahre vor dem Aufbruch; die Sehnsucht in fernen Ländern nach daheim, der Familie, der Liebsten. Es sind romantische Empfindungen, die mich anfangs in den Himalaja entführten. Sie ließen immer neue, kühnere Herausforderungen in mir wachsen, bis ich, die Sorgen der Eltern, Geschwister und meiner Frauen verdrängend, wieder aufbrechen musste.
Häufig dauerte es Monate, bis Briefe aus einem Hochlager am Makalu ins Basislager und weiter von Postläufern nach Tumlingtar gebracht wurden, mit einer Twin Otter nach Kathmandu und mit der Linienmaschine über mehrere Flughäfen und zuletzt mit der Post ihre Empfänger erreichten. Umgekehrt dauerte es oft ebenso lang.
Nicht selten kamen meine Briefe daheim erst an, als ich schon wieder zurück war. All die Aufregung, mit der sie erwartet worden waren, war dann verflogen.
Mit den Briefen aus dem Himalaja verfolge ich zwei Ziele: Sie erzählen das Höhenbergsteigen meiner Zeit – mit meinen Briefen aus den letzten fünfzig Jahren –, und sie sind, ergänzt um Schlüsselbriefe aus erster Hand aus 200 Jahren Himalaja-Sehnsucht, wohl die authentischste Form der Berichterstattung aus dem Schneeland.
Ich habe mich ein Leben lang in meine Vorläufer, die großen Pioniere, zurückversetzt, um ihren Alpinismus nachempfinden zu können. Dazu hatte ich das Glück, mehr als 50 Expeditionen in den Himalaja zu überleben. Dabei ist mein Blick

auf die Veränderungsprozesse beim Höhenbergsteigen immer schärfer geworden. Mit diesen Briefen nun gebe ich diese Geschichte weiter, sie gehört damit nicht mehr nur den Lieben zu Hause.

DAS GLÜCK DER FRÜHEN GEBURT

Mein Bergsteigen ist mehr kultureller Natur als sportliche Lebensäußerung. Ob ich dabei in den Tälern tief drinnen im Gebirge oder auf den beweideten Almflächen, wo im Laufe von Jahrtausenden eine eigenständige Bergkultur entstanden ist, unterwegs bin oder über Kare, Gletscher und Fels auf Gipfel steige, meine Auseinandersetzung mit dem Berg ist mit Zahlen – Zeitmaß, Schwierigkeit, Höhenmetern – allein nicht messbar. Es ist nichts weiter als die Kunst, in eisigen Höhen am Leben zu bleiben. Die Wirklichkeiten, das Glück auch, die mir dabei zuwachsen – eine Vielfalt von Verhaltensweisen, Erfahrungen, Erkenntnissen –, machen das aus, was ich als traditionellen Alpinismus verstehe: Bergsteigen als Spaziergang durch die Erdgeschichte sowie Vertiefung in die Natur des Menschen. Die ständige Begegnung mit den Naturgesetzen im Himalaja und Karakorum und mit allem, was unserer Welt dort oben Sinn verleiht, hielt ich fünfzig Jahre lang in Briefen nach Hause fest. So hielten es auch alle anderen, die jene Leidenschaft mit mir teilten und teilen, die uns antreibt, in die höchsten Höhen unserer Erde vorzustoßen. Diese »Briefe aus dem Himalaja« – ob von Bedeutung oder nicht – sind jedenfalls zeitlose Dokumente eines Lebensgefühls, das unmittelbar geteilt werden wollte. Dabei geht es um erlebte Wirklichkeit und darum, andere Menschen von der Wahrheit dieser Wirklichkeit zu überzeugen.

Die Auswahl der Briefe ist nicht gerecht, so wenig, wie Geschichte gerecht ist, sie spiegeln aber das Lebensgefühl der jeweiligen Zeit lebensnah wider. Ob nun die Hierarchie zwischen möglich und unmöglich oder die Überheblichkeit der Sahibs – »wir weißen Herrn« – als »biologische Tatsache«.
Im Himalaja wurden Vorstellung und Recht einst von den Göttern diktiert. Diese Wirklichkeit aber schwand und verschwand zuletzt mit unseren Geschichten von der Eroberung der Gipfel. Westen und Osten, Stadt- und Bergkultur mischen sich weiter, auch weil Kulturen dauernd im Fluss bleiben. Mit jedem Jahrhundert schrumpft die Vielfalt an Kulturen, die verbliebenen gleichen sich an, sie werden umfangreicher, komplexer und oberflächlicher. Die Abenteuer einst und heute finden in völlig verschiedenen Welten statt: Die Gesetze der Natur – dazu Schwierigkeiten, Gefahren, Exposition –, einst Voraussetzung für Abenteuer, werden mit touristischen Infrastrukturen ausgehebelt und ersetzt durch Wunschvorstellungen. Diesen erfundenen Geschichten stelle ich nun meine Auswahl der »Briefe aus dem Himalaja« gegenüber: In ihrer Unmittelbarkeit erzählen sie von der Verschmelzung von Natur und Kultur, vom Glück auch, frühzeitig da gewesen zu sein.
Die Menschen in Bhutan gelten heute als die glücklichsten auf dieser Erde. Als ob man subjektives Glücksempfinden mithilfe von Fragebögen ermitteln könnte. Das Glück hängt immer noch von der Gabe ab, es im Hier und Jetzt herauszufordern. Und zuletzt will es geteilt werden, auch mit jenen, die daheim auf eine Nachricht aus den letzten wilden Winkeln im Himalaja warten.

MARCO POLO BRINGT SCHON IM 13. JAHRHUNDERT KUNDE VON DEN HÖCHSTEN HÖHEN DER WELT NACH EUROPA:

Und nachdem du Berge und wieder Berge erstiegen hast, so kommst du endlich zu einem Punkt des Weges, wo du glauben kannst, daß die Berge ringsum das höchste Land der Welt sind … Zwölf Tage lang geht der Weg entlang dieser Höhen, welche den Namen Pamer haben. Und während dieser Zeit trifft man keine Bewohner, und deshalb ist es notwendig, sich vorher zu versorgen. So groß ist die Höhe der Berge, daß man keine Vögel mehr in der Höhe ihrer Gipfel sieht. Und so ungewöhnlich es auch klingen mag, konnte doch festgestellt werden, daß durch die Schärfe der Luft die Feuer, die man angezündet hatte, nicht dieselbe Hitze gaben wie in niederen Lagen und auch nicht die gleiche Wirkung auf Lebensmittel, die man kochen wollte.

Die Brüder Schlagintweit, frühe Himalaja-Pioniere aus München (Abbildung von 1892)

I PIONIERZEIT
1850–1924

»Ich werde mein Bestes dransetzen, Dir den Gipfel des Nanga zu Füßen zu legen.« Albert Frederick Mummery

HERMANN VON SCHLAGINTWEIT AN ALEXANDER VON HUMBOLDT, DARJEELING, *24.4.1855*

Hochverehrteste Excellenz!
Nachdem wir unsere Reise durch Centralindien vollendet, ist es unsere angenehmste Pflicht, Ihnen einige Mittheilungen über dieselbe zu machen; wir müßen dabei vor allem mit dem besten Danke erwähnen, wie wichtig und werthvoll Ihre Briefe uns waren. Überall wurden wir in Folge Ihrer warmen Theilnahme an unseren Bestrebungen mit der größten Zuvorkommenheit aufgenommen und fanden stets alle Hülfe der Behörden, die wir zur Förderung unserer Beobachtungen wünschen konnten. Ihr Name ist hier so verehrt und bekannt wie überall; selbst viele der unterrichteteren Natives in den Städten überraschten uns sehr häufig mit den speciellsten Erkundigungen nach Ihnen, nachdem sie gehört hatten, daß wir aus Deutschland kämen.
Wir haben uns erlaubt, an den König nicht nur einen Bericht über die Reise (vielleicht mit Ausnahme des ersten und letzten Satzes für die geogr. Gesellschaft paßend), sondern auch den officiellen Rapport an die indische Regierung zu übersenden. Aus diesem würden wir Sie bitten, der Academie aus III A. jenen Theil, der sich auf die Abend und Morgenröthe bezieht, und aus Theil IV. vielleicht ebenfalls einiges mitzutheilen. Dr. Rath oder Ewald sind wohl so gütig, die Sachen zu übersetzen; es war uns bei der großen Mannigfaltigkeit der intereßantesten Gegenstände, die uns jeden Tag umgeben, nicht möglich, selbst die Übersetzung zu machen.

In Theil III A. finden Sie, wenn auch mit der Unvollständigkeit, die auf Reisen fast unmöglich zu vermeiden ist, verschiedene Beobachtungen über die Abendröthe, die zunächst durch Ihre Anregung uns aufgefallen sind. (Auch das Alpenglühen, die seconde coloration~~, ist hier ganz ebenso zu~~ und das lang andauernde nächtliche Leuchten des Schnees ist hier ~~ebenso zu~~ Darjeeling-Kichinjinga ebenso zu sehen, wie wir es in den Alpen gefunden; ich werde nächstens wieder einige Zeilen, speciell über diesen Gegenstand Ihnen senden.)
Nachdem diese kleinen Mittheilungen der Academie vorgelegt, würden wir sehr bitten, verzeihen Sie diese rasche Folge fast zu unbescheidener Wünsche, das erstere Prof. Poggendorff für die Annalen, das 2te der geologischen Gesellschaft mitzutheilen.
Wir waren auf das freudigste von dem Beitrage überrascht, den S.M. der König uns zusenden ließ. Wir bitten dem Könige wiederholt unseren tiefgefühlten Dank auszusprechen. Diese Sendung war uns gerade jetzt sehr werthvoll, indem vielleicht von ihr die Möglichkeit, nach Sikkim und dem Kinchinjinga zu kommen, wesentlich abhängt. Unsere Pläne sind nemlich folgende: Meine beiden Brüder haben vor, während des Sommers zunächst Kamaon und Gurwal zu besuchen und gegen Ende des Sommers wo möglich über die Päße an der Westgrenze Nepals nach Katmandu zu gehen. Der letztere Theil ihrer Reise ist nicht ganz bestimmt festgestellt, doch sind vom indischen Gouvernement bereits sehr specielle Vorschläge an die nepaulesische Regierung gemacht worden.
Ich selbst bin bereits am 5ten April nach Darjeeling abgereist und werde versuchen, von da nach Sikkim zu gehen. Der Raja hat die erste Anfrage der Regierung, wie ich erst hier in Darjeeling erfuhr, entschieden mit Nein beantwortet. Ich schlug jedoch jetzt vor, zunächst durch Dr Campbell, den

Residenten in ~~Sikkim~~ Darjeeling, nur direct an den Fuß des Kinchinjunga zu gehen.

Zugleich wird es ganz unvermeidlich sein, wie mir bereits angedeutet wurde, den Beamten des Raja oder vielmehr indirect ihm selbst bedeutende Geschenke bis zum {Ich bitte dieses nicht weiter mitzutheilen, bis es glücklichen Erfolg gehabt hat.} Betrage von etwa 2000 Rupien a 20 Sgr. zu machen, um unterwegs nicht aufgehalten zu werden. Dieß wird zunächst von dem vom Könige zu erhaltenden Beitrage zu bezahlen sein. Leider wird uns dieß auch nöthigen, uns in nicht zu ferner Zeit wiederholt um eine Geldsendung nach Berlin zu wenden. Dürften wir hoffen, daß Ihre gütige Vermittlung auch dieses mal uns unterstützen wird.
Unsere Sammlungen ~~war~~ bestehen vorzugsweise in ~~geologischen Hand Gegenstän~~ Felsarten und Versteinerungen und in einer ziemlich vollständigen Reihe aller charakteristischen Fluß- und Quellwaßer, die wir auf unserer Reise durch Indien fanden. Sie sind in Glasflaschen mit eingeriebenen Stöpseln und gut versiegelt, ~~ein recht intereßantes Mat,~~ wie wir glauben, für spätere Analyse ausreichend gesichert. Unter den ethnographischen Gegenständen dürften vielleicht besonders die Photographien und Abgüsse der Gesichter in Gips zu erwähnen sein. Alles bis jetzt gesammelte Material liegt im Surveyar Generals Office ~~(an das wir auch~~ in Calcutta und wird später mit jenem aus dem Himalaya zusammen nach Europa geschickt).
Dürften wir hoffen, daß Sie uns auch [auf] die Ferne das Wohlwollen und die Theilnahme bewahren, die seit ~~dem Beginn er~~ unseren ersten wissenschaftlichen Versuchen unsere wesentliche Stütze war und die uns stets die schönste Erinnerung unseres Lebens bleiben wird. Ich wage kaum hinzuzufügen, wie ~~wer~~ sehr wir durch einige wenn auch noch so kleine Mittheilung von Ihrer Hand erfreut wären.

(Adresse Surveyar Generals office Calcutta).

Mit dem Ausdrucke unbegrenzter Verehrung und Hochachtung
Euer Excellenz
ganz dankbarst ergebener H. Schlagintweit

Sr Excellenz
Herrn Baron Humboldt
Berlin

ROBERT VON SCHLAGINTWEIT AN ALEXANDER VON HUMBOLDT, LEH IN LADAKH, *26.9.1856*

Hochverehrte Exzellenz!
Es gelang uns jüngst, Hermann und mir selbst, unsere Beobachtungen auf einem für uns besonders interessanten Wege quer durch den Kuenluen bis in die Höhe von Elshi, der Hauptstadt von Khotan, fortzusetzen.
Der Umstand, daß, so viel wir wissen, es niemals noch ein Europäer versucht hatte, die Grenze von Ladak und Turkistan zu überschreiten, mag wohl sehr wesentlich vielleicht mehr als unsere eigenen, sehr geheimen Vorbereitungen in Leh dazu beigetragen haben, uns diese Reise möglich zu machen.
Dem Berichte, den wir uns erlaubten S.M. d. Könige vorzulegen, fügten wir auch eine Zusammenstellung einiger Resultate bei; vielleicht dürfte diese Zusammenstellung wenigstens ihrer Form nach nicht ganz unpassend sein, vielleicht durch Ihre gütige Vermittlung den Academieen zu Berlin und Paris mitgetheilt zu werden (der Royal

Society werden immer unsere Berichte von Colonel Sykes vorgelegt).
Wir fühlen lebhaft, wie unvollständig dieser Bericht erscheinen muß und wie sehr es für uns nöthig ist, nachsichtige Beurtheilung zu beanspruchen besonders von Eurer Excellenz.
Wir hatten so oft das Glück, Ihrer unschätzbaren Belehrung uns zu erfreuen, daß die Erinnerung daran uns nur um so ängstlicher macht, so allgemein gehaltene und gedrängte Mittheilungen, von der Zeit hart bedrängt, senden zu müssen.

Mit den verbindlichsten Empfehlungen von Herman[n] verbleibe ich mit ausgezeichnetster Verehrung und unbegrenzter Hochachtung
Euer Excellenz dankbarst ergebener
Robert Schlagintweit.

Leh, in Ladak, 26. Sept. 1856.

Sr. Excellenz
Hr. Baron von Humboldt etc. etc. etc. etc.

P.S. Empfangen Sie [meinen] ganz verbindlichsten Dank [fü]r die ermuthigende Aufnahme, d[ie] unser Bruder Emil bei Ihnen gefunden hat; alles, was er uns darüber schreibt, ist uns um so erfreulicher, da es uns auf das lebhafteste an die für uns so wichtige Zeit erinnert, in der wir das Glück hatten, mit E. Excellenz bekannt zu werden.

HERMANN VON SCHLAGINTWEIT AN ALEXANDER VON HUMBOLDT, RAWALPINDI IM PUNJAB,

11.12.1856

Hochverehrteste Excellenz!
Es war uns eine grosse Freude, in einem jüngst von unserem Bruder Emil erhaltenen Briefe zu lesen, dass Sie die Berichte, die wir von Zeit zu Zeit über unsere wissenschaftlichen Arbeiten in Indien geben, noch stets wie früher mit reger Theilnahme aufnehmen.
Die Erinnerung an die Belehrungen und die vielfachen Anregungen, die wir Ihnen verdanken, ist uns stets auf das lebhafteste gegenwärtig, und es ist unser eifrigstes Bestreben, Resultate zu erhalten, die vielleicht Ihrer Aufmerksamkeit nicht ganz unwerth sein möchten[.] Robert und ich haben über unsere Beobachtungen in Kuenluen einen kleinen Bericht von Leh Ende September abgesandt, der jetzt wohl Berlin erreicht hat. Gleichzeitig mit diesem Briefe geht ein Bericht von Adolph ab, der die etwas westlicher gelegenen Theile des Kuenluen untersucht hatte.
Unsere Pläne für diese kalte Jahreszeit sind, dass Adolph nach Peshawur und dann dem Indus folgend nach Kurachee und Bombay, Robert auf einer etwas südlicheren Route über Multan und durch Scind* und Guserat** nach Bombay reisen. Ich selbst werde nach Lahore und Patna gehen und von dort, was endlich definitiv arangiert zu sein scheint, Katmandu besuchen. Nach kurzem Aufenthalte in Nepal komme ich nach Calcutta.
Wir glauben dann, durch glückliche Umstände begünstigt, die es uns möglich machten, fast immer getrennten Routen

---

* Sindh

** Gujrat

zu folgen, unsere Beobachtungen in Indien so weit vervollständigt zu haben, dass wir gegen Anfang der heissen Jahreszeit aus Indien abzureisen beabsichtigen.
Auch unsere Sammlungen, sowohl in Beziehung auf Geologie, geographische Botanik und Zoologie als auch auf Ethnographie sind, glaube ich, ziemlich vollständig. Wir haben während der Monate Merz und April 1856 210 grosse Kisten an das India House abgesandt, jüngst 109, die Sammlungen dieses Jahres enthaltend. Von allem sind stets Douppletten vorhanden, und ich hoffe, dass es uns wohl gelingen wird, vom Court of Directors einen grossen Theil auch für Preussen zu erhalten.
Das einzige, was unsere Abreise etwas verzögern wird, sind die Geschäfte des Rechnungsabschlusses mit dem Gouvernement.
Wir hatten es möglich gemacht durch Privatarrangements mit unseren Agenten in Bombay und Calcutta, dann durch officielle Vorschüsse vom Gouvernement gegen spätere Abrechnung, ohne Zeitverlust alle Theile Indiens bereisen zu können und auch die für Sammlungen nöthigen Ausgaben vorläufig zu decken. Überdiess ist der grösste Theil des Inlandtransportes noch nicht an unseren Agenten in Calcutta bezahlt. Ein sehr bedeutdender Theil unserer Ausgaben sind persönlich für Zelte, Bediente, Pferde und besonders für Träger (Coolies), Ausgaben, die in Indien stets recht gross sind und besonders bei beständigem Reisen sich rasch anhäufen. Auch unsere Expeditionen in die an das indische Reich angrenzenden Theile Tibets und Turkestans waren mit grossen Ausgaben verbunden, die wir dem indischen Gouvernement kaum vorlegen können.
Wir fanden in den Briefen unseres Bruders Emil oft erwähnt, dass Sie unser auch in dieser Beziehung oft gedacht haben und in gewohnter Güte Ihre Bereitwilligkeit, unsere Arbeiten in Indien zu fördern, aussprachen. Wir glaubten

nicht, momentan mit den nöthigen Mitteln versehen, dass unsere Gesamtausgaben so sehr bedeutend sich anhäufen würden. Da Sie selbst es gestatten, können wir nicht vermeiden, den Wunsch auszusprechen, dass diess durch Ihre gütige Vermittlung S.M. mitgetheilt würde.
Wir erhielten von S.M., so lange wir in Indien sind, ausser den 80£ für den Theodolithen noch einmal 100£, Ende 1854 in Madras, obwohl ~~wir~~ uns durch Sie mitgetheilt wurde, dass der König 3000 Thaler jährlich schon am Anfange unserer Reise bestimmt hatte.
Wir wissen wohl, dass unser stetes Reisen nachsenden von Geld recht erschwert, allein wir würden jetzt sehr glücklich sein, wenn wir jetzt vor unserer Abreise aus Indien Geld in Calcutta bekommen könnten.
Das beste wäre vielleicht, einen Creditbrief an den preussischen Consul zu erhalten, der ihn berechtigt, uns bis zu einem gewissen Betrage unsere Ausgaben in Indien gegen vorgelegte Abrechnung zu bezahlen.
Der preussische Consul in Calcutta. Mr. Kilbourn hat seit unserer Ankunft in Indien den lebhaftesten Antheil an unseren Reisen genommen und gethan, was er konnte, um unsere Arbeiten durch Nachsenden von Paketen und Correspondenz etc. zu fördern. Er würde gewiss unsere Angelegenheiten, für die er auch die officielle Behörde ist, bestens besorgen. Unser Vorschlag, den wir Sie bitten S.M. vorzulegen, wäre demnach folgender:
Durch einen Brief des Handelsministeriums oder des Ministeriums der auswärtigen Angelegenheiten möchte Herr Kilbourn, k. preussischer Consul in Calcutta, authorisiert werden, bis zu einem Betrage von 18 000 bis 20 000 Thalern (was natürlich die jährlich von S.M. bereits bewilligten 3000 Thaler einschliesst) uns die Ausgaben für unsere Reisen in Indien zu bezahlen. Wir wünschen sehr, dass diese Mittheilung an den preussischen Consul direct von Berlin

nach Calcutta und nicht durch den Generalconsul in London und das India house geht. Das indische Gouvernement scheint in diesem Punkte sehr empfindlich, wie wir selbst bei der Übersendung der für Instrumente erhaltenen 80£ sahen, die durch Herrn Hebelers Vermittlung übersandt wurden. Überdiess ist es schon oft in den Zeitungen stark betont worden, dass wir keine Engländer seien. Erst jüngst war viel Unsinn in diesem Style in allen Zeitungen, über »unsere etwaigen Zusammenkünfte mit russischen Agenten in Turkestan«. Geldsendungen von Preussen durch das indische Gouvernement würden uns besonders jetzt entschiedene Schwierigkeiten machen.
Es bedarf sehr der Entschuldigung, dass die Summe, die wir zu nennen wagten, so gross ist. Aber die Ausgaben waren fast fast [sic] immer über 3 verschiedenen Routen während nahe 3 Jahren vertheilt, und es war uns nur durch Bemühung aller uns zugänglichen Transport- und Communicationsmittel möglich, in der verhältnissmässig nicht langen Zeit die für indische Verhältnisse bedeutenden Distancen zurückzulegen. Wir berechneten dieselben jüngst und fanden, dass die Summe unserer Routen in Indien und im Himalaya, von Bombay nach Madras und Calcutta, von Sudiya an der Umbiegungsstelle des Dihong in Assam bis Trichinopoli in Südindien und von Bengalen bis zu dem nordwestlichsten Punkte in Tibet und Turkestan reichlich über 15 000 engl. Meilen beträgt.
Ein Umstand, der vielleicht ebenfalls angeführt werden dürfte, um die von uns genannte Summe zu entschuldigen, ist der, dass es uns ungleich leichter sein wird, von unseren Sammlungen einen grossen Theil nach Berlin zu bekommen, wenn nicht alle Ausgaben dafür dem Gouvernment in Indien vorgelegt werden müssen. Briefe von Berlin nach Calcutta brauchen jetzt gewöhnlich 1½ Monate. Es wäre daher sehr wohl möglich, dass die Autorisation an den

preussischen Consul in Calcutta noch ganz früh genug käme, wenn durch Ihre gütige Vermittlung der Brief von dem betreffenden Ministerium so bald als möglich abgesandt werden könnte. Wir schreiben erst jetzt, weil wir erst jetzt im Stande waren, eine allgemeine Zusammenstellung unserer Ausgaben zu machen, ehe wir uns (für Indien) definitiv [unleserliche Stelle]; sie haben bis jetzt für jeden von uns im Durchschnitte 1000 Rup (1 Rup = 2/3 Thaler) im Monate, im Ganzen von October 1854 bis Anfang 1857 für alle 3 etwas über 70 000 Rup betragen. Es dürfte schwer sein, für die Weitläufigkeit und Offenheit dieser Mittheilungen Entschuldigungen zu finden.
Wir können als die einzige nur die lebhafte Theilnahme nennen, die Sie stets unseren Untersuchungen und Reisen in Indien schenkten.
Meine beiden Brüder werden, ebenso wie ich selbst, Rawul Pindee in wenigen Tagen verlassen.
Unsere Adresse ist am besten Calcutta, care of the Prussian Consul A Kilbourne Esq.

Mit wiederholtem Ausdrucke unserer aufrichtigsten Verehrung und Hochachtung
Euer Excellenz
dankbarst ergebener
Hermann Schlagintweit

HERMANN VON SCHLAGINTWEIT AN ALEXANDER VON HUMBOLDT, KATHMANDU IN NEPAL, *7.3.1857*

Hochverehrteste Excellenz
Nach ängstlichem Zweifeln, ob meine Reise nach Nepal, die ich fast mit zu grosser Zuversicht in meinem letzten Briefe erwähnte, wirklich zur Ausführung kommen werde, erreichte ich über Lahore Jhelum, Loodiana, Dehli und Agra die Station Patna, wo ich einen Brief vom nepalesischen Gouvernement fand, durch den sowohl mir als meinem Establishment von Beobachtern und Sammlern die Reise nach Nepal gestattet wurde.
Ich habe in einem Briefe a[n] S.M. über einige meiner Beobachtungen berichtet und auch erwähnt, dass es mir gestattet war, ~~sowohl~~ weit mehr in Centralnepal zu reisen und mit Instrumenten zu beobachten, als ich hoffen konnte. Ich werde, da ich gegen Anfang May Indien verlassen werde, in nicht zu ferner Zeit das Glück haben, Ihnen persönlich unsere Beobachtungen vorzulegen.
Ich erhielt in Patna eben vor meiner Abreise nach Nepal den Brief des k. preussischen Consuls mit dem von S.M. bewilligten 3000 Thalern, für welche wir S.M. unseren tiefgefühlten Dank auszusprechen bitten.
Bei Ihrer stets so liebevollen Theilnahme an unseren Arbeiten wage ich kaum zu wiederholen, was ich in meinem letzten Briefe über die Summe schrieb, die uns zur Regelung unserer Ausgaben in Indien nöthig scheint. Adolph, der noch einige Monate länger in Indien bleiben wird, zunächst um jenen Theil des Himalayas zwischen Kangra* und Kashmir zu untersuchen, den keiner von uns bereist hatte,

---

* Kangra: von Humboldt unterstrichen und mit einem darüber gesetzten Fragezeichen versehen

wird dann unsere Geldangelegenheiten in Indien, auch nach Roberts und meiner Abreise, arrangieren können.

Mit wiederholtem besten Danke und mit dem Ausdrucke aufrichtigster Verehrung und Hochachtung
Ihr
H. Schlagintweit

Adresse für Adolph A Kilbourn Esq. Prussian Consul Calcutta

ALBERT FREDERICK MUMMERY, WOOLA-LAKE, *am 10. Juli 1895*

Die Reise von Rawalpindi nach Baramula war eine selten schöne Zeit. Wir fuhren auf Tongas, merkwürdigen, kleinen und niedrigen zweiräderigen Wägelchen, die glänzend gefedert sind. Auf der ersten Fünfzig-Meilenstrecke werden alle drei oder vier Meilen die Pferde gewechselt, und man kommt auf diese Weise mit fabelhafter Geschwindigkeit voran. Da legten wir einmal eine oder zwei Meilen auf der Fahrt von Murree ins Jhelum-Tal in drei Minuten zurück, da die Pferde wie wild liefen.
Eine bedeutende Verzögerung gabs dadurch, daß der Monsun gerade losbrach, als wir Murree erreichten. Der Regen floß in Strömen, die Straße war von Erdreich und Schlamm überspült, und die Brücke war weggerissen. Aber mithilfe einer großen Zahl von Kulis wurden unsere Tongas heil ans andere Ufer geschleppt. Unser Tempo aber war natürlich unterbrochen.
Wir begegneten Scharen von Engländern. Ich habe tatsächlich auf keiner Alpenstraße derartig viele Reisende gesehen.

In Murree sprach ich beim General vor, der mich sehr freundlich aufnahm. Er wird uns zwei Ghurkas mitgeben und den kommandierenden Offizier in Abottabad und Chilas instruieren, daß er uns voll und ganz zur Verfügung stehen soll. Der Vicekönig hatte, wie wir hörten, den Residenten von unserem Eintreffen in Kenntnis gesetzt. Unsere Weiterreise wird die eines Königs sein!
In der Nähe von Baramula trafen wir mit Major Bruce zusammen. Er hatte den Weg in der Nähe von Abottabad (240 Meilen hin und zurück!) nach Baramula gemacht, um uns Pferde, Diener, Köche und das sonst Benötigte zu verschaffen. Ihm verdanken wir 12 Ponies, einen Koch, einen Aufseher über die Kulis und die nötigen Vorräte an Reis, Mehl u.s.f. Schade, daß er vor unserem Aufbruch zurückreisen mußte, weil er zu seinem Regiment zurückgerufen wurde.
Eben setzen wir in einer Art von Gondel über einen ganz herrlichen See. Die ganze Wasserfläche ist von Seerosen bedeckt und sieht wie eine große, gelb schimmernde Wiese aus. Wundervoll sind die Fernsichten: Über Baumreihen und schön geformten Vorbergen in ganz, ganz weiter Ferne die Schneegipfel. Schwäne und Schwalben fliegen in Scharen unermüdlich auf und nieder. Wir müßten einmal nur hierher reisen und zusammen auf diesem See spazierengondeln. Wenn ich es skizzieren wollte: es übertrifft alles, was ich je gesehen. Ungeheure Entfernungen, blaue Berge, schwarze Massen von Wäldern, und über all dem dieses Meer von Seerosen.
Wir sind aufs bestmögliche ausgerüstet, und wir werden es wirklich schön und gut haben. Wenn man übrigens ein Pferd für 6 Penns pro Tag und einen Mann für 20 Schilling pro Monat mieten kann, so wüßte ich nicht, warum es einem schlecht gehen sollte.
Wir hatten zwei Händler an Bord, die sich in gegenseitiger Rivalität den Rang abliefen, und jetzt können wir bekommen,

was wir nur wünschen: Vom Fass Bier an bis zu Huntley und Palmer-Zwieback, vom Büchsenfleisch bis zum feinsten englischen Mehl und das alles geliefert, wie und wo wir es zu haben wünschen.

Einer dieser Händler bestand darauf, mir eine Empfehlung an einen Mann in Astor und eine andere an jemand in Skardu mitzugeben, die mich mit Rupien, soviel ich nur brauchen könnte, mit frischem Gemüse und Obst, kurz mit allem, was mir einfällt, versehen sollten – zahlbar bei Rückkehr.

Jeder schien hier bemüht, uns zu helfen und uns gefällig zu sein. Was die alpintechnischen Schwierigkeiten betrifft, so werden wir wohl kaum auf etliche stoßen. Wohl wird die dünne Luft uns zu schaffen machen, aber schaden kann sie uns auch nicht.

ALBERT FREDERICK MUMMERY,
Brief 2

Ich glaube, wir werden etwa 3 Wochen unterwegs sein und die Gegend auskundschaften, ehe wir nach Astor gehen, zumal wir im August zuverlässigeres Wetter zu haben hoffen. Zwar ist es derzeit entschieden besser als das gewöhnliche Schweizer Wetter, aber doch nicht so gut, als ich es mir für den Nanga wünsche.

ALBERT FREDERICK MUMMERY, TASHING,
am 17. Juli 1895

Wir stehen am Fuß unseres Berges! Die Reise war lang, aber schwelgerisch bequem. Unsere Zelte und unser ganzes Gepäck ist bis hier heraufgetragen worden. Mit Trägern zu 4 Penns pro Tag braucht man die Bagage nicht zu beschränken! Unser Koch ist eine großartige Nummer, er füttert uns ganz fabelhaft. Die übrigen Leute sind heute damit beschäftigt, unser Zeug zu waschen, aber ich zweifle sehr, ob die Resultate so sein werden, wie man es sich wünscht. Wir trafen den Mann, der die zwei Geschütze über den Skandurpass (Entsatz von Chiteal) schaffen soll. Er bot uns Erfrischungen und Quartier in seinem Lager an und ließ uns zu Ehren die Bergbatterie parademäßig auffahren. Ich denke, er wird in diesen Tagen nach uns ausschauen.
Unsere erste Aufgabe wird es sein, die richtige körperliche Disposition zu bekommen! Wir werden voraussichtlich morgen einen 18–19 000 Fuß hohen Berg angehen. Es gibt davon eine ganze Menge hier herum, aber meist sind es Schneeschinder. Jedenfalls wird's gut für die Lunge sein.
Ich glaube kaum, daß uns der Nanga mit ernsthaften bergsteigerischen Schwierigkeiten kommen wird. Der Berg zeigt wider Erwarten wenig Hängegletscher. Die Tour wird hauptsächlich eine Frage der Ausdauer sein.
Wir sind in glänzender gesundheitlicher Verfassung, nur die Beine wollten nicht immer so, wie wir wollen, und so werden wohl die Wochen mit Training vergehen. Du kannst daher erst etwa in einem Monat (17. August) oder ein paar Tage später Drahtnachricht erwarten.
Unsere Expedition ist allen lokalen Autoritäten angezeigt, und nach den ergangenen Weisungen unterstützt man uns, wo und wie wir nur immer wollen. Du kannst Dir daher ausmalen, wie fein versorgt und aufgehoben wir sind.

Die englische Bevölkerung ist weit zahlreicher, als ich mir in Astor vorstellte, wo der Stellvertreter des Residenten von Gilgit (Colonel Steward), zwei Postbeamte u.s.w. hausen. Damen reisen unbehelligt hin und her und, wie Du Dir denken kannst, führen sie Karawanengefolge mit sich. Unser Hauptlager haben wir unter Weidenbäumen aufgeschlagen. Nicht weit davon fließt ein kleiner Fluß vorbei; eine ganz flache Wiesenebene zieht sich drei bis vier Meilen lang an den Bachufern dahin. Könntest Du nur hier sein, ohne die Mühseligkeiten der Reise auf Dich nehmen zu müssen. Du wärst immer wieder aufs Neue entzückt.
Ängstige Dich nicht um uns! Wir werden in keine schwierige Lage kommen. Gestern gabs großen Spaß, als wir eine Brücke über den Rupalbach bauten. Unsere braven Kerle in ihrer sonderbaren Kleidung und mit ihren vergnügten Gesichtern boten einen köstlichen Anblick. Einer von ihnen schleppte meinen schweren Koffer immer weiter, die scheußliche Moräne hinauf und quer über das Gletscherende hinüber und schien sich nicht das Geringste dabei zu denken.
Der Kuckuck und die Lerche zeigen sich sogar hier heroben, und das klingt sehr heimatlich.

ALBERT FREDERICK MUMMERY,
am 28. Juli 1895

Das Lagerleben hier oben macht wirklich Freude. Man hat jede Bequemlichkeit, und die Leute gehen und kommen und bringen und holen alles, wie und was man will. Bisher haben wir lediglich einen kleinen Felsgipfel bestiegen.
Wir überschritten den Mazeno-Pass (einen Übergang der Einheimischen) und stiegen ins Diamir-Tal hinüber – un-

bewohnt, aber ganz außerordentlich schön: herrliche Bäume (meist Birken und Tannen), dichte Hecken wilder Rosen und eine Unmenge von blühendem Buschwerk.
Nach einem Rasttag kehrten wir über einen sehr langen Pass wieder zurück, der an ein oder zwei Stellen interessante Felskletterei bot. Leider kamen wir auf diese Weise auf die andere Seite unserer Bergkette und mußten schließlich über den Mazeno zurück, weil uns der Proviant ausging.
Wir bewegten uns den ganzen Tag in einer Höhe von 15–18 000 Fuß und blieben so frisch wie Blumen. Ich fürchte nicht, daß uns die dünne Luft allzu sehr zusetzen wird.

ALBERT FREDERICK MUMMERY, BRIEF AN SEINE FRAU, BASISLAGER, NANGA PARBAT, *4./9. August 1895*

Die Berge sind schon zu mächtig und zu hoch für ausgesprochene Kletterarbeit. Mit der Luft hat es allerdings den Teufel. Sehr wahrscheinlich müssen wir noch einen Monat lang trainieren. Wir haben noch nicht hoch genug kampiert.
Ich bin sicher, daß der Gipfel uns gehören wird, da es nur eine Angelegenheit zielbewußten Trainings und richtiger Atemtechnik ist. Wir genießen wundervolle Zeiten, und sollten wir den Nanga Parbat nicht erreichen, dann werde ich nie bedauern, diese gigantischen Berge erblickt und Ausschau nach dem großen Gebirge hinter Hunza, nahe der russischen Grenze, gehalten zu haben.
(Fünf Tage später) Collie und ich sind tadellos auf dem Damm. Hastings laboriert immer noch an seinem verknaxten Knöchel. Ich hoffe aber, auch er wird in ein paar Tagen wieder in der Reihe sein. Alles in allem ist es wirklich

nicht übel hier, aber mit dem Bergsteigen, wie wir es von den Alpen her kennen, damit ist es nichts, oder nicht viel. In dieser Luft kann man pro Tag nicht mehr als 3000 oder 4000 Fuß (also rund 1000 Meter) schaffen, und das nur dort, wo man mit den Trägern durchkommt. Wir hatten einen Teil des Gepäcks zum Nanga bis 16 000 Fuß (4876 Meter) hinaufgeschafft, aber es ist ein schreckliches Stück Arbeit, es nun höher zu transportieren, weil die Träger nicht über die Höhe von 14 500 Fuß (4419 Meter), wo der obere Gletscher anfängt, zu bringen sind.
Aber ich hoffe doch, wir werden es schaffen, da wir bisher alles gut angepackt haben und immer besser in Training kommen. Ich werde mein Bestes dransetzen, Dir den Gipfel des Nanga zu Füßen zu legen, obwohl ich anfange, einige Zweifel über den Enderfolg zu haben. Die Luft ist derart verheerend und die Sonne so schlimm, daß man nach 10 Uhr morgens vollständig erledigt ist. Collie und ich trugen gestern zwölf Pfund Schokolade, sechs Büchsen mit je zwei Pfund Huntley und Palmer-Biskuit, Brand' Suppen usw. bis zu einer Höhe von 17 000 Fuß (5181,6 Meter) auf den Nanga Parbat hinauf und deponierten alles in wasserdichten Säcken. Wir werden nächste Woche noch einen zweiten Vorstoß machen, um diese Schätze bis zur Höhe eines gleich gangbaren Felsgrates, etwa 20 000 Fuß (6096 Meter), hoch hinaufzubefördern. Dann werden wir auf einer dritten Expedition die Vorräte bis zu dem Ansatz des Hauptgipfels in einer Höhe von 23 000 Fuß (7010,4 Meter) zu bringen trachten. Jedenfalls kennen wir jetzt den Weg. Ach, nur zu gut!

ALBERT FREDERICK MUMMERY,
Brief 6

Unsere Chancen, den Berg zu nehmen, stehen schlecht. Collie ist nicht sehr scharf auf ihn, und der alte Hastings hat es fertiggebracht, sich zu erklären, so daß ich nur auf die Ghurkas rechnen kann. Das sind allerdings ausgezeichnete Kletterer und tüchtige Leute, aber sie sind für einen echten Alpen-Clubisten doch nicht die richtige Unterstützung. Na, ich werde wohl bald auf dem Heimweg sein. Du darfst nicht enttäuscht sein über den Nanga. Ich habe jedenfalls ein paar hochfeine Bergfahrten hinter mir und habe Felsgebilde und Eisséracs gesehen, an die die Alpen und der Kaukasus nicht tippen können.
Der Nanga zeigt auf dieser Seite eine Fels- und Eisflanke von 12 000 Fuß Höhe, die so steil und schwer ist wie eine ganze Serie Matterhörner und Mont Blancs, die man aufeinandergetürmt hat. Ich wäre sicherlich hinaufgekommen, wenn nicht Ragobir (einer der Ghurkas) im entscheidenden Moment krank geworden wäre. Ich mußte schauen, wie ich ihn hinunterbrachte. Darüber ist kein Zweifel, daß uns die Luft sehr zu schaffen machen wird, wenn wir die 18 000-Fuß-Linie überschreiten werden.
Morgen will ich mit den Ghurkas über einen Hochpass nach dem Baldasakiote Nullah hinüber. Hastings und Collie gehen mit den Kulis und den Vorräten unten herum. Sollte die Nordwestseite des Nanga leichter sein, dann machen wir ihn vielleicht doch. Du wirst ja eine Depesche haben, bevor Dich der Brief erreicht!

Dieser letzte Brief ist ohne Datum. Er muss am 23. August geschrieben worden sein. Am 24. August 1895 hat man Mummery und die beiden Ghurkas zum letzten Mal gesehen.

ALEISTER CROWLEY, K2,
1902

Eckenstein wollte, daß ich meine Bücherei zurückließ. Seiner Theorie des Reisens in ferne Länder zufolge sollte man dabei vorübergehend zum absoluten Wilden werden; aber die Erfahrung hatte mich gelehrt, daß man nicht von Brot allein leben kann. Die bei fast jeder Entdeckungsfahrt anzutreffende geistige und moralische Instabilität der Europäer führte ich deshalb auch eher auf den Mangel an intellektueller Entspannung zurück als auf die mit den physischen Bedingungen verbundenen Qualen und Nöte. Schon wegen eines Stückchen Zuckers hätten sich die besten Freunde gegenseitig die Schädel einschlagen können. Nun will ich nicht gerade behaupten, daß ich ohne Milton und die andern den Baltoro-Gletscher nicht ertragen hätte, aber andererseits steht es fest, daß Pfannl verrückt und Wesseley derart freßsüchtig wurde, daß er knapp vor dem Diebstahl stand.

ALEISTER CROWLEY, KANGCHENDZÖNGA,
1905

Im Falle meines Todes wird George Cecil Jones folgendes ausführen: Den Körper einbalsamieren. Ihn mit der weißen Robe des TAU und der Tunika des Abra-Melin in Rot und Gold sowie seiner Schärpe bekleiden und Krone und Zauberstab beifügen. Auch das große rote Schwert. Er wird alle meine magischen Juwelen mit mir begraben. Das Gewölbe bereiten für den Sarg in der vorgeschriebenen Art, aber ohne Schmuckfiguren. Weißen Stein verwenden. Immer nur das Wort *Perdurabo* verwenden. Das Gewölbe zumauern lassen und vor den Blicken der Sterblichen verbergen. Jede Spur verwischen, die zur Grabstätte führt. Im Gewölbe Pergamentausgaben aller meiner Werke unter hermetischem Verschluß bewahren. Der Ort soll einzig und allein von George Cecil Jones versiegelt werden und nur ihm bekannt sein. Auf Erde, die geweiht.

ALEISTER CROWLEY, KANGCHENDZÖNGA, *1905*

Der Gipfel des Kangchenjunga war nur noch zwei Meilen entfernt, und ich konnte die bis dahin verborgen gebliebenen Gebiete einsehen. Nachdem ich um noch ein paar Meter höher gestiegen war, schwanden auch die letzten Zweifel.

JULES JACOT-GUILLARMOD, KANGCHENDZÖNGA, *1905*

Vor uns lagen unaufhörlich von Lawinen bombardierte Abgründe, die jede Hoffnung nahmen, den direkten Zugang über diesen Grat zu suchen, der bei weitem nicht so entmutigend aussah wie die Wege, die zu ihm hinführten. Nicht ein Schneefeld war auch nur im Entferntesten waagerecht; es gab keine Stelle, keinen einzigen Quadratmeter, auf dem man auch nur das kleinste unserer Zelte hätte aufschlagen können. Und auch die Felsen selbst (wenn man davon ausgeht, daß Menschenkräfte ausgereicht hätten, die erforderlichen akrobatischen Glanzleistungen in dieser Höhe noch zu vollbringen) boten keinen brauchbaren Angriffspunkt.

KÖNIG VON NEPAL, AN GENERAL BRUCE, ANLÄSSLICH DES LAWINENTODS VON SIEBEN SHERPAS AM MOUNT EVEREST

1922

Persönlich und als Mitglied der Königlichen Geographischen Gesellschaft teile ich Ihren Kummer über die Zerstörung Ihrer schönsten Hoffnungen. Seien Sie und die Hinterbliebenen der sieben Verunglückten meiner innigsten Teilnahme versichert. Dieser traurige Fall erinnert mich an den bei unserem Volk herrschenden Glauben … der besagt, daß die Bergeshöhen die Wohnung des Gottes Shiwa und der Göttin Parvati sind. Jeder Versuch, diesen Hausfrieden zu stören, sei mit fürchterlichen Folgen für das hinduistische Land verbunden. Dieser Glaube ist so stark, daß man Ihr großes Unglück dem göttlichen Zorn zuschreibt, den keiner unserer Leute jemals zu wecken wagen würde …

GEORGE L. MALLORY, IM ANMARSCH ZUM MOUNT EVEREST

1924

Heute abend haben vier von uns das Sauerstoffgerät geprüft. Irvine hat rund 2 kg Gewicht abgezwackt und die Vorrichtung zugleich zuverlässiger gemacht. Sogar ohne das Gas anzudrehen, vermochte ich die Last bergauf zu tragen; besser noch, als ich einatmete. An Steilhängen ist das Sauerstoffgepäck sehr unbequem; in dieser Höhenlage ist die künstliche Hilfe auch ganz überflüssig. Das Gesamtgewicht beträgt etwas unter 14 kg. Vorn hat man keine hinderlichen Gestänge; ich habe den Eindruck einer verhältnismäßig bequemen Last. Ich beabsichtige, so wenig wie möglich zu tragen, schnell zu gehen

und den Gipfel zu überrumpeln. Finch und Bruce hatten sich damals zu viele Stahlflaschen aufgebürdet.
Fühle mich immer noch wohl und zufrieden. Das Wetter ist außergewöhnlich, viel wärmer als 1922; die Reise war bisher angenehmer als früher. Ich freue mich, mein eigenes Pferdchen zu haben. Ein gutes Tier, aber in schlechtem Zustande; heute litt es an Kolik. Aber bald ist ihm eine lange Ruhezeit beschieden, in der es sich hoffentlich mästen wird, damit es hübsch rund nach Dardschiling komme, wo ich es verkaufen will.
Von morgen ab nur noch vier Tagesmärsche zum Rongbukkloster. Allmählich kommt man hin. Am 3. Mai sollen unser vier vom Standlager aufbrechen und den Weg bahnen. Um den 17. Mai herum hoffen wir auf dem Gipfel zu stehen. Ich brenne vor Kampfbegier.
Nun sage ich Dir gute Nacht und krieche in den gemütlichen Schlafsack, der heute ein reines Nasentuch kriegt, eines von den beiden, die Du gemacht hast, mit den Druckknöpfen zum Festmachen. Wegen der vielen Fettigkeiten, derer mein Gesicht bedarf, hat sich diese Einrichtung glänzend bewährt. Wenn wir siegen, wird das Telegramm noch vor diesem Briefe eintreffen. Es wird keine Namen enthalten. Ich kann mir ja denken, daß Du den Daumen hältst. Nun, ich hoffe, Dich nicht zu enttäuschen.

GEORGE L. MALLORY, RONGBUK-STANDLAGER, *30. April 1924*

Die plötzliche Ankündigung einer morgen ausgehenden Post trifft mich unvorbereitet. Wir sind erst gestern angelangt und haben seitdem viel zu tun gehabt. Da die 150 tibetischen Träger schon bereitstanden, mußten wir uns mit dem Ab-

fertigen der Lasten sputen, und es herrschte großer Trubel. Die Träger sind heute zum Lager II aufgebrochen. Ich mußte mich um die Ausrüstung für die Hochlager kümmern. Als die Tiere gestern früh eintrafen, stürzte ich mich auf die Kisten, die ich brauche und die ich fast alle auf den ersten Blick erkenne. Ich zerrte sie unter den Füßen der Esel und Jaks hervor und ließ sie auf einen Haufen schleppen. So gelang es mir, dreißig Lasten zusammenzustellen, ohne die Nahrungsmittelvorräte zu rechnen. Später lange Unterredung mit Norton wegen der Trägereinteilung. Die Lastenbeförderung in die Hochlager ist eine sehr verwickelte Geschichte. Man muß berücksichtigen, was die Träger während der vorhergehenden Tage geleistet haben und wie es mit ihrer Anpassung an die Höhe steht.
Ferner muß man die Einrichtung des Lagers III im Auge behalten, von dem aus IV versorgt wird, sodann ist da das Begleiten der Träger von III ab. Ich habe einen Trägerplan entworfen, der sich dem für die Bergsteiger einfügt. Diese Voranschläge sind natürlich sehr verzwickt, lassen aber genügenden Spielraum, so daß zwei Schlechtwettertage keinen Strich durch die Rechnung machen. Irvine, Beetham, Hazard und ich brechen am 3. Mai von hier auf. Nachdem Beetham und Hazard sich einen Tag im Lager III ausgeruht haben, werden sie das Lager auf dem Nordsattel vorbereiten. Inzwischen wollen Irvine und ich einen Sprung auf den Ostgrat des Nordgipfels tun, teilweise der Übung wegen, teilweise um Irvines Fähigkeiten zu beurteilen. Zugleich wird sich dabei Gelegenheit bieten, den Mount Everest nach den besten Lagerplätzen abzusuchen. Zwei Tage später begleiten Beetham und Hazard die erste Lastenkarawane nach IV. Odell und Geoffrey Bruce folgen mit der zweiten und errichten tags darauf das Lager V. Den Beschluß machen Norton und Somervell. Irvine und ich, die wir ganz zuletzt an die Reihe kommen, ruhen uns inzwischen zwei bis drei Tage im Lager I aus.

Das Rongbuktal begrüßte uns mit üblem Wetter. Vorgestern und in der folgenden Nacht blies ein bitterkalter Wind unter bedecktem Himmel; am nächsten Morgen wachten wir bei Schneesturm auf. Gestern fiel den ganzen Tag Schnee. Heute scheint die Sonne. Die Verhältnisse haben sich sogar so gebessert, daß wir heute abend sagten, es wäre ein ganz schöner Nachmittag für den Everest gewesen. Obgleich der Berg unten ziemlich weiß ist, merkt man an den oberen Teilen kaum etwas von einem Schneefall. Diese Erscheinung haben wir 1922 oft genug beobachtet, zumal am Tage des ersten Versuches.

Während der nächsten zwei Tage werde ich mich sehr viel mit der eigenen Ausrüstung zu beschäftigen haben. Hoffentlich kommt ein Brief von Dir, und hoffentlich bleibt mir Zeit, zu schreiben und an euch zu denken. Wann die nächste Post geht, das weiß der liebe Himmel.

Wir vertragen uns weiterhin vortrefflich. Beetham hat sich erstaunlich gut erholt, jedoch kann ich mir nicht denken, daß er schon zu schwerer Arbeit fähig ist, trotzdem er nach außen hin Tatenlust und Frohsinn zeigt. An den ersten Vorstößen wird er sich wohl kaum beteiligen können.

Es tut mir leid, daß ich Dich mit einem so schlechten und hastigen Brief abspeisen muß. Ich bin vollständig auf der Höhe, wenn vielleicht auch nicht auf derselben Höhe der Leistungsfähigkeit wie 1921. Aber ich stelle sicherlich meinen Mann und sehe keinen, der noch besser zu Fuß ist als ich. Norton stimmt mir bei, daß die Teilnehmer viel gleichmäßiger sind als 1922, ein wirklich starkes Aufgebot. Heute vermag man von keinem zu sagen, ob er der Schwächste oder Stärkste von uns ist. Ich freue mich, daß ich den ersten Wurf tun darf. Mit solchen Rückenverbindungen, wie wir sie diesmal haben, wird uns so leicht nichts zurückschlagen.

GEORGE L. MALLORY, MOUNT EVEREST,
11. Mai 1924

Nun laß mich erzählen, was seit dem Verlassen des Standlagers geschah. Wir haben eine schwere Zeit hinter uns, denn wir mußten gegen widrige Umstände ohne Zahl ankämpfen. Die Träger scheinen noch nicht genügend an die Höhe gewöhnt zu sein und hatten viel auszuhalten.

3. Mai. Irvine, Odell, Hazard und ich nach Lager I. Die Hälfte blieb weit zurück. Sie trugen schwer, weil sie außer der zugewiesenen Last so viel von ihren eigenen Sachen mitschleppten.

4. Mai. Ich beschloß, fünf weniger dringliche Lasten im Lager I zu lassen. Dafür sollen fünf Mann die Decken der andern übernehmen. Das war gut so, denn die Leute gingen nun besser. Irvine und ich eilten voraus und erreichten das Lager II gegen 12 ½. Wir waren kaum mit dem Essen fertig, als die ersten Träger eintrafen.

Das Lager II sah wenig einladend aus, obgleich hier schon ein Unteroffizier mit zwei Mann wohnte als Wache über die 150 Lasten, die von den Tibetern heraufgebracht worden sind. Eine niedrige, unregelmäßige Mauer umgab den Platz, der für die Herrenzelte bestimmt war. In einer andern Steinhürde mit Segeltuchdach hauste der Unteroffizier. Der Hof für die Herren war bald in Ordnung; für uns vier wurden zwei Zelte aufgeschlagen.

Für Noel stand sein herrliches braunes Zelt bereit. Die Träger müssen hier noch ohne Zelte vorliebnehmen. Man wollte sie in Steinhütten mit Zeltdächern unterbringen, die aber noch nicht fertig waren. Es ist nicht leicht, Unterkunft für dreiundzwanzig Mann zu besorgen. Es ergab sich indessen, daß wir Platz genug hatten und von unserer Mauer ein Stück abtreten konnten. Daher machte ich mich mit Irvine und vier Mann an die Arbeit. Wir bauten einen langen Sangar, der nur etwas über zwei Meter breit war. Andre Träger halfen, nachdem sie sich ausgeruht hatten.

Es ist merkwürdig, wie wenig oft dazu gehört, Menschen aus dem Zustande der Ermattung aufzurütteln. Das Wälzen eines Riesenblockes reizte die Leute an. Bald sangen sie alle. Auf diese Weise gelangten diese müden Kinder dazu, etwas zu ihrem eignen Wohle zu unternehmen. Sonst hätten sie keine Hand gerührt, um sich das Leben angenehmer zu gestalten. Da Irvine sich bei den gewaltigen Baukünsten etwas zu sehr angestrengt hatte, gingen Odell und ich um 3 Uhr fort, um den Weg gletscheraufwärts zu erkunden. Zunächst folgten wir den Steinen des linken Ufers, wie 1922; aber das Gelände war sehr holperig, schlimmer als früher.

Links von uns erblickten wir das Gestein einer Moräne zwischen den Eiszacken. Zu ihr arbeiteten wir uns durch und genossen unterhaltsame Eiskletterei. Dann ein Stückchen auf dieser Moräne zurück in der Richtung aufs Lager II. Drüben erstiegen wir einen Höcker, von dem aus man den südwärts ansteigenden Gletscher überblickt. Ganz in unserer Nähe begann eine Anstiegslinie ohne irgendwelche Schwierigkeiten. Blieb nur die Verbindung mit dem Lager II. Wir gingen auf der Moräne weiter talwärts. Sie liegt als steiniger Trog zwischen hohen abenteuerlichen Eisgestalten.

Nicht weit vom Lager fanden wir einen bequemen Durchschlupf durch die zackige Eiswelt. Innerhalb von anderthalb Stunden war es uns gelungen, den verwickelteren Teil des Zuganges zum Lager III zu klären.

4. bis 5. Mai. Fürchterliche Nacht; sehr kalt, starker Schneefall, böser Wind.

5. Mai. Ergebnis: späte Lebenszeichen im Lager. Das erste hörbare Zeichen in den Lagern bis II ist das Ingangsetzen des Jakmistfeuers mit dem tibetischen Blasebalg.

Die Leute brauchten sehr lange, bis das Frühstück fertig wurde. Der Unteroffizier konnte sie kaum auf die Beine kriegen; morgenländische Tatenlosigkeit hing in der Luft. Nur schwer bekam man die Leute aus den Zelten; und dann gab es allerlei Umstände mit den Lasten. Einer, der richtige altgediente Soldat, suchte sich hübsch leichtes Gepäck heraus und weigerte sich, ein schwereres Stück zu nehmen, das ich ihm aufladen wollte. Ich mußte ihm erst die Faust unter die Nase halten, ehe er gehorchte. Dann noch lange Geschichten wegen der Sachen, die man mitnehmen oder dalassen sollte, wegen der Trägerrationen, Decken, Kochtöpfe. Einige meldeten sich krank. Erst um 11 Uhr gingen wir los.

Das Festlegen und Bahnen eines Weges ist immer eine langwierige Sache im Vergleich mit dem Begehen eines alten Weges. Zudem war Schnee gefallen. Der gestern noch so unschuldige Gletscher zeigte sich jetzt durchaus nicht von der harmlosen Seite. Der Wind hatte die Erhabenheiten blank gefegt. Die vorhergehenden Tage sind vermutlich nicht warm genug gewesen, um das Eis rauh zu machen. Die höheren Rücken bestanden aus hartem, rundem, glattem Eise, das so spröde wie Glas war und nirgends aufgerauhte Flächen bot. Zwischen den Wölbungen lag Pulverschnee. Im Schnee mußten wir Stufen treten, im Eise Stufen schlagen, was viel Arbeit machte. Dann erreichten wir die unter dem Namen des »Troges« bekannte Strecke. Das ist eine 15 m tief in den Gletscher versenkte Mulde, die etwa ein Drittel des Weges ausmacht. Hier sahen wir schon, daß wir das Lager III nur mit knapper Not erreichen würden.

Im Troge war es ganz schön warm; aber als wir wieder auf die freie Gletscherfläche hinaustraten, schlug ein heimtückischer Wind uns den Schnee um die Ohren. Glücklicherweise hatten wir den Wind im Rücken, bis wir um die Ecke beim Nordgipfel herumkamen; dann warf er sich gradeswegs vom Nordsattel herab auf uns. Da die Träger inzwischen stark erschöpft waren und die dünne Luft spürten, wurde der Aufstieg zu einem wahren Leidenswege. Ich ging allein voraus, um den besten Weg zu suchen, und traf daher auch als erster auf dem Lagerplatze ein. Es überkam einen ein merkwürdiges Gefühl: Erinnerungen tauchten auf. Da standen die verrosteten alten Sauerstofflaschen an den Steinmann gelehnt, den wir dem Andenken der verunglückten Träger errichtet hatten. Es war fast alles unverändert, was sehr sonderbar ist, wenn man bedenkt, daß dieses Geröll auf dem lebendigen Gletscher liegt. Meine Stiefel waren hart gefroren; die Aussichten auf ein gemütliches Lager waren trostlos. Ich wies den Trägern ihre Zeltplätze an (6 Uhr 30 abends) und ergriff den Rucksack mit den vier Unnakochern. Ich gab den Trägern drei Kocher nebst Meta; den letzten bekam unser Koch. Dann schlugen wir unsere zwei Meadezelte auf. Der besseren Geselligkeit wegen ließen wir nur einen Meter Zwischenraum zwischen den gegenüberliegenden Türen.

Meine Trägerabteilung A schien ziemlich erledigt zu sein. Es war erst sechs Uhr und schon rasend kalt; meine Stimmung sank erheblich. Mir selber wurde ja bald genug warm. Unser unübertrefflicher Kami brachte ein heißes Gericht zustande, und ich lag recht behaglich im Schlafsack. Ich sah ein, daß wir schon hier unbedingt die Daunenschlafsäcke für die Träger brauchten, die eigentlich nur für IV und weiter oben bestimmt waren. Sie lagen in II, und ich hatte angeordnet, daß sie morgen noch nicht heraufgeschafft werden sollten. Da noch die Trägergruppe B von zwanzig Mann mit einem Tag Abstand hinter uns kam, hielt ich es fürs beste, morgen früh aufzubrechen, um die zweite Abteilung noch im Lager II abzufassen. Zu diesem Entschlusse kam ich um Mitternacht. Sofort steckte ich die mittlerweile hart gefrorenen Stiefel in die Außenhülle meines Flohsackes möglichst dicht an den Leib. Sie blieben aber hart, und es kostete in der

Frühe einen großen Kampf, ehe ich sie an den Füßen hatte. Glücklicherweise scheint die Sonne hier sehr früh auf die Zelte, so zwischen sechs und sieben. Es gelang mir, um 7 Uhr fortzukommen. Ich hinterließ Anweisungen, daß man uns die Hälfte der Leute ein Viertel des Weges entgegenschicke, um den aufsteigenden Trägern die wichtigsten Lasten abzunehmen.
Ich sagte mir, daß die zweite Trägergruppe nach der kalten Nacht kaum vor 9 Uhr aufbrechen werde. Da ich gern einen bessern Weg gefunden hätte, verlor ich etwas Zeit mit erfolglosen Erkundungen. Als ich um 8 ½ Uhr aus dem Troge heraustrat, kam mir die Abteilung B schon entgegen. Es war zu spät, sie zurückzuschicken. Einige hatten sich vorgenommen, heute nur bis III zu gehen (anstatt wieder zurück nach II) und oben zu übernachten. Sie waren daher mit Decken usw. beladen. Das paßte mir durchaus nicht, denn ich wollte nützliche Arbeit, ohne Gefährdung der Tatfreude. Bei der Abteilung A im Lager III bestand aber schon die Gefahr der moralischen Zerrüttung. Daher sandte ich Noel Nachricht und führte die Gruppe B langsam den Gletscher hinauf. An geeigneter Stelle ließ ich die Lasten ablegen und schickte die Leute nach II zurück. Ich eilte ins Lager III, wo ich am frühen Nachmittag anlangte. Ich ging schließlich sehr langsam, weil mich der Nahrungsmangel sehr mitgenommen hatte. Im Lager sah es betrüblich aus. Alle Träger behaupteten, bergkrank zu sein und nicht tragen zu können. Irvine und Odell erboten sich, vom niedergelegten Haufen verschiedene Sachen zu holen, die wir brauchten.
Das führten sie aus. Bevor sie zurück waren, hatte die Sonne das Lager verlassen. Heute ist fast nichts gebaut worden; nur eine kleine Mauer ums Zelt des Unteroffiziers. Sonst hat man nichts für die Bequemlichkeit getan. Kälte um 5 Nm (gestern war kein Thermometer da) minus 16,7 ° eine Stunde vor Sonnenuntergang. Unter solchen Verhältnissen kann

man nur während der sonnigen und windstillen Stunden irgend etwas unternehmen. Heute gab es ein paar solcher Stunden, aber Herren wie Träger schienen an Höhenträgheit zu leiden.

7. Mai. Wir haben eine sehr kalte Nacht hinter uns, –30°. Ich schlief gut und warm, und doch war mir nicht wohl am Morgen. Auch Odell und Irvine zeigten keine glänzende Verfassung. Ich beschloß, Hazard mit einigen von unseren Leuten zur Niederlage zu schicken, um dort einen Teil der B-Leute abzuholen, denen ich gestern aufgetragen hatte heraufzukommen. Es ergab sich, daß niemand tragen konnte; einige waren so krank, daß ich sie nicht länger im III behalten durfte. Wir mußten sie fast mit Gewalt aus den Zelten herausziehen. Es dauerte anderthalb Stunden, ehe ihr Frühstück zubereitet und verzehrt war. Ohne Frühstück konnte ich sie ja nicht gehen lassen. Viel Zeit brauchte man auch, um die Kranken aus den Zelten auszugraben, wo sie sich verkrochen hatten. Einer war eine halbe Leiche mit geschwollenen Füßen, so daß wir ihm die Stiefel ohne Socken anziehen mußten. Kaum vermochte er zu gehen; wir mußten ihn stützen. Schließlich schickte ich sie in drei Partien angeseilt unter der Obhut des Unteroffiziers nach II. Von der Niederlage ab ließ ich sie allein gehen; dort traf ich Hazard. Vier Mann von B waren schon nach III unterwegs, aber nicht, um dort zu bleiben. Nur drei, die wir jetzt anseilten, erboten sich dazubleiben. So verfloß ein zweiter Tag; der Zuwachs im Lager III betrug nur sieben Lasten; und noch war nichts geschehen, um das Lager wohnlicher zu machen, wenn man davon absieht, daß nun sechs Mann ihre Höhenschlafsäcke hatten. Mittlerweile war die Schneid der A-Gruppe flöten gegangen. Um den gesunkenen Mut zu heben, erschien es mir notwendig, sofort die B-Träger heranzuziehen und hier oben einen Rasttag einzulegen, an dem sie das Lager etwas herrichten konnten.

8. Mai. Wieder stand ich früh auf und begab mich nach II, wo ich um 9 Uhr Norton und Somervell antraf. Infolge einer Gedankenlücke hatte ich mir eingebildet, daß die beiden erst heute im Lager II einträfen, wohingegen sie schon am 7. Mai planmäßig aufgestiegen waren. Wir sprachen alles gründlich durch, während ich frühstückte, von der (verhältnismäßig) milden Sonne des Lagers II bestrahlt. Norton stimmte mir bei und schickte den Rest der B-Gruppe mit Somervell nach III. Unterwegs sollten sie die auf dem Gletscher aufgestapelten Sachen mitnehmen. Die gestern eingetroffenen A-Leute waren inzwischen heiß gefüttert worden und sahen schon besser aus, wie sie da in der Sonne lagen. Wir fragten uns, ob es nicht richtiger sei, bei der alten Gepflogenheit zu bleiben, nämlich die Träger am selben Tage nach III und wieder zurück zu schicken. Ich widersetzte mich diesem Vorschlage, weil ich es für besser hielt, den Leuten etwas leichtere Aufgaben zuzumuten, die sie mit Sicherheit erfüllten, ohne den Mut zu verlieren. Sobald sich die A-Träger erholt hatten, konnte man sie an drei aufeinanderfolgenden Tagen drei Viertel des Wegs bis zur Niederlage schicken. Dann beförderte B, an zwei Tagen zweimal über das letzte Wegviertel gehend, die Sachen nach III, und es blieb der dritte Tag zu Lagerarbeiten übrig. Diesem Plane stimmte besonders Geoffrey Bruce bei, dem das Frachtwesen eigentlich unterstand und der mittlerweile vom Lager I eingetroffen war.
Nun, da die Verantwortung nicht mehr auf meinen Schultern allein ruhte, fühlte ich mich wesentlich erleichtert und genoß friedlichen Sonnenschlaf im Lager II.
9. Mai. Ich gedachte vorauszugehen, um zu erfahren, wie es im Lager III aussah, mit dem heute Wunderdinge geschehen sollten. Sieben Leute mit Sonderlasten, frische Helden vom Standlager, standen bereit, um nach III vorzudringen, während die A-Leute nur bis zur Zwischenablage gingen. Ich

mußte schließlich die Ersatzgruppe nach II begleiten. Als wir aus dem Troge auftauchten, wurden wir sehr ungnädig empfangen. Unterm grauen Himmel pfiff ein Sturm, der den Schnee aufwirbelte. Manchmal war die Umgebung völlig ausgelöscht, und die schwarzen Gestalten der Begleiter verschwanden hinter weißen Vorhängen.

Ich mußte anfeuern, denn die Leute hatten nicht übel Lust, die Lasten schon vor dem Vorratshaufen abzuwerfen. Mit Norton und Geoffrey begleitete ich dann die drei letzten Träger nach III. Fortschritte in der Gemütlichkeit des Lagers waren an einem solchen Tage natürlich nicht zu erwarten. Immerhin freute man sich, vom Geheul der Petroleumbrenner begrüßt zu werden. Wir haben zwei Heulbrenner, einen mit senkrechter und einen mit waagrechter Flamme, sozusagen einen Überprimuskocher. Irvine und Odell haben anscheinend gut gearbeitet, denn es war keine Kleinigkeit, den 20 kg wiegenden Heuler heraufzuschaffen. Leider verschlang er mehr Brennstoff, als wir dachten; außerdem setzte er manchmal aus. Da der Koch sich vor dem Ding fürchtete und trotz langer Unterweisung noch nicht ordentlich mit ihm umzugehen verstand, mußte oft ein Sahib zu Hilfe gerufen werden. Die Hauptsache war doch, daß wir mit dieser Gulaschkanone eine warme Mahlzeit für die Mannschaft zustande brachten. Die verbesserte Stimmung war den Petroleumverbrauch schon wert.

Im übrigen war weiter nichts geschehen als die Errichtung eines Meadezeltes für zwei neue Herren (nur zwei, weil Hazard heute abstieg). Man darf niemandem einen Vorwurf machen, denn die Abteilung B befand sich jetzt auch im Zustande morgenländischer Schicksalsergebenheit. Vielleicht ist man nicht ganz gerecht, wenn man unsere Träger mit allen Orientalen in einen Topf wirft, denn sie halten recht lange aus. Aber nach großen Entbehrungen und Anstrengungen kommt auch bei ihnen der Augenblick, wo sie in

sich zusammensinken. So lagen die Träger jetzt wie Winterschläfer erstarrt in den Zelten. Die Sahibs machten es nicht viel besser, denn draußen konnte man nichts anfangen.
Ich machte es mir bequem, weil Geoffrey Bruce jetzt hier weilte, dessen Amt es ist, die Zelte abzugehen, sich nach dem Befinden der Träger zu erkundigen und Befehle zu geben. Da Hazard weggegangen war, wohnte ich wieder mit Somervell zusammen. Ich zog Stiefel nebst Hosen aus und schlüpfte in die von meiner Frau gestrickten Wollstutzen, die das ganze Bein bedeckten. Darüber kamen graue Flanellhosen, zwei Paar Socken und Leinwandschuhe. Auch der Oberkörper wurde nicht vergessen. Zu guter Letzt steckt man die Beine in den Schlafsack. Somervell und ich spielten Pikett. Später besuchten uns Norton und Geoffrey, um die Lage zu besprechen. Nachdem sie sich wieder zurückgezogen hatten, öffneten wir die gegenüberliegenden Zeltvorhänge und befanden uns dergestalt in Nachbarzimmern. Wir unterhielten uns hoffnungsvoll über Kamis Talente und die Leistungsfähigkeit des Heulbrenners und ergingen uns in Vermutungen, ob wohl ein warmes Abendessen unterwegs sei. Dann holte ich den »Spirit of Man« hervor und gab einige ausgewählte Stellen zum besten. Somervell erinnerte mich daran, daß wir vor zwei Jahren genau dasselbe taten, als wir beisammen im Zelte lagen. Das Gedicht vom Kubla Khan fand allgemeinen Beifall. Nur Irvine zeigte sich etwas poesiescheu, schien aber die Grabschrift in Grays Elegie zu würdigen. Odell war empfänglicher und lobte die Schlußzeilen des Entfesselten Prometheus. Somervell, der im englischen Schrifttum ziemlich bewandert ist, hatte noch kein Gedicht von Emily Bronte gelesen, was jetzt nachgeholt ward. Und plötzlich war die heiße Suppe da.
Die folgende Nacht war einfach scheußlich. Der Sturm überfiel uns mit heftigen Böen und blies trotz aller Gegenwehr

den Schnee in die Zelte. Kaltes Eispulver lagerte sich aufs Gesicht, wenn man den Kopf nicht unter der Decke behielt. In der Frühe bedeckten mich 7 cm Neuschnee. Es war zunächst unmöglich zu beurteilen, wie viel Schnee draußen gefallen war; es stand nur fest, daß die Dinge nicht rosig aussahen. In stilleren Pausen erhaschte man einen Blick aufs verschneite Lager; im nächsten Augenblick war alles in weiße Wirbel gehüllt.

Bald erschienen Norton und Bruce zur Beratung. Geoffrey, der für die Träger verantwortlich ist, befürwortete den sofortigen Rückzug. Es stand fest, daß wir während der nächsten Tage nichts gegen den Nordsattel unternehmen konnten und daß es keinen Zweck hatte, die Träger den Unbilden des Lagers III auszusetzen. Indessen hielt ich es für wahrscheinlich, daß das Wetter sich endlich austobte und daß wir vielleicht schon heute Nachmittag einige Arbeiten in Angriff nehmen konnten. Ich war dafür, noch bis morgen auszuharren, worin Norton mir beipflichtete.

Einigermaßen beunruhigend war der Brennstoffverbrauch. Im Lager II hatte man eine Schachtel Meta und eine unbekannte (jedoch keineswegs große) Petroleummenge verbraucht. Hier oben mußte alles Wasser durch Schneeschmelzen gewonnen werden, was viel Meta und Petroleum erforderte. Inzwischen war der Heuler hinzugekommen, der ungeahnte Mengen verschlang. Das erste Erfordernis war demnach eine Verminderung der sechs Europäer. Da Somervell, Norton und Odell den Weg auf den Nordsattel bahnen sollten, mußten Irvine und ich abziehen. Während des Abstieges litten wir – Irvine stark, ich weniger – an der sogenannten Gletschermattigkeit. Dieses geheimnisvolle Leiden hängt wohl mit der Sonneneinstrahlung bei Neuschnee zusammen.

Im Lager II erfreuten wir uns der Ruhe in Gesellschaft von Beetham und Noel.

11. Mai. Wetter dunstig und zweifelhaft. Ich schickte fünfzehn Lasten zum Zwischenlager und veranlaßte den Abstieg zweier Kranker. Der eine, ein wenig widerstandsfähiger Leptscha, hatte erfrorene Füße; der andre Kellas' alter Diener Sanglu, ein tüchtiger Mann, den man Noel zugeteilt hatte. Er litt an Bronchitis. Kaum waren die Leute eine halbe Stunde fort, als gerufen wurde. Ein Mann hatte auf dem Gletscher das Bein gebrochen. Wir brachen sogleich zur Rettung auf und begegneten einem Boten Nortons, der mitteilte, daß er das Lager III räume, was vorauszusehen war. Der Verwundete lag nicht weit und hatte glücklicherweise einen reinlichen Bruch in der Kniegegend.

Am nämlichen Abend waren Beetham, Noel, Irvine und ich wieder im Standlager; die andern folgten am nächsten Tage.

Das also war die Geschichte des Rückschlages. Norton hatte unbedingt recht, denn wir sind an die Grenze des Erlaubten gegangen. Alles hängt von den Trägern ab, so daß wir uns bemühen müssen, sie in bester Verfassung an den Ablauf (Lager III) zu bringen. Vielleicht haben wir 1922 mit weniger Spielraum gearbeitet, als wir ahnten. Jedenfalls habe ich mich damals immer sehr darüber gewundert, daß der Trägerbetrieb so tadellos klappte. Jetzt war das Lager III ja tatsächlich eine Hölle; so große und anhaltende Kälte mit Sturm haben wir dort noch nie erlebt. Wahrscheinlich werden sich die Träger zum Schluß doch ebenso gut bewähren wie ihre Vorgänger. Ich habe es an mir selber gespürt, wie schlimm es im Lager III zuging. Natürlich bedeutet der Rückzug einen riesigen Zeitverlust. Wir haben hier unten auf besseres Wetter gewartet; nun scheint es sich zu wenden, und wir sind wieder auf dem Sprunge. Der Gipfeltag ist vom 17. auf den 21. verschoben worden. Das große Fragezeichen ist der Monsun.

GEORGE L. MALLORY, MOUNT EVEREST, BASE CAMP,

27. Mai 1924

Wir haben wieder eine böse Zeit hinter uns. Ich blicke auf harte Anstrengungen zurück, die uns stark erschöpften. Vor dem Zelte breitete sich eine Welt wirbelnder Flocken und schwindender Hoffnungen. Trotzdem darf man auch Gewinne buchen. Die Teilnehmer haben die Feuerprobe bestanden. Der erste Aufstieg zum Nordsattel war eine Glanzleistung der alten Garde. Norton und ich haben die Geschichte gedeichselt, wobei mir die Stufenarbeit zufiel. Soweit man oberhalb des Lagers III von genußreicher Bergsteigerei reden darf, habe ich die Eiswand, den Eiskamin und die letzten 60 m gründlich ausgekostet. Odell hat als Vorangehender vom Lager zur Jochhöhe treffliche Arbeit geleistet. Ich war ziemlich erledigt und hätte während dieser halben Stunde die Führung kaum übernehmen können, wenngleich ich noch genügend Besinnung zu gelegentlichem Winken hatte. Im Abstiege patzten wir schrecklich. Es fiel mir plötzlich ein, nachzusehen, wie es mit dem alten Wege stünde. Norton und ich gingen unangeseilt voran; hinterdrein kam Odell mit einem Träger, der leichtes Gepäck zum Sattel befördert hatte. Wir kamen auf Gelände, das Geübte noch grade eben ohne Steigeisen beherrschen (wir hatten keine). Hie und da schlugen wir Kerben in Hartfirn oder Eis. Ich kam gut voran, aber Norton rutschte einmal eklig aus. Dann fiel der Träger aus der Seilschlinge und kriegte einen tüchtigen Schreck. Inzwischen trat ich bei der Wegsuche in eine unverkennbare Spalte. Vielleicht spiegelte mir das Unterbewußtsein vor, ich hätte die Brücke schon mit dem Pickel geprüft. Solche Geistesverwirrungen gehören wohl zu den Folgen der Erschöpfung. Jedenfalls brach ich durch und versank in ein Schneegrab. Glücklicherweise blieb ich nach drei Metern geblendet und atemlos stecken. Mein einziger Halt war der Pickel, der sich quer in der Spalte verkeilt hatte; unter mir klaffte ein recht unliebenswürdiges schwarzes Loch. Es vergingen einige peinliche Minuten, ehe ich mich bequem verspreizt hatte. Dann schrie ich durchs runde Sturzfenster in der Schneebrücke um Hilfe, weil ich fürchtete, durch nachstürzende Schneemassen in den Schlund gerissen zu werden, wenn ich mich selbst zu befreien versuchte.

Bald wurde mir die Ruferei zu langweilig; die andern ahnten nicht, wo ich stak. Den Schnee allmählich wegkratzend, erweiterte ich das Loch und kroch auf einer Seite der hangwärts gerichteten Spalte heraus. Leider war es die falsche Seite. Ich mußte mich durch einen hämischen, sehr harten Eishang schlagen und weiter unten durch eine verdächtige Schneemischung. Endlich landete ich auf leichtem Gelände, wo die andern schon seit zehn Minuten auf mich warteten. Sie hatten einen besseren Weg gefunden. Diese eilige Hauerei am Schlusse eines anstrengenden Tages gab mir fast den Rest. Soviel für diesen Tag.

Das einzige, das mich persönlich stört, ist ein Husten. Er begann etwa zwei Tage vor dem Verlassen des Standlagers; ich beachtete ihn nicht weiter. Im höheren Lager machte er das Leben zur Hölle. Sogar nach der tüchtigen Bewegung am Nordsattel konnte ich nicht schlafen, denn Hustenanfälle drehten mir die Eingeweide um. Dazu Kopfweh und elendes Befinden überhaupt. Außerdem stört so etwas sehr beim Gehen. Somervell hat denselben Husten, der etwas später anfing. Auch er ist körperlich nicht mit sich zufrieden.

Tags darauf wurde die erste Ladung auf den Nordsattel verfrachtet. Somervell und Irvine hatten im Schneesturm Großartiges als Lastenaufzug geleistet. Durch einen unglücklichen Zufall blieben vier Träger allein im Lager IV zurück.

Der arme Norton nahm sich die Sache sehr zu Herzen. Und dabei war er selber ruhebedürftig. Keinem von uns ging es gut. Als wir ausrückten, war zehn gegen eins zu wetten, daß wir nicht auf den Nordsattel kamen, geschweige denn die Gestrandeten retteten. Ich führte vom Lager ab zu einer Stelle, wo der flache Gletscher aufhört. Der Schnee war noch nicht ganz bösartig, weil er noch keine Zeit gehabt hatte, pappig zu werden. Trotzdem brauchten wir drei Stunden für diese Strecke. Dann führte Somervell bis dorthin, wo Odell und Geoffrey gestern die Lasten aufbewahrt hatten. Zuletzt übernahm Norton die Spitze. Der Schnee wurde allgemach besser. Norton war der einzige mit Steigeisen und konnte uns daher ohne Stufenschlagen durch den großen Schlund bringen. Hier rasteten wir eine halbe Stunde. Um 1.30 packte ich die steilen 60 m an; dann weiter zum Ende des Schrundes am Korridor. Hier kamen zwei verdächtige Stellen. Norton bewältigte die erste, während wir am Spaltenrande sicherten. Er meldete verhältnismäßig guten Schnee. Somervell ging auf dem Schlußhang voran und folgte Hazards eben noch sichtbaren Spuren. Norton und ich verbrachten bange Minuten. Außerdem war das Sichern nicht besonders schön, weil die scheidende Sonne heftige Kälte hinterließ. Somervell machte seine Sache wieder einmal vorzüglich, als er die Träger vom Nordsattel herunterholte. Doch ich will seinen Bericht hier nicht wiederholen. Es war schon 4 ½ Uhr, als die Leute den Abstieg begannen, Somervells Seil als Geländer benützend. Natürlich hielt uns auch der Eiskamin längere Zeit auf. Es wurde dunkel, als wir im Lager eintrafen.
Norton tat recht, indem er uns alle wieder in die Ruhestellung schickte. Es hat keinen Zweck, Geschwächte gegen den Berg anlaufen zu lassen. Die ganze Mannschaft ist in einem ziemlich traurigen Zustande. Wir müssen nun versuchen, uns zu erholen und einen abgekürzten Plan durch-

zuführen. Allein Geoffrey Bruce erfreut sich wohlgenährter Tauglichkeit. Norton überließ mir die Auswahl der nächsten Stoßtrupps. Vorher wies er mir die Spitzengruppe zu. Ich weiß aber noch nicht recht, ob ich es leisten kann. Und dann dieser Monsun! Wird er uns noch einmal Gelegenheit geben? Ich möchte mich nicht überrumpeln lassen. Aber die drei Tage, die wir oberhalb des Tschang La brauchen, sind doch eine gar zu günstige Gelegenheit für den Monsun. Übermorgen steigen wir wieder auf. Von hier aus sechs Tage zum Gipfel!

NOEL ODELL, MOUNT EVEREST,
8. Juni 1924

Mein Tagebuch sagt, daß der Vormittag klar war, daß sich der Himmel aber nachmittags umwölkte und daß es gegen Abend sogar etwas schneite. Um 9 ¾ Uhr traf Hingston ein und stieg später mit dem blinden Norton zum Lager III ab. Hazard ging bis zum Eiskamin mit. Ich brachte alles in Ordnung und machte Beobachtungen. Bald nach 5 Uhr kamen vier von Mallorys Trägern planmäßig zurück. Auf einem vom Lager V mitgebrachten Zettel war zu lesen: »Kein Wind hier oben; die Sache sieht hoffnungsvoll aus.« Am 7. Juni, am Tage, wo Mallory und Irvine von V nach VI gingen, begab ich mich mit dem Träger Nema nach V. Dieser Mann war einer von den beiden auf dem Nordsattel anwesenden Trägern. Dieses staffelweise Nachrücken der Helfer ergab sich aus dem geringen Fassungsvermögen der Hochlager. Ich hoffte, oben ein drittes Sauerstoffgerät vorzufinden. Indessen hatte Irvine den Atmer als Ersatzstück mitgenommen. Es ging ganz gut ohne Sauerstoff, und ich freute mich, daß ich keine schweren Flaschen zu tragen

brauchte. Bald nach meiner Ankunft in V kamen die vier letzten Träger von VI herunter. Sie meldeten sich mit abgetretenen Steinen, die ums Zelt prasselten. Infolge der ausgesetzten Lage am Steilhange kam das hier häufiger vor.
Von Mallory traf folgender Bericht ein:
»Lieber Odell, tut uns leid, daß wir solche Unordnung hinterlassen haben. Unnakocher im letzten Augenblick den Berg hinuntergerollt. Gehen Sie morgen nur rechtzeitig nach Lager IV zurück, um vor Dunkelwerden zu räumen, was auch ich zu tun hoffe. Ich muß einen Kompaß liegen gelassen haben; retten Sie ihn um des Himmels willen; denn wir haben keinen. Bis hier mit 90 Atmosphären während der zwei Tage. Werden daher wohl mit zwei Flaschen auskommen. Ist aber doch eine verfluchte Last beim Klettern. Großartiges Wetter zum Gehen. Immer Ihr G. Mallory.«
Mein Begleiter Nema litt an der Bergkrankheit, so daß ich für den kommenden Tag gar nicht mit ihm rechnen durfte. Daher ließ ich ihn mit den vier andern absteigen. Es ist doch merkwürdig, wie schnell diese Krankheit schwindet, wenn man absteigt oder auch nur den Entschluß zum Abstiege gefaßt hat. Bei den Scherpas ist mir das oft genug aufgefallen, bei Europäern etwas weniger. Schon das Bewußtsein, daß keine weiteren Anstrengungen verlangt werden, wirkt heilsam. Der Geist kehrt gewissermaßen in den Normalzustand zurück. Jedenfalls sprang Nema recht frohgemut talwärts.
Es war mir auch lieber, morgen ganz allein in der Nordflanke umherzuwandern und geologische Beobachtungen zu machen. Im Zelte entdeckte ich nach kurzer Suche Mallorys prismatischen Kompaß. Abends vor dem Schlafengehen freute ich mich über das schöne Wetter. Sicherlich gingen zur selben Zeit Mallory und Irvine mit großen Hoffnungen ins Bett.
Ich genoß eine wundervolle Aussicht auf die Gletscher und Bergriesen; die Firnwelt war gelb und rötlich angehaucht.

Genau gegenüber erhoben sich die düsteren Wände des Nordgipfels, in denen mein Auge die Streifenschrift der Erdgeschichte zu enträtseln suchte. Die schwere dunkle Masse bildete einen wirkungsvollen Gegensatz zu den schimmernden Fernen der tibetischen Hochfläche mit ihren zackigen Kämmen. Weit draußen im Osten schien der Kantschendschunga in der Luft zu schweben. Von allen Ausblicken, die ich je genoß, wird dieser die Krone der Erinnerung bleiben.

Nachdem ich etwas Nudeln mit Tomaten und Obstmus gegessen hatte, bereitete ich mit den zwei Schlafsäcken ein bequemes Lager. Ich streckte mich schräg durchs Zelt und suchte die größeren Steine der Unterlage zu vermeiden. Die Geister und Wachhunde Tschomolungmas ließen mich ungeschoren. Auch drohte kein Wind, mich mitsamt dem Zelte in die Tiefe zu schleudern. Ich vermochte meine Wärme einigermaßen zusammenzuhalten und schlief recht gut.

In der Frühe packte ich den Rucksack und fügte einige Nahrungsmittel für die Everestbesteiger hinzu. Um 8 Uhr erstieg ich den Hang hinterm Lager V und gelangte bald auf die Kammhöhe des Nordgrates. Bisher war es klar und nicht übermäßig kalt gewesen; jetzt aber bildeten sich Nebelbänke im Westen und zogen über die Bergflanke dahin. Glücklicherweise wurde der Wind nicht stärker.

Hermann Buhl auf der Heimreise in Rawalpindi, Pakistan, nach seinem Nanga Parbat-Alleingang 1953

II HELDENZEIT

1931–1961

»Man kann nicht einen Verein von zehn bis zwölf Leuten auf einen Achttausender bringen wollen.«

Willo Welzenbach

KARL WIENS TAGEBUCH, KANGCHENDZÖNGA, *16.9.1931*

16.IX. Herrlicher Morgen! Der Blick nach Tibet ist noch nie so weit und klar gewesen. Wir stellen zusammen, was jetzt hinauf muß, vor allem den Proviant für 4 bis 6 Tage. Der Erste, der aufbricht, ist Allwein. Er nimmt die große Schaufel, wie sie die Lokomotivheizer verwenden und die sich am besten zum Bau der Eishöhle eignet, in den Rucksack und läuft voraus. So kommt er allein am schnellsten hinauf und kann gleich beginnen, die Eishöhle zu bauen, die wir beide für uns noch am Abend ausbauen können. Pemba ist wieder auf dem Damm, Ketar mit seiner Schneeblindheit dagegen noch nicht verwendungsfähig. Kami behauptet, Kopfschmerzen zu haben, sie verschwinden aber bei Nichtbeachtung. Ihn und Pemba führt Aufschnaiter hinauf. Wir folgen als die letzten mit schweren Rucksäcken. Pepperl und Bauer bleiben im Lager. Wir kommen nur langsam vorwärts. Rucksäcke über 30 Pfund in 7200 m Höhe sind eine sehr hinderliche Angelegenheit.
Das Lager 11 liegt auf dem letzten flachen Stück des Nordostsporns vor dem ersten Sporngipfel, d. i. die Stelle, die von unten gesehen als Sporngipfel erscheint. Von hier zieht ein scharfer, etwas ansteigender Firngrat zum eigentlichen Sporngipfel (7700 m), der höchsten Erhebung zwischen Sporn und Nordgrat. Der letzte Hang über Lager 11 ist steil, aber von großer Breite. Die Flanke zum Twinsgletscher stürzt hier weniger steil ab als im ganzen unteren Teil des Sporns. Das letzte steile und scharfe Gratstück stellt der von

Alisi gangbar gemachte Turm dar. Seine scharfe Schneide mündet in einem steilen, 80 m hohen Hang, darüber wird er noch einmal flach, eben an der Stelle des Lagers 11, um dann in den Gipfelhang überzuleiten. Dieser Knick ist sozusagen der Vermittler zwischen dem scharfen untern Grat und den breiten Gipfelhängen. Ein Lagerplateau ist hier nicht vorhanden. Der Grat nimmt langsam an Steilheit ab, doch da für Alisi, der den Platz bestimmt hat, zunächst das Problem auftauchte, eine Eishöhle zu bauen, wählt er eine ziemlich steile Stelle, umso mehr Arbeit erforderte am nächsten Tag das Ausgraben des Zeltplatzes.
Wir kommen über eine nicht ganz leichte Stelle auf den Turm. Es ist kalt und windig, die Sonne eben im Begriff zu verschwinden. 80 m über uns sehen wir die andern oben stehen und gerade sich anschicken abzusteigen. Alisi kommt voraus, er eilt in 40 Minuten zum Lager 10 hinunter. Aufschnaiter geht langsam und sicher in den Stufen herunter, er muß auf die Kulis warten, um sie die schwere Seillänge in der Flanke des Turms hinunter zu sichern. Sie kommen zunächst langsam hinterdrein, im Steilhang rutschen sie ohne Steigeisen mit viel Freude in der Spur hinunter und verwischen alle Stufen, so daß zwei glatte Rinnen übrigbleiben, nicht gut zum Aufstieg für uns. Sie kommen an uns vorbei, Pemba, der heute wieder ganz auf der Höhe ist, mit einem direkt fröhlichen »Salaam Sab«. Auf Wiedersehen morgen im Lager 11.
Wir gehen den Hang an, Hatschi (Hartmann) voraus, man merkt, wie es ihn wahnsinnig anstrengt, in den harten Firn eine Stufe zu treten. Mit dem schweren Rucksack halb kriechend bewegt er sich aufwärts. Dummerweise verbindet uns noch das Seil. Ich komme in Hatschis Stufen rascher vorwärts als er, aber da er das Seil nicht anziehen kann, bildet es eine Schlinge, die beengt. Nun begehe ich den Fehler, daß ich mich losbinde, um Hatschi einholen zu können

und im Spuren abzulösen. Nun muß er das ganze Gewicht des Seiles durch den lockeren Schnee ziehen. Ich gehe voraus in der schlechten Spur und komme bald ins Lager 11. Bei Hatschi kommt nun ein längeres Stück, wo seine kleinen Füße in der Spur durchbrechen, so daß er zum Teil kriechen muß, der schwere Rucksack hindert, das Seil schnürt ihm den Leib ein, aber mit seinen Riesenkräften bewältigt er alles. Nun kommt aber in dieser Höhe ein Punkt, wo der Körper solche Anstrengungen nicht mehr aushält. Dieser Punkt wird bei Hatschi um etliches überschritten, so daß er, als er endlich bei mir ankommt, tatsächlich »halbhin« ist. Die vereisten Gamaschen auszuziehen ist ein schwieriges Problem. Und dann müssen wir ja noch die Eishöhle ausbauen. Vorläufig ist nur ein Loch vorhanden, in dem notdürftig zwei Leute sitzen können. Nachdem Hatschi wieder einigermaßen Luft bekommen hat – von dem Druck des Seils hat er noch starke innere Schmerzen –, machen wir uns gleich an die Arbeit. Er kniet im Loch, sticht die großen Schollen mit der Schaufel heraus, ich befördere sie hinaus. Es vergeht eine lange Zeit, bis alles fertig, bis die Unterlage (aus Kleppermantel und Windanzug) ausgebreitet ist, auf die dann der Schlafsack mit Unterlage gebreitet wird. Durch das Knien in der Eishöhle sind dann Hatschis Füße, die sowieso schon zu wenig Sauerstoff bekommen haben, kalt geworden und machen uns Sorgen, er ist schon wirklich stark mitgenommen, muß stark keuchen, und wir erwarten mit Spannung, ob und wann er sich wieder erholt.
Es ist eine ungemütliche Nacht. Lange brennt noch unser Meta, und ich horche nicht ganz unbesorgt dem Schnaufen und Keuchen Hatschis. Nur das eine Gute hat's, warm ist es in unserer Eishöhle, aber mir kommt es vor, daß das allgemeine Wohlbefinden hier ca. 7400 m hoch auch durch Ruhe nicht mehr so gut wird als in Lager 10, das nur wenig über 7000 m liegt.

KARL WIENS TAGEBUCH, KANGCHENDZÖNGA, *17.9.1931*

Als die Morgensonne auf den Eingang der Höhle scheint, den wir mit einem Kleppermantel zugehängt haben, ist alles wieder gut. Von hier aus ist nun der Blick schon ganz gewaltig. Es ist schön klar, ich kann den Kangchengletscher in Nepal, über die Twins und Tentpeak weit nach Tibet und das Zemutal hinaussehen. Dabei ist es in der Sonne nicht kalt, so daß gleich ein emsiges Photographieren beginnt. Hatschi ist großartig, es ist ihm eine Selbstverständlichkeit, daß er mit hinauf zum Sporngipfel geht, obwohl er sicher noch recht müde ist, aber im ganzen hat er sich wieder erholt. Gott sei Dank!

Noch ein neuer Leicafilm muß eingelegt werden, und dann gehen wir um ½ 10 langsam spurend nach oben. Wind gibt es hier oben, und die Hänge zeigen Gangeln und Windharscht, aber es ist nur eine dünne Schicht über dem gleichmäßigen Pulver, in dem sich angenehm spuren läßt. Nur nicht aus dem Rhythmus kommen! Solange man im gleichen Takt zum Fußaufsetzen, Eindrücken, Gewichtvorlegen die gleiche Menge Atemzüge aufwendet – und es können ja sehr viele sein –, kommt man auch, zwar langsam, aber gleichmäßig hinauf und hinterläßt eine gleichmäßige Spur. Nur ein allzuoftes und unregelmäßiges Stehenbleiben ist von Übel.

Wir erreichen das Ende des steilen Grates. Unsichtig! Kurz kann man den weiteren flacheren Verlauf des Grates bis zur ersten Spornerhebung sehen. Ich spure langsam in angenehmem Firn auf der Zemuseite hinauf und warte dort auf Hatschi, der durch Knipsen etwas aufgehalten wird. Es wird klar. Ein scharfer Firngipfel, links rote Felsen, steht am Ende eines langen scharfen Firngrats, der Sporngipfel. Er sieht hoch aus von hier und der letzte Firnhang steil und

lang, es fehlt der Maßstab. Es ist 12 Uhr, wir mögen 200 m gestiegen sein. Leider läßt sich das Barometer um +/– 50 m durch leichtes Klopfen oder Schiefhalten beeinflussen, so daß wir an ihm kein rechtes Maß haben. Der Kangchen schaut nun ganz nah aus. Den Nordgrat überblicken wir in jeder Einzelheit: Von der Gipfelpyramide über den weiten Hang hinunter in die Scharte, die nicht mehr viel höher liegt als wir. Von dort wieder hinauf und über einen Firngrat langsam fallend in eine zweite Scharte. Das weitere verdeckt der Sporngipfel, doch nehmen wir als sicher an, daß wir auf einem ähnlichen Grat zum Nordgrat werden gelangen können, wie er von hier zum Sporngipfel hinüberzieht. Nur 1 ½ Stunden sind noch zum Sporngipfel.
Der Weg über den scharfen Grat bei schönem Wetter gehört zu dem Schönsten, was ich erlebt habe. Nach beiden Seiten, zum Zemu- und zum Twinsgletscher gleichmäßige, steile Abstürze, wir oben auf der Firnschneide am Weg zum Kangchen. Er steht nun schon so nahe, daß es für uns fast sicher wird, ihn zu erreichen. Die Nebel streichen um ihn, geben ihn frei, manchmal nur seine oberste Spitze, wohl noch hoch über uns, Bilder, die auf unserm Weg in dieser Höhe und Umgebung ungemein eindrucksvoll sind.
Über einen Hang von tiefem Pulver erreichen wir den Sporngipfel. Der höchste Punkt ist zunächst nicht betretbar, weil er schon in einem ganz scharfen Schneegrat liegt, der an den Felsen ansetzt, aus ganz lockerem Schnee, der Fortsetzung des tiefen Pulverschnees der Twinsseite, besteht und auf der Zemuseite nur eine ganz dünne Firnschicht trägt. Man muß erst viel wegräumen, um die Stelle betreten zu können. Der besagte Schneegrat hindert uns am Weitergehen für heute. Er erfordert wieder einige Hackarbeit, für die es heute zu spät ist. Aber der Blick zum Nordgrat ist schon frei. Unser Grat, der zunächst wenig fällt, wird nach kurzem wieder ohne weiteres gangbar. Er wendet sich im

ganzen ziemlich stark nach Norden. Seinen weiteren Verlauf können wir nicht sehen, doch ist klar, daß er als Grat nicht am Nordgrat, wie wir immer allen Bildern als sicher entnommen hatten, sondern unter dessen Flanken als flacher, breiter Firnsattel endet. Und der einzig diskutable Anstieg über diese Flanken zum Nordgrat geht über einen steilen Firnhang, in dem verdächtige Schneebrettrisse zu sehen sind. Wir können jedoch nur das obere Drittel dieses Hanges übersehen, der andere Teil wird vom Grat verdeckt, und der obere Teil scheint doch an einer deutlich sichtbaren Kante begangen werden zu können.

Es ist klar, daß wir das Lager 12 in den Sattel unter diesem Hang legen. Es scheint dort der Sattel einen guten Lagerplatz zu bieten, und die Entfernung vom Lager 11 aus ist so groß, daß sie von den Trägern in einem Tag hin und zurück leicht bewältigt werden kann. Es ist ein schöner Tag, einer der schönsten vielleicht, die wir erleben, wie wir zwei, der Hatschi und ich, da oben auf dem Sporngipfel stehen und uns umschauen.

Um 2 Uhr steigen wir ab. Noch bleibt es klar und sonnig, wie wir über den endlosen Dachfirst des Grates nun leicht in der sauberen Spur zurückwandern. Es ist merkwürdig, wie warm und windstill es hier oben ist. Am Ende des flachen Stückes bleiben wir noch einmal sitzen und genießen die Sonne, bevor wir mit dem Steilhang in den Schatten tauchen, wo es allerdings grimmig kalt ist.

Die andern Männer sind unterdessen im Lager 11 eingetroffen, zuerst Alisi, der viel Arbeit damit hatte, einen Zeltplatz in dem beträchtlich geneigten Hang auszuschaufeln, dann Pepperl mit Ketar, welch letzterer nun frierend umhersteht, weil die beiden anderen Träger, die das Kulizelt bringen, noch nicht da sind. Sie kommen erst lang nach Aufschnaiter, der sie über die schwere Stelle heraufgeführt hat. Er hat unter dem Biancograt doch ein wenig Sorge um Bauer gehabt, der sehr langsam nachkam und 3 Stunden bis dorthin brauchte. Er hat lange auf ihn gewartet und ihm dann zugeredet umzukehren, weil er in diesem Tempo Lager 11 an diesem Tag nicht erreichen würde. Bauer kehrte schweren Herzens um, in der Absicht, noch nach Lager 9 hinunterzugehen. Es ist 1 Uhr mittag, bei unseren Zeiten reicht der Nachmittag dafür reichlich aus, wir zweifeln nicht daran, daß er sein Vorhaben ausgeführt hat und uns in der warmen, mit Schlafsack versehenen Eishöhle des Lagers 9 erwartet. Wir wissen nichts von seinem unguten Herzen und der furchtbaren Nacht in Lager 10. Und das ist besser, denn wir haben zunächst mit uns genug zu tun.

Es ist kalt im Zelt, wo ich zunächst bei den andern sitze. Alisi kocht eine Erbswurstsuppe, die durch Ungeschicklichkeit, wie es halt in so einem engen Zelt geht, umgegossen wird, so daß für jeden nur ein kleiner Rest bleibt. Aufschnaiter leidet an Husten und Leibschmerzen, Pepperl hat seine Stimme schon lange verloren und auch einen starken Husten. Als ich hinunterkomme in die Eishöhle zu Hatschi, scheint es mir, als ginge es ihm recht gut, er ist auch selbst sehr zuversichtlich, wir beschließen, daß er morgen einen Rasttag macht, und er meint noch daraufhin: »Übermorgen bin ich dann bestimmt wieder ganz pfundig beieinander.« Wir kochen uns noch mit Meta einen Ersatz für das ausgeschüttete Abendessen und gehen dann in den gemeinsamen Schlafsack.

Um 10 Uhr beginnen plötzlich Hatschis Füße wahnsinnig zu schmerzen, und da es dasselbe Gefühl ist wie seinerzeit beim Auftauen seiner gänzlich erfrorenen Zehen beim Hauser in Pontresina, so fürchtet er schon, daß die Füße nun ganz hin sind.

Wir versuchen alles Mögliche, um sie hochzulegen, damit der Schmerz gemildert wird, aber es scheitert alles an der Enge der Höhle und des Schlafsacks. Hatschi schläft gar nicht in dieser Nacht und ich auch immer nur für wenige Minuten.

KARL WIENS TAGEBUCH, KANGCHENDZÖNGA, *18.9.1931*

Am Morgen haben die Schmerzen nachgelassen. Daß mit den Füßen die Sache bald wieder in Ordnung kommt, läßt sich schon sagen, nur das rechte etwas vorstehende Eck des rechten Fußes ist schwarz und gibt zu der Befürchtung Anlaß, daß es doch kaputt ist. Auch Alisi hält das für möglich und rät für diesen Fall zu einem sofortigen Abstieg. Wir legen ihn hinauf ins Zelt, d. h. er kriecht selbst dorthin, wo es für seine Füße bequemer ist und wo es auch untertags wärmer ist.

Wir andern wollen an diesem Tag schon möglichst viel nach dem Lagerplatz 12 schaffen und dort schon mit dem Bau der Eishöhle beginnen. Alisi will inzwischen zum Nordgrat vordringen und erkunden, vor allem die Gangbarkeit des Hanges über Lager 12 und des ersten Teils des Nordgrates bis zur Scharte. Alisi, Aufschnaiter und Pepperl, die im Zelt geschlafen haben, haben auch keine gute Nacht hinter sich, da es sehr kalt war. Aufschnaiter ist an diesem Morgen ziemlich ausradiert, ihn plagt Husten, außerdem Leibschmerzen und Durst, so daß er zurückbleiben muß.

Alisi und Pepperl, ersterer wieder mit der großen Schaufel im Rucksack, gehen los, während ich erst etwa 20 Minuten nach ihnen das Lager verlasse. Wir haben den gesamten Proviant für oben bei uns, so daß am nächsten Tag die Träger leicht zwei Schlafsackkombinationen und ein Klepperzelt hinaufbringen können. Schwierig wird ein Umzug immer erst dann, wenn die Träger auch ihre eigenen wärmenden

Sachen, Klepperschlafsäcke, Decken und was sie so im Lauf der Zeit angesammelt haben, mittragen müssen. Die Lasten werden dann im Nu so schwer, daß es zuviel für sie wird.
Die Spur vom Vortag ist noch gut erhalten. Pepperl ist der, der sich in den letzten Wochen von uns dreien am meisten hingemacht hat. Er schnauft in diesen Höhen wesentlich schlechter, so daß ich ihn bald überholt habe. Alisi ist dagegen weit voraus und noch um einen guten Punkt schneller als ich. Wir haben heute leider Nebel während des Anstieges. Auf dem waagrechten Grat wird es kurz klar, aber als ich bei Alisi am Sporngipfel ankomme, hat es gerade wieder zugemacht. Alisi teilt mir gleich seine Bedenken wegen der Schneebrettgefahr im Hang über Lager 12 mit, doch hat er ihn auch noch nicht im ganzen gesehen, und er ist auch nur kurze Zeit von den Nebeln freigegeben worden.
Wir machen uns daran, den scharfen Firngrat gangbar zu machen, doch nach etwa 20 m kann man auf der Zemuseite wieder vorsichtig balancierend gehen. Alisi, der auf einer Graterhebung angelangt ist, sieht nun wieder zu dem verdächtigen Hang hinüber, der eben aus dem Nebel auftaucht, und ruft mir noch zu, ich solle schnell nachkommen, der Hang mache von dort wieder einen besseren Eindruck. Ich erreiche ihn, wie er auf der Gratterrasse sitzt, gerade bevor der Grat in den großen breiten Sattel sich hinuntersenkt, gegenüber dem verdächtigen Hang, der nun vollständig klar vor uns liegt. »Wir müssen umkehren«, sagt er bloß. Der Sattel zu unseren Füßen wäre ein idealer Lagerplatz und ohne Schwierigkeiten auch für die Träger zu erreichen. Aber von ihm aus zieht nichts, was noch mit einem Grat Ähnlichkeit haben könnte, hinauf zum Nordgrat des Kangchen, den wir im Profil sehen.
Ein steiler Schneehang, der vielleicht nicht nur für den Laien, sondern auch für uns zunächst harmlos aussehen würde, wenn nicht zwei große Abrißkanten von Schnee-

brettern darin stünden und er nicht auch sonst noch an verschiedenen Stellen von verdächtigen Rissen durchzogen wäre. Er baut sich in zwei Stufen auf, die untere (zwei Drittel der Höhe) ist stark konvex gewölbt, von scheußlich gefährlicher Form für Lawinen und nicht angreifbar. Man müßte direkt in den Hang an seiner steilsten Stelle hineinschneiden, der sich oben schon mit einem klaffenden Riß loszulösen beginnt. Der obere kleinere Teil, das Stück, das Hatschi und ich schon am Vortage vom Sporngipfel aus gesehen haben, ist auch noch gefährlich, es läßt sich aber eine Firnkante erreichen, über die man ziemlich sicher zum Nordgrat hinaufkommen würde. Eine Umgehung ist ausgeschlossen, links eine der berühmten Rillenfirnwände des Himalaja mit ganz feinen zahllosen Rillen, rechts die steilen Felsflanken des Nordgrates und auch diese nur über Lawinenhänge erreichbar. Wir beide sitzen lange vor diesem scheußlichen Gebilde, das unsere schönsten Hoffnungen zerstört – Pepperl ist am Sporngipfel zurückgeblieben –, reden hin und her, erwägen jede Möglichkeit. Es hilft alles nichts. Wir müssen hier oben den Entschluß fassen, umzukehren, womit der Kangchen aufgegeben wird, alle unsere Mühen und Opfer vergeblich werden und unsere ganze Expedition ein negatives Ergebnis erhält. Alisi ist bekannt für seine gewagten Lawinenabenteuer, er hat eine unheimliche Erfahrung in diesen Sachen und kennt die Gefahr besser als ein anderer. Wir müssen umkehren.
Am Sporngipfel fängt es an zu schneien. Wir sammeln den Pepperl auf und lassen die Schaufel im Firn des Sporngipfels, des höchsten Punktes, den wir erreichten, stecken. In dichtem Schneetreiben wandern wir über den ebenen Grat zurück. Bevor die steilen Hänge beginnen, verschwindet die Schneewolke, die uns eingehüllt hat, es ist wieder klar, ich sehe nach Nepal und Tibet und auf der andern Seite den Kangchen, nah und doch noch hoch – jedenfalls unerreich-

bar. Ich bleibe weit zurück. Man trennt sich nicht gern von dem höchsten Punkt, den einem das Leben zu erreichen vergönnt.
Im Lager 11 ist alles sehr gedrückt. Hatschi glaubt es nicht, er ist der Schneidigste und der größte Draufgänger von uns und hätte es sich wahrscheinlich nicht nehmen lassen, einen Versuch zu wagen. Auch meint er, wenn Bäuerle in seiner alten Form da wäre, würde er einen Weg finden, um diesen Hang sicher zu überwinden. Aber wie? So lange Seile gibt's hier nicht, und wenn einer verschüttet wird, auch am Seil, hier oben ist er ja gleich erstickt. Was nützen noch alle Debatten, selbst die, die ich am Abend im Schlafsack mit Hatschi führte und die an den Kern der Sache rührte? Wir müssen uns mit den Tatsachen abfinden.

Schluss von Karl Wiens Tagebuch

PAUL BAUER, KANGCHENDZÖNGA,
September 1931

Ich saß am Morgen des 19. September vor der Eishöhle des Lagers 9 und sah zu dem silberschuppigen Wolkenfisch auf, der sich immer an der gleichen Stelle über dem Nordostsporn bildete, vor die Sonne zog und sich dort auflöste, immer wieder, immer aufs neue. Die Wonne, dieses Schauspiel ganz allein, über so unendlich weiten Räumen genießen zu dürfen, verklärte etwas die tiefe Niedergeschlagenheit über meinen körperlichen Zustand, über mein Unvermögen, jetzt vorne helfen zu können. Da kam Allwein herab und erzählte mir alles. – Es traf mich schwer.
Allwein geleitete mich über die Türme hinab, die anderen kamen herunter. Wo wir gingen und standen, grübelten wir

in den nächsten Tagen und drehten alle Möglichkeiten hin und her. Während am Abend von den Zelten der Träger die melodischen Totengesänge um Babulall und Pasang und Lobsang herüberklangen, sannen wir nach, warum, warum? Nach all den Opfern, nach all den Anstrengungen?
Wir hatten von Anfang an gewußt, daß ein solcher Lawinenhang ein – und überhaupt vielleicht das einzige – Hindernis sein könne, vor dem wir unter Umständen kampflos den Rückzug antreten mußten. An dieser Stelle hatten wir es nicht erwartet, sondern vielleicht tiefer unten, vielleicht an dem Knick im Nordgrat. Unter Umständen hätte man abwarten können, ob der Schnee nicht besser wird. Dazu waren wir aber zu abgekämpft, wir hätten das Allerletzte in einem Gipfelangriff noch aus uns herausholen können, warten konnten wir nicht mehr, die Lebensmittel wären dann zu knapp geworden, ein Nachschub war unmöglich und vor allem: es war ganz ausgeschlossen, daß die Wand jetzt noch sicher würde, denn der Schnee nahm im Herbst nur mehr zu, nicht mehr ab.
Das waren so die verstandesmäßigen Erwägungen. Das Letzte konnten auch wir nicht in Worte fassen, unsere Zuflucht waren jene schweren Lieder, mit denen andere Streiter vor uns ein ähnliches Schicksal gestaltet, aufs neue erlitten und schließlich – überwunden hatten.
Im Lager 6 waren die ersten Briefe aus Deutschland. Schallers Mutter hatte auch geschrieben, einen rührenden Brief, der nur von der Sorge um uns sprach. Gourlay und Fawkus vom Himalajan Club in Kalkutta hatten die bronzene Grabtafel nach unseren Angaben anfertigen lassen und heraufgesandt. Wir gingen ein letztes Mal zur Felseninsel, um sie anzubringen. Nur ich konnte nicht mit. Im Gletscherbruch, wo die Steigung beginnt, mußte ich liegen bleiben, und während ich dort auf dem Eis lag, sah ich höchst lebendig meinen Bataillonskommandeur so vor mir, wie ich ihn

zum letztenmal gesehen hatte. Seine Augen hatten sich mit Tränen gefüllt, als man mich schwer verwundet vor ihm niedersetzte, sprechen konnten wir nicht, mir war die Brust durchschossen, ihm versagte die Stimme. Bald darauf fiel er. Mich begleitete dieses Bild durch die Fieberträume. Ich verstand es nicht ganz. Dem 19jährigen Leutnant war das Kämpfen selbstverständlicher Beruf, auch halb totgeschossen empfand er darüber noch Freude und Genugtuung. – Nun wußte ich, daß diese freudigen Kämpfer ein einsames Schicksal tragen, daß sie als Vorhut der Menschheit, Meilen voraus, Meilen fern der dumpfharrenden Menschenmasse da vorne allein kämpfen und fallen. Es ziemt uns Älteren und Wissenden wohl, das Haupt zu verhüllen in Trauer, wenn einer von den Jungen aus dieser Reihe gerissen wird.

Dann verteilten wir uns, die einen, Aufschnaiter und Leupold, gingen nach Norden ins Lhonak, die andern, Allwein und Pircher, nach Süden ins Passanramtal. Wien photogrammetrierte am Zemugletscher. Der Rest, Hartmann, Fendt, Brenner und ich, konnte nur behutsam hinausgehen nach Lachen. Allmählich legte sich der Druck, der uns seit der Umkehr dumpf hinter der Stirne gesessen hatte. Wir sahen ruhig auf die letzten Monate zurück und, während die Schönheit des Zemutales immer vollkommener wurde in herbstlicher Klarheit, wurden auch wir immer heiterer, immer abgeklärter und gingen schließlich in der glücklichsten Stimmung dort hinaus. Das Höchste ist es doch, um ein solches Ziel ohne Wanken, ohne Zagen bis zuletzt gekämpft zu haben.

WILLY MERKL, *1932*

Himalaja – Krönung und letztes Ziel bergsteigerischer Sehnsucht! Noch stehen die Großberge unserer Erde, die 13 Achttausender im Himalaja und Karakorum, unbezwungen da, noch betrat keines Menschen Fuß das Weiß ihrer ewigen Firne. Seit Jahren umwirbt sie das heldenhafte Ringen der Bergsteiger vieler Länder. Wie sollten wir Deutsche da im Kampf der Nationen beiseite stehen, nachdem wir eine bergsteigerische Überlieferung haben, wie sie kaum ein Volk besitzt? Wir können uns unserer großen deutschen Führer im Alpinismus nur würdig zeigen, wenn wir uns nicht mit dem einmal Erreichten zufriedengeben, sondern, ihrem Geiste getreu, das Ziel weiter stecken und auch in unserer Generation alles daran setzen, die große Linie der bisherigen Leistungen fortzuführen.
In diesem verpflichtenden Sinne habe ich 1932 die Expedition zum Nanga Parbat ins Leben gerufen. Vier große Namen sind es, die im Karakorum in der 2400 Kilometer langen Kette des Himalaja immer wieder die Besten auf den Plan gerufen haben: der Mount Everest, der Kantsch, der K 2 und der Nanga Parbat.
Unser Ziel war der 8125 Meter hohe Nanga Parbat, der westliche Eckpfeiler des Himalaja. Er liegt ungefähr da, wo Rußland, China und Indien zusammenstoßen. Durch seinen ungeheuer kühnen Aufbau, mit dem er sich 7000 Meter hoch aus dem Industal erhebt, mit seiner südlichen, 5000 Meter hoch aufragenden Steilwand, der höchsten der Erde, muß man den Nanga Parbat zu den eindrucksvollsten und erhabensten Riesen des Himalaja zählen.
Die Lösung der Probleme im Himalaja bedingt andere Voraussetzungen als die Bezwingung unserer Ost- und Westalpen. Denn es ist ein Unterschied, ob man alle

seelischen und körperlichen Kräfte auf Tage oder auf Monate zusammenfassen muß. Im Himalaja handelt es sich nicht so sehr um die augenblickliche Stoßkraft einer ungeheueren Willensanstrengung, wie sie oft für die schwierigsten Wände unserer Alpen ausschlaggebend ist, als vielmehr um ein stetiges Ausharrenkönnen, um ein ständiges Bereitsein zum Kampf. Was im Himalaja entscheidet, ist das Zusammenwirken gleichgesinnter Charaktere, ist die Gemeinschaftsarbeit, die nicht dem persönlichen Ehrgeiz, sondern einzig dem großen Ziele dient.

WILLY MERKL, NANGA PARBAT, BULDAR-CAMP, *den 14.6.1932*

Liebe Eltern!
Wenn Ihr diese Zeilen erhalten werdet, wisst Ihr wahrscheinlich aus den Zeitungsnachrichten, dass der Aufmarsch der DAHE als gelungen betrachtet werden kann. …
Es würde mich freuen, von Euch öfters Nachrichten zu erhalten, wie es Euch allen geht, wie die gegenwärtige wirtschaftliche und politische Lage in Deutschland ist. Wir haben zwischen Astor und unserem Hauptlager, das wir in etwa einer Woche beziehen werden, eine Postverbindung eingerichtet. Unsere Anschrift lautet nunmehr: German American Himalaya Expedition, ASTOR, Kashmir, INDIA. Schreibt mir bitte per Luftpost – BY AIR MAIL, weil es sonst sehr lange dauert. Luftpost erreicht mich etwa in 23 Tagen.
Den Ausgangspunkt Srinagar erreichten wir programmässig über Bombay – Jammu. In Srinagar erfolgte die Zusammenstellung des Gepäcks in Tragtierlasten, die dann mit Kähnen

nach Bandipur am malerisch gelegenen Wularsee befördert wurden. Als wir am Tag des Abmarsches, am 23. Mai frühmorgens mit dem Auto nach Bandipur kamen, erlebten wir eine freudige Ueberraschung: Die Lasten lagen wohlgeordnet in Reih und Glied neben den 109 Stück benötigten Pferden. In der für orientalische Begriffe unglaublichen Zeit von einer halben Stunde waren wir abmarschbereit. Am 24. überschritten wir den 3660 m hohen Tragbal-Pass, der noch tief unter Schnee lag. […]
Hier, in Chillam, erhielt ich ein Telegramm vom Transportoffizier in Gilgit, dass der Uebergang über den Burzilpass mit Pferden noch nicht möglich sei. Gott sei Dank, dass wir den Pass schon hinter uns hatten. Zwei Tage später, hinter Godhai, erschauten wir zum ersten Male den Nanga Parbat aus einer Entfernung von etwa 30 Kilometern. Hoch droben, über einer Wolke, erglänzt das makellose Weiß seines Gipfels, ein Berg, wie wir bisher noch keinen sahen! Dieser erste Anblick war über alle Vorstellung hinaus so mächtig und gross, dass wir eine Weile alle Ersteigergedanken vergassen. Was sich hier an der Südseite an überwölbenden Eisbalkonen von niegesehenem Ausmasse aufbaut, ist mehr als genügend, um die blosse Idee eines Anstieges schon im Keime zu ersticken. Aber es gibt noch eine Nordseite, vor der wir uns jetzt befinden! …
Bis jetzt ging alles gut. Hoffentlich haben wir auch weiterhin Glück.
Mit den herzlichsten Grüssen, auch an Thilde und Karl,
Euer Willy.

DEUTSCH-AMERIKANISCHE HIMALAYA-EXPEDITION 1932

Leiter: Ing. Willy MERKL - München · Clemensstrasse 38/o

gest. 18 VII 32

Buldar-Camp, den 14.6.32

Liebe Eltern!

Wenn Ihr diese Zeilen erhalten werdet, wisst Ihr wahrscheinlich aus den Zeitungsnachrichten, dass der Aufmarsch der DAHE als gelungen betrachtet werden kann. Ich habe meinen Freund Carl Markert, München, Clemensstr. 38/0 ersucht, Euch mitteilen zu wollen, welche Zeitungen die wöchentlichen Telegrammnachrichten über den Verlauf unserer Expedition bringen werden.

Es würde mich freuen, von Euch öfters Nachrichten zu erhalten, wie es Euch allen geht, wie die gegenwärtige wirtschaftliche und politische Lage in Deutschland ist. Wir haben zwischen Astor und unserem Hauptlager, das wir in etwa einer Woche beziehen werden, eine Postverbindung eingerichtet. Unsere Anschrift lautet nunmehr: German American Himalayn Expedition, ASTOR, Kashmir, INDIA. Schreibt mir bitte per Luftpost - BY AIR MAIL, weil es sonst sehr lange dauert. Luftpost erreicht mich etwa in 23 Tagen.

Den Ausgangspunkt Srinagar erreichten wir programmässig über Bombay - Jammu. In Srinagar erfolgte die Zusammenstellung des Gepäcks in Tragtierlasten, die dann mit Kähnen nach Bandipur am malerisch gelegenen Wularsee befördert wurden. Als wir am Tag des Abmarsches, am 23. Mai frühmorgens mit dem Auto nach Bandipur kamen, erlebten wir eine freudige Ueberraschung: Die Lasten lagen wohlgeordnet in Reih und Glied neben den 109 Stück benötigten Pferden. In der für orientalische Begriffe unglaublichen Zeit von einer halben Stunde waren wir abmarschbereit. Am 24. überschritten wir den 3 660 m hohen Tragbal-Pass, der noch tief unter Schnee lag. Am Abend dieses anstrengenden Tages, im Koragbal-Bungalow erlebten wir das erste Mal das herrliche Bild, wie der stattliche Tross in Lager einrückte. Nach zwei weiteren Marschtagen gelang uns auch die Ueberschreitung des 4 200 m hohen Burzil-Passes. Um 1/2 2 Uhr brachen wir in sternenklarer Nacht von Burzil-Chauki auf. Der anfänglich sehr harte Schnee brachte uns sehr rasch vorwärts. Es it ein romantisches, beinahe abenteuerliches Bild, dieser nächtliche Aufmarc Um 1/2 6 Uhr stehen die ersten Pferde auf der Passhöhe, bis die letzten Gruppen einrücken wird es 7 Uhr. Ein herrlicher wolkenloser Tag war auf die Berge des Himalaya gestiegen. Beim Abstieg vom Passe änderten sich die bisher guten Verhältnisse schlagartig. Die Pferde sanken in den immer weicher werdenden Schnee so tief ein, dass manche ausgegraben werden mussten. Viele Gepäckstücke wurden abgenommen und durch den Schnee geschleift. Weiter unten, vor dem Rasthaus Sardarkothi, wurde der Schnee so schlecht, dass die Pferde lieber im tiefen Gletscherbach wateten. Auc das wurde überwunden. Am nächsten Tag mussten wir aber unseren Pferden einen Rasttag gönnen. Hier, in Chillam, erhielt ich ein Telegramm vom Transportoffizier in Gilgit, dass der Uebergang über den Burzilpass mit Pferden noch nicht möglich sei! Gott sei Dank, dass wir den Pass schon hinter uns hatten. Zwei Tage später, hinter Godhai, erschauten wir zum ersten Male den Nanga Parbat aus einer Entfrenung von etwa 30 Kilometer Hoch droben, über einer Wolke, erglänzt das makellose Weiss seines Gipfel ein Beg, wie wir bisher noch keinen sahen! Dieser erste Anblick war über all Vorstellung hinaus so möchtig und gross, dass wir eine Weile alle Ersteigergedanken vergassen. Was sich hier an der Südseite an überwölbenden Eisbalkonen von niegesehenen Ausmasse aufbaut, ist mehr als genügend, um die blosse Idee eines Anstieges schon im Keime zu ersticken. Aber es gibtnoch eine Nor seite, vor der wir uns jetzt befinden!

Gegenwärtig erkunden zwei Abteilungen, eine unter Führung von Bechtol die Möglichkeiten eines Anstieges vom Buldar- oder vom Rakiotgletscher.

Die Post geht jetzt sofort weg. Ich muss daher für heute in aller Eile meine Erzählungen beenden.

Bis jetzt ging alles gut. Hoffentlich haben wir auch weiterhin Glück

Mit den herzlichsten Grüssen, auch an Thilde und Karl,

Euer Willy.

WILLY MERKL, NANGA PARBAT, VORLÄUFIGES HAUPTLAGER,
den 24.5.1934

Meine Lieben! … Heut ist wieder Posttag, was das heisst, davon könnt Ihr Euch kaum eine Vorstellung machen: Etwa 50 verschiedene Briefe an alle möglichen offiziellen und inoffiziellen Stellen nach Indien und Deutschland, Erledigung der Kassengeschäfte, die hierzulande oft recht umständlich sind, Presseberichte und Photos, alles in allem so viel Arbeit, dass mir kaum die Zeit zu irgendwelcher Privatkorrespondenz bleibt.
Seit meiner Ankunft in Indien geht es in einem solchen Tempo dahin. Den Aufmarsch habe ich sehr forciert, das werdet Ihr aus den Pressemeldungen vielleicht entnommen haben, so dass wir zu der unglaublichen Zeit vom 18. Mai beinahe das Hauptlager erreicht hätten. (Für den Aufmarsch von Bandipur bis ins Vorläuf. Hauptlager hatten wir über 570 Kulis, und 160 Pferde nur zwischen Das und Astor.) Wir sind gegenüber 1932 um 5 Wochen voraus, was uns beim eigentlichen Angriff sehr zu statten kommen wird. Allerdings ging bei der Märchenwiese bereits der Schnee an, der unseren einheimischen Kulis schwer zu schaffen machte. Wir konnten deshalb nicht einmal bis zu der Stelle vordringen, wo 32 unser vorläufiges Hauptlager stand. Aber am 22. Mai bin ich mit den ausgezeichneten Darjeelingträgern mit 30 Lasten bis zum alten Hauptlager vorgedrungen, das zwei Meter Schnee hat. Gestern sind verabredungsgemäss die 10 guten Baltis von 32 gekommen und heute konnten schon 40 Lasten nach vorne gebracht werden. Der Schnee im Hauptlager wird täglich weggeschaufelt. Ich hoffe bis Ende des Monats das HL beziehen zu können. Dann beginnen wir sofort mit der Errichtung der Hochlager. Wir freuen uns alle auf den gigantischen

Kampf mit dem Nanga und wir sind alle voller Hoffnung auf einen einmaligen Sieg.
Es hat keinen Zweck Euch viel von unseren Plänen zu berichten. Bis Ihr diese Zeilen lest, ist alles schon wieder anders geworden, interessiert all das nicht mehr, was uns jetzt bewegt. Durch unsere wöchentlichen Radiomeldungen erfahrt Ihr ja auf kürzestem Wege stets das Neueste.
Wir haben seit vorgestern einen jungen Wolf in unserem Lager. Die Chilasi haben seine Mutter in einer Falle gefangen und totgeschlagen. Unser »jüngstes Expeditionsmitglied« hat sich schon recht gut eingewöhnt; er schläft abwechslungsweise bei den verschiedenen Kameraden im Zelt, in dem er auch manchmal unerwünschte Spuren hinterlässt. Er ist ungemein zutraulich und läuft frei im Lager herum. Wir alle haben unsere grosse Freude mit dem kleinen Kerl. Morgen sollen wir übrigens seinen Bruder bekommen.
Die beiden heissen wir dann NANGA und PARBAT.
Wir haben jetzt schönes Wetter, alle Freunde sind gesund. Die Wissenschaftler haben uns vor einigen Tagen verlassen und kommen erst nach 6 Wochen ins Hauptlager zurück. Inzwischen sind wir längst in den Hochlagern, in Eis und Schnee. Hoffentlich schreibt Ihr mir bald wieder und hoffentlich recht gute Nachrichten.
Leider reicht mir die Zeit nicht heute mehr zu schreiben.
Herzlichste Grüsse Euch allen
Euer Willy.

DEUTSCHE HIMALAYA-EXPEDITION 1934

FÜHRER: WILLY MERKL · MÜNCHEN · Briennerstraße 27

Vorläufiges Hauptlager,den 24.5.1934

Meine Lieben!

Recht vielen Dank für Karl's und Thilden's Briefe,die mich in Astor erreichten,ebenso für Vaters Zeilen,die gestern ankamen. Heut ist wieder Posttag, was das heisst davon könnt Ihr Euch kaum eine Vorstellung machen.: Etwa 50 verschiedene Briefe an alle möglichen offiziellen und inoffiziellen Stellen nach Indien und Deutschland, Erledigung der Kassengeschäfte,die hierzulande oft recht umständlich sind, Presseberichte und Photos, alles in allem so viel Arbeit, dass mir kaum die Zeit zu irgendwelcher Privatkorrespondenz bleibt.

ır den Auf-
ırsch von
andipur bis
ıs Vorläuf.
auptlager
atten wir
ber 570
ılis, Und
50 Pferde
ır zwischen
ıs und Astor.

Seit meiner Ankunft in Indien geht es in einem solchen Tempo dahin. Den Aufmarsch habe ich sehr forciert, das werdet Ihr aus den Pressemeldungen vielleicht entnommen haben, so dass wir zu der unglaublichen Zeit vom 18.Mai beinahe das Hauptlager erreicht hätten.[Wir sind gegenüber 1932 um 5 Wochen voraus,was uns beim eigentlichen Angriff sehr zu statten kommen wird. Allerdings ging bei der Märchenwiese bereits der Schnee an,der unseren einheimische Kulis schwer zu schaffen machte. Wir konnten deshalb nicht einmal bis zu der Stelle vordringen,wo 32 unser vorläufiges Hauptlager stand. Aber am 22.bin ich mit den ausgezeichneten Darjeelingträgern mit 30 Lasten bis zum alten Hauptlager vorgedrungen,das zwei Meter Schnee hat. Gestern sind verabredungsgemässdie 10 guten Baltis von 32 gekommen und heute konnten schon 40 Lasten nach vorne gebracht werden. Der Schnee im Hauptlager wird täglich weggeschaufelt. Ich hoffe bis Ende des Monats das HL beziehen zu können. Dann beginnen wir sofort mit der Errichtung der Hochlager. Wir freuen uns alle auf den gigantischen Kampf mit dem Nanga und wir sind alle voller Hoffnung auf einen diesmaligen Sieg.

Es hat keinen Zweck Euch viel von unseren Plänen zu berichten. Bis Ihr diese Zeilen lest,ist alles schon wied r anders geworden, interessiert all das nicht mehr ,was uns jetzt bewegt. Durch unsere wöchentlichen Radiomeldungen erfährt Ihr ja auf kürzestem Wege stets das Neueste.

Wir haben seit vorgestern einen jungen Wolf in unserem Lager. Die Chilasi habe seine Mutter in einer Falle gefangen und totgeschlagen. Unser "jüngstes Exp.-mitglied" hat sich schon recht gut eingewöhnt; er schläft abwechlungsweise bei den verschiedenen Kameraden im Zelt,in dem er auch manchmal unerwünschte Spuren hinterlässt.Er ist ungemein zutraulich und läuft frei im Lager herum. Wir alle haben unsere grosse Freude mit dem kleinen Kerl. Morgen sollen wir übrigens seinen Bruder bekommen. Die beiden heissen wir dann NANGA und PARBAT.

Ich schicke diese Zeilen noch nach Prien. Ich wünsche aber,dass Vater bereits nach Augsburg oder Donauwörth versetzt ist; besonders freuen würde ich mich, wenn die langverdiente Beförderung einmal Wirklichkeit werden würde. - Vielen Dank für die Erledigung bei Hegeles.)

Wir haben jetzt schönes Wetter,alle Freunde sind gesund. Die Wissenschaftler haben uns vor einigen Tagen verlassen und kommen erst nach 6 Wochen ins Hauptlager zurück. Inzwischen sind wir längst in den Hochlagern, in Eis und Schnee. Hoffentlich schreibt Ihr mir bald wieder und hoffentlich recht gute Nachrichten.

Leider reicht mir die Zeit nicht heute mehr zu schreiben.

Herzlichste Grüsse Euch allen

Euer Willy.

WILLY MERKL, NANGA PARBAT, HAUPTLAGER,
8. Juni 1934

In dem Augenblick, wo ich zu schreiben beginne, ruft es aus dem Nachbarzelt: Schaut, schaut doch, eine Lawine kommt, eine riesige … Ich springe aus dem Zelt, es verschlägt mir den Atem. Die größte Lawine, die ich je sah, stürzt über die Nordost-Flanke des Nanga Parbat herab auf den weiten Gletscherboden vor unserem Lager.
Zunächst sieht man nichts, denn Nebelschwaden verdecken die Wand. Man hört nur das unheimliche Krachen von Millionen Kubikmetern Eis, das sich hoch oben losgelöst und sich während eines mehrere tausend Meter hohen Falles in Atome von Eisstaub verwandelt hat. Aber dann taucht das Ungetüm aus dem Nebel hervor; zwei Kilometer breit und über 600 Meter hoch schiebt es sich vor gegen die Spur, die vor einer Stunde unsere Kameraden gegangen sind. Gottlob, wir brauchen keine Sorge zu haben, Bernard und Müllritter mit vier Darjeelingleuten sind schon hoch oben im Gletscherbruch und außer Gefahr. Sie erleben mit uns dieses atemraubende Naturschauspiel, das nur der Himalaja mit seinen himmelhohen Eisflanken zu bieten vermag.
Das ist die Stimme des Himalaja, schaurig schön und aufs höchste ergreifend.
Dieser ungeheure Ernst der Stimmung gehört heute in der Tat zu Bernards schwerem Gang nach Lager II. Alfred Drexel meldete mir gestern durchs Telefon, daß er sich krank fühle und absteigen wolle, um sich von Dr. Bernard behandeln zu lassen. Aber an Stelle von Drexel erwartete uns Müllritter in Lager I. Drexel kam erst spät am Abend erschöpft in Begleitung seines Dieners nach Lager II. Weiter hatte er sich nicht mehr schleppen können. Es war aber nur ein Schlafsack für zwei Sahibs im Lager. So mußte Peterl Müllritter noch um 8 Uhr abends ins Lager I absteigen, mit

ihm Nima, der Darjeelingträger, der an diesem Tage bereits von Lager II nach Lager I und wieder zurückgegangen war. Bald nachdem ich mit Uli Wieland, Konsul Kapp und Dr. Bernard das Lager I erreicht hatte, sahen wir zwei Darjeelingleute von oben kommen. Es waren Angnima und Angtenjing, Drexels unermüdlicher Leibdiener, die die Botschaft von Bechtold brachten, daß unser Balbo, wie wir Drexel nennen, eine schlimme Nacht hatte und durch Hustenanfälle sehr geschwächt sei. Fritz teilt uns mit, daß der Freund seit gestern ohne klares Bewußtsein sei und phantasiere. Sein Zustand habe sich so verschlechtert, daß der Arzt auf alle Fälle – auch in der Nacht – kommen müsse. »Balbo bekommt keine Luft mehr und sieht sehr zerfallen aus. Äußerste Eile dringend notwendig.« So schließt Bechtolds Bericht.

Das Wetter ist sehr unfreundlich, es hagelt, was es kann. Da tauchen plötzlich vor dem Zelt, in dem eine Menge Lasten für die Hochlager aufgestapelt sind, zwei Gestalten am Seil auf: Pasang und Palten, die Bechtold schickte. Sie haben das Letzte aus sich herausgeholt, um uns möglichst rasch den Zettel zu überbringen. Schnell sind die wenigen Worte gelesen: »Schickt heute Nacht Sauerstoff. Es geht um Balbos Leben.«

Wir überlegen nicht lange. Uli Wieland erklärt sich sofort bereit, zu gehen. Kikuli, sein Orderly, und Jigmey, unser Dolmetscher, eilen sofort – es ist 7 Uhr abends – bei Hagel und Sturm ins Hauptlager, um die Sauerstoffapparatur durch die besten Gänger bis 10 Uhr nachts zu uns nach Lager I bringen zu lassen. Inzwischen ruhen die aus, die den schweren Weg durch das Spaltengewirr bei Nacht und Kälte und Schneetreiben machen müssen: Wieland, Pasang und Palten.

Gegen 9 Uhr nachts ist der Gewittersturm vorüber, es klart etwas auf, der Ostgipfel des Nanga hebt sich scharf vom

dunklen Nachthimmel ab. Ich liege wach in banger Sorge um den Freund. Um 10 Uhr 25 Minuten höre ich das dumpfe Stampfen von eiligen Schritten und mache Licht; Gay-Lay und Dakshi legen die Sauerstoffkiste vor mein Zelt. Sie sind dankbar, von mir heißen Tee und Zigaretten zu bekommen. Brav sind die beiden in stockfinsterer Nacht mit einer Petroleumlampe über den Gletscher heraufgeeilt – wie man sich auf diese Sherpas verlassen kann! – Ich rufe Wieland ins Zelt hinüber, daß alles da ist, Sauerstoff, Medizin und Lampen. Rasch macht er sich fertig. Unser Leibkoch von 1932, Ramona, diese treue Seele, hat schnell noch heißen Kakao gekocht. Pasang und Palten wurden geweckt, und um 23 Uhr setzt sich die Karawane in Bewegung. Hoffentlich ist alle diese Mühe nicht umsonst …
Ich kann in dieser Nacht nicht schlafen. Zu sehr quält mich die Angst um das Leben des Freundes. Ich befürchte das Schlimmste und werde dieses schreckliche Gefühl nicht los. Da greife ich in meiner bangen Unruhe zu meinem Tagebuch und schreibe diese Eindrücke nieder. Und dann sehe ich hinaus in die dunkle Nacht und verfolge die drei schüchtern flimmernden Lichtaugen der nach Lager II aufsteigenden Partie. Auffallend schnell kommen sie vorwärts. Schon sind sie mitten in den Eisbrüchen. Zweimal noch sehe ich sie. Aber als ich um ½ 4 Uhr noch einmal Ausschau halte, entdecke ich sie nicht mehr. Wieland muß also mit seinen tapferen Sherpas schon Lager II erreicht haben. Wie aber mag es um Balbo stehen?
Um 5 Uhr wecke ich Ramona. Konsul Kapp ist schon marschbereit, aber wir kommen noch nicht los, weil die Lasten neu zusammengestellt werden müssen. Von den zehn Balti, die den Pendelverkehr zwischen Hauptlager und Lager I zu versehen haben, meldet sich einer krank. Ich sende ihn zurück ins Hauptlager mit dem Bemerken, daß er gegen einen widerstandsfähigen Mann ausgetauscht werden möchte.

Endlich um 7 Uhr sind wir fertig zum Aufbruch. Die erste Seilschaft ist bereits am Gletscher. Da kommen von Lager II im Eiltempo zwei Kulis und geben uns zu verstehen, daß wir warten sollen. Sie sind schon am Gletscherboden. Ich gehe ihnen ein Stück entgegen. Wongdi grüßt in militärischer Haltung: »Salaam, Bara Sahib! Balbo Sahib dead«, dann übergibt er mir einen Zettel von Bechtold: »Lager II, 5 Uhr 15 Minuten. Mein lieber Willy, ich danke Euch, daß Ihr mich nicht im Stich gelassen habt. Uli ist um 3 Uhr im Lager angekommen. Es war zu spät. Balbo ist 21 Uhr 20 Minuten an einer Lungenentzündung verschieden. – Zu gleicher Zeit verständige ich die Spitzengruppe in Lager IV, daß sie sofort zurückkommt. Euch bitten wir, alle Lasten zurückzulassen und uns leer entgegenzukommen. Schnell und mit möglichst vielen Trägern. Wir denken die Leiche etwa um 8 Uhr hier abtransportieren zu können. In tiefem Schmerz Dein Fritz, Willy B. und Peterl.« – »Möglichst viele Leute leer herauf und bald. Uli!«

Beim Lesen dieser Zeilen schnürte mir der Schmerz um den verlorenen Freund die Kehle zu, Tränen preßten sich mir in die Augen, die die Schneebrillen verbargen. Ich mußte mich mit aller Gewalt zusammenreißen und Haltung bewahren. In diesem Augenblick des notwendigen Handelns kam eine eiserne Ruhe und Bestimmtheit über mich. Ich befahl den Kulis, die Lasten in Lager I abzulegen und leer in größter Eile nach Lager II aufzusteigen. Da ich die vom Hauptlager aufsteigende Partie erwarten und deren Kulis als Verstärkung für die nach Lager II entsandten Träger noch heranziehen mußte, war meine Anwesenheit im Lager unbedingt erforderlich.

Als die Gruppe vom Hauptlager anlangte, kamen gerade auch die schwer schaffenden Träger mit unserem toten Balbo. Daß die Kameraden Alfred Drexels zur Hilfeleistung ihr Letztes gaben, ist selbstverständliche Freundespflicht.

Was unsere braven Darjeelingleute aber fast Übermenschliches bei Tag und Nacht, bei Sonnenglut und Schneesturm leisteten, ist kein Trägerdienst mehr, ist Kameradschaft im lautersten Sinne des Wortes, ist Treue bis in den Tod …

WILLY MERKL, NANGA PARBAT, HAUPTLAGER, *den 21. Juni 1934*

Meine Lieben, wenn Ihr diese Zeilen bekommt, wißt Ihr längst, daß Alfred Drexel nicht mehr in unseren Reihen ist. Sein Verlust ist ein schwerer Schlag für die ganze Expedition. Wir können es kaum fassen, daß dieser treue und allezeit fröhliche Kamerad nicht mit uns heimkehren wird.
In diesen Tagen haben wir nun den zweiten Angriff vorbereitet. Morgen verlasse ich mit der Spitzengruppe das Hauptlager. Wir sind sehr stark zusammengesetzt: Aschenbrenner, Schneider, Bechtold, Müllritter, Welzenbach und ich. Wir werden alles daran setzen, unser hohes Ziel zu erreichen. Freilich gibt es noch eine Reihe von Schwierigkeiten zu überwinden. Wir haben erst vor kurzem die bittere Erfahrung machen müssen, daß die Baltiträger vollständig über 5000 Meter versagen. Wir hatten gehofft, daß sie wenigstens den Transport bis Lager 4 (6200 m) durchführen könnten. Aber sie haben weder Härte noch Ehrgeiz noch Energie. Wir müssen froh sein, wenn sie zur Entlastung der braven Darjeelingträger in der Folgezeit den Pendelverkehr bis Lager 2 bewerkstelligen können. Nach den bisherigen Erfahrungen können wir uns auf unsere schneidigen Darjeelingträger voll und ganz verlassen. Um sie in der großen Höhe zu schonen, müssen wir unser Gepäck auf das Äußerste beschränken, müssen wir uns auf eine harte Zeit gefaßt machen. Wir müssen es mit eisernem Willen diesmal

schaffen. Wenn das gute Wetter anhält, dann müßte es Wahrheit werden, was in der Heimat Hunderttausende uns wünschen und von uns erhoffen!
Ich erfreue mich einer tadellosen Gesundheit. Bis jetzt hatte ich nicht die geringste Erkrankung, hoffentlich bleibt es weiter so. Vor einigen Tagen haben Bechtold, Müllritter, Welzenbach und ich den 5200 m Jiliper-Peak erstiegen. Das war eine feine Sache mit herrlichen und ganz neuen Eindrücken und Einblicken auf das Nanga Parbat-Massiv. Für mich war es zugleich eine Einlauftour!
Alle weiteren Nachrichten erfahrt Ihr nunmehr viel schneller durch Radio und Presse als durch meine Briefe. Haltet nur fest den Daumen, daß wir hinaufkommen!
Was macht die Versetzung Vaters nach Augsburg? Ist alles in Ordnung? Tausend liebe Grüße, Euer Willy

Dies ist der letzte Brief Willy Merkls an seine Angehörigen.

WILLO WELZENBACH, NANGA PARBAT, HAUPTLAGER,

22. Juni 1934

Ich glaube, Merkl hat immer noch nicht erkannt, was auf dem Spiel steht und daß der Erfolg des ganzen Unternehmens davon abhängt, daß endlich ganz energisch Maßnahmen ergriffen werden. Sonst kehren wir ohne Gipfel heim, und es wird nicht ausbleiben, daß von Merkl Rechenschaft gefordert wird, was für die 200 000 Reichsmark erreicht wurde. Er gefällt sich hier in der Rolle eines Paschas, die er oben, wenn es hart auf hart geht, wahrscheinlich wird aufgeben müssen. Am 11. ist Balbo beerdigt worden. Am 12. oder 13. hätte die Expedition sofort wieder starten müssen, ungeachtet dessen, ob das Tsampa da war oder nicht. Dann stünden wir vielleicht jetzt schon im Endkampf um den Gipfel. Wir hätten andere Lebensmittel genug gehabt, um notfalls auf das Tsampa verzichten zu können. So ließen wir aber kostbare Zeit verstreichen. Die letzten vier Tage brachten sogar wolkenloses Wetter, das wir nicht nützten. Ob wir es schaffen? Mit den bisherigen Methoden kaum! Man kann nicht einen Verein von zehn bis zwölf Leuten auf einen Achttausender bringen wollen. Dann kommt eben keiner hinauf. Aber alles Predigen ist hier vergeblich. Willy weiß alles besser und ist zudem furchtbar wankelmütig in seinen Entschlüssen.

WILLO WELZENBACH, NANGA PARBAT, LAGER VII,
10. Juli 1934

An die Sahibs zwischen Lager VI und Lager IV, insbesondere an Dr. Sahib!
Wir liegen seit gestern hier, nachdem wir Uli im Abstieg verloren. Sind beide krank. Ein Versuch, nach VI vorzudringen, mißlang wegen allgemeiner Schwäche. Ich, Willo, habe vermutlich Bronchitis, Angina und Influenza. Bara Sahib hat allgemeines Schwächegefühl und Erfrierungen an Füßen und Händen. Wir haben seit 6 Tagen nichts Warmes gegessen und fast nichts getrunken. Bitte helft uns bald hier in Lager VII. Willo und Willy.

HANNS HIERONIMUS, NANGA PARBAT, HAUPTLAGER,

17.7.1934

Sehr geehrter Herr Welzenbach, sehr verehrte gnädige Frau, da alle Kameraden gegenwärtig im Lager 4 sind und Tag für Tag neue, bisher leider erfolglose Rettungsversuche unternehmen, habe ich die traurige Pflicht, Ihnen als Ihnen Fremder, aber als Freund und Kamerad Willos, zu schreiben. Wenn dieser Brief Sie erreicht, dann wird Ihnen das bitterschwere Telegramm schon Nachricht darüber gegeben haben, daß wir unseren guten Freund und unseren prachtvollen Kameraden Willo beklagen müssen. Wir standen alle noch unter dem Eindruck des Ablebens unseres Alfred Drexel, als unerwartet und von niemand vorausgeahnt die zweite und schwerste Katastrophe über uns hereinbrach.

Alle Nachrichten über den Verlust Ihres Sohnes und unseres Freundes stammen von den zurückgekehrten Darjeelingträgern. Sie, die selbst 5 ihrer Kameraden verloren, geben uns nur halbwegs vollkommene, sich manchesmal widersprechende Berichte.

Bevor ich versuchen werde, Ihnen aus diesen Angaben den Hergang des überaus traurigen Geschehens mitzuteilen, bitte ich Sie, sehr verehrte gnädige Frau, und Sie, sehr geehrter Herr Welzenbach, die Ausdrücke unseres tiefsten Schmerzes und unser innigstes Beileid entgegenzunehmen. Wir verlieren in Willo Welzenbach nicht nur einen prachtvollen Kameraden und einen stets einsatzbereiten Freund, sondern auch einen Menschen von reichem Innenleben, regster Anteilnahme und von größter Beliebtheit bei seinen Kameraden und den Trägern.

Die Deutsche Himalaja Expedition trauert mit allen Mitgliedern und mit den unermüdlichen, nie verzagenden Darjeelingträgern um den Freund und Sahib.

Wohl selten in der Geschichte der Berge und nie zuvor in den Annalen der Himalaja Expeditionen ist ein Unternehmen so vom Unglück verfolgt worden wie dieses. Es begann eigentlich schon in München mit der Erkrankung des vorgesehenen Lagerleiters, meines Vorgängers, H. Baumeister. Dann ereilte uns im Anfang Juni der schwere Schicksalsschlag durch Alfred Drexels Tod. Niemandem ist dieses Unglück näher gegangen als Willo, der dem Toten seit Jahren ein treuer Begleiter war. Als er mit den übrigen aus der Spitzengruppe ins Hauptlager herabkam, war er vollständig niedergebrochen, so daß der Expeditionsarzt, Dr. Bernard, um ihn in ärgster Sorge war. Allein es gelang, ihn, der sicher mehr seelisch als körperlich gelitten hatte, wieder so gesund und kräftig zu bekommen, daß er nach 10 Tagen kaum den Zeitpunkt erwarten konnte, um wieder aufzusteigen. Bei einem Abstecher zu dem etwa 5200 m hohen Berg zur Rechten des Hauptlagers waren wir alle zusammen. Peter Müllritter, der mit ihm zusammen von links den Berg angriff, während wir von der rechten Seite kamen, erklärte, daß Willo wieder in prachtvoller Verfassung und in bester Form sei.
Der eigentliche Angriff auf den Nanga Parbat begann aus Lager 4 in 5990 m Höhe mit dem 2. Juli. Noch am 26.6. machte Willo mit Schneider, Aschenbrenner, Merkl, Bechtold und Müllritter eine Ersteigung des westlichen Chongrapeaks mit. Am 27. und 29.6. war er es, der – wie immer in vorderster Linie – mit Aschenbrenner und den Trägern unentwegt Versuche machte, das Lager 5 zu erreichen und zu errichten. In harter Arbeit wird durch die Spitzengruppe, der auch Willo angehörte, das Lager 5 und 6 errichtet. Darauf spuren Welzenbach und Wieland als erste, nach ihnen Schneider und Aschenbrenner den schweren Weg nach Lager 7, das unter dem Silbersattel errichtet wird. Hier sind noch alle in bester Verfassung. Das Wetter ist

denkbar schlecht. Schneesturm, Kälte und schwierige Eisverhältnisse verlangen von den Bergsteigern Unglaubliches. Am 7. Juli gelingt es der Spitzengruppe unter unmenschlichen Anstrengungen, das Lager 8 über dem Silbersattel zu errichten. Schneider und Aschenbrenner stehen 4 Wegstunden unter dem Hauptgipfel und haben das Ziel greifbar nahe vor sich.

Und jetzt beginnt die Katastrophe. Unvorstellbar nahe ist das heiß umkämpfte Ziel, da wendet sich das Wetter endgültig zum Schlechten. Der schwere Schneesturm wird zum Orkan, den Trägern werden die Rucksäcke vom Rücken gerissen, ein Schlafsack fängt den Sturm ein und saust wie ein Ballon aufgeblasen in die Tiefe. Einige Träger werden von der Spur zum Lager 8 förmlich weggerissen und nur durch die Seile gerettet. Eine furchtbare Nacht verbringen die Männer und die Träger im Lager 8. Zelte brechen zusammen, müssen mit aller Kraft festgehalten werden, um nicht fortzuwehen.

Niemand kann in dieser Nacht ein Auge zum erlösenden Schlaf schließen. Bittere Kälte, furchtbarer Sturm und ununterbrochener Schneefall. Auch der nächste Tag bringt keine Veränderung. Das entsetzliche Wetter hält an. Da beschließt die Spitzengruppe, den Rückweg anzutreten. Beim Aufbruch gehen Schneider und Aschenbrenner mit 3 Kulis voran. Sie wollen den erschöpften Kameraden den Weg erleichtern und in mühevoller Arbeit im tiefen Schnee und Sturm die Spur legen. Merkl, Wieland und Willo sollen dann mit den übrigen 8 Trägern folgen. In nahezu übermenschlicher Arbeit schaffen Schneider und Aschenbrenner den Weg bis Lager 4. Von den 3 Trägern erreicht nur einer dieses Ziel, zwei sterben unterwegs.

Aus welchem Grunde Willo und seine beiden Freunde mit den Trägern nicht sofort folgten, bleibt ungeklärt. Sie begannen erst später mit dem Abstieg. Die schlaflosen Nächte und die unglaublichen Anstrengungen ließen sie aber nicht bis Lager 4 kommen, sondern ein Zwischenlager vor Lager 7 im Silbersattel errichten. 3 Träger waren in Lager 8 geblieben, von denen nur 2 später nachfolgten, der dritte blieb auf der Strecke tot liegen. In diesem Zwischenlager verbrachten Willo, Merkl und Uli Wieland die Nacht. Während Wieland morgens mit zwei erfrorenen Händen erwachte, Merkl mit der rechten Hand, war Willo noch vollständig ohne äußerlich erkennbaren Schaden. Er war es auch, der an einem in den Schnee gerammten Eispickel ein Seil befestigte, an dem die 3 Freunde dann in der Reihenfolge Willo, Merkl, Wieland den Abstieg nach Lager 7 unternahmen. Als das Seil zu Ende war, hieß Willo die Träger, die nachfolgten, nach Lager 7 vorauszugehen. Wie erschöpft alle drei waren, geht daraus hervor, daß Willo und Merkl mehr als eine Stunde nach den Trägern Lager 7 erreichten. Von Uli Wieland fehlte schon hier jede Nachricht. Er war anscheinend restlos erschöpft im Schnee sitzen geblieben, eingeschlafen und, ohne zu erwachen, gestorben …

In Lager 7 erschien zuerst Willo, dann Merkl. Sie hießen die Träger wegen der fehlenden Schlafmöglichkeiten nach Lager 6 abzusteigen und blieben allein in Lager 7. Hier stießen dann von den in Lager 8 zurückgebliebenen Trägern die beiden Getreuen Gay-Lay und Angtsering wieder zu ihnen. Von den abgestiegenen Trägern starben weitere zwei auf dem Weg zum Lager 4.

Hier enden also die Mitteilungen der Träger. Nur Angtsering konnte noch weiteres berichten. Er wurde von Willo und Merkl ins Lager 4 gesandt, berichtete aber noch, daß Willo nach einer weiteren Nacht, also am Morgen des 12. Juli, den Anstrengungen erlegen und gestorben sei.

Der einzige, der in der Lage wäre, über den Tod unseres lieben Willo noch etwas mitteilen zu können, wäre Willy Merkl oder der bei ihm verbliebene Träger Gay-Lay, wenn

es denn gelingt, sie zu retten. Willy Merkl wird dann sicher noch persönlich Nachricht an Sie geben.
Wenn ich weiter berichte, daß Willy Merkl, am Tag nach dem Tod seines Gefährten Willo, auf zwei Eispickel gestützt, begleitet von den beiden Darjeelings, mühsam und am Ende der Kräfte den Weg nach Lager 6 fand, daß Angtsering unter übermenschlichen Anstrengungen allein den Weg nach Lager 4 nahm und dort mit erfrorenen Händen und Füßen vollständig erschöpft eintraf, daß Gay-Lay auf Wunsch Merkls bei ihm im Lager 6 blieb und daß von Lager 4 aus alle Freunde immer wieder und wieder im brusthohen Schnee weiter versuchen, nach Lager 5 aufzusteigen, ohne bisher Erfolg gehabt zu haben, dann ist der Bericht über diese Tragödie im ewigen Schnee des Nanga Parbat beendet.
Ich bitte Sie, sehr verehrte gnädige Frau, und Sie, sehr geehrter Herr Welzenbach, mir diesen dürftigen Bericht nicht zu verübeln. Wir selbst wissen nichts weiter als das, was uns die Träger erzählen können. Wir alle sind von den Ereignissen dieser Tage vom 8. bis 16. Juli so erschüttert und mit unseren Gedanken durcheinander, daß niemand weiß, was zunächst zu tun wäre. Seien Sie der aufrichtigen Teilnahme aller Expeditionsmitglieder gewiß. Wir fühlen mit Ihrem Schmerz um den herben Verlust unseres Kameraden und unseren tiefen Kummer um das Hinscheiden des Freundes.
Wenn die Strahlen der auf- und untergehenden Sonne den Gipfel des Nanga Parbat beleuchten, dann schimmern sie auch über der letzten Ruhestätte unseres unvergeßlichen Willo.
Der Nanga Parbat hat ihn als 4. Opfer gefordert. Er starb im Kampf um den ersten Achttausender, er starb für Deutschlands Geltung und Ruhm. In tiefer ehrlicher Trauer aller Kameraden unserer Expedition bin ich, Ihr sehr ergebener Hanns Hieronimus.

HANS HARTMANN, NANGA PARBAT,
14. Juni 1937

Heute nachts waren's nur noch minus 21 Grad, und um ½ 7 Uhr lacht die Sonne so verlockend, daß wir alle an das Besserwerden des Wetters glauben! Dazu wird heute der »kleine Karlo«, mein Bub, 2 Jahre alt. Um 8 Uhr gibt's Frühstück, das seit gestern Nachmittag, wo wir ein eigenes Küchenzelt aufgestellt haben, unter Mithilfe von Sherpas in der großen Lagerküche hergestellt wird.
Heute sollen alle für Lager 5 bereits zusammengestellten Lasten bis auf die große Gletscherterrasse (6350 Meter) hinaufgeschafft werden, um dadurch bei einem wirklichen Besserwerden des Wetters den beschwerlichen, für morgen geplanten Umzug ins Lager 5 zu erleichtern. Gegen ½ 10 Uhr ziehen der Adi, Karlo und ich zum Hinaufspuren los. Die neun beladenen Sherpas folgen – und außerdem der Müllpeter mit seiner Kamera, der uns auf dem ersten Stück, im tiefen Pulverschnee spurend, für den Film festhält.
Später verfolgt er uns nur noch mit seinen großen Brennweiten aus der Ferne. Zuerst spuren wir abwechselnd – als es steiler wird, bleibe ich vorn und spure so mühelos, obwohl ich oft bis zu den Knien einsinke, daß sich der Abstand zwischen mir und den anderen ständig vergrößert. Dann kommt das steile Stück, wo der Schnee beinhart ist und man mit der Schuhkante fünfmal hinhauen muß, bis man sicheren Stand hat, und bald darauf stehe ich auf der schönen Eismasse direkt unter der Terrasse, wo wir das Lastendepot errichten wollen (1 Stunde).
Es ist wunderbar schön! Und ich steige heute so leicht und ohne schnaufen zu müssen – und dazu noch in einem Schnee, wo ich normalerweise tiefer einsinke und mich mehr schinden muß als andere. Das ist mir wie ein Wun-

der – und macht mich still und dankbar –, und ich glaube, den ganzen Tag steht mir heute ein feines Lächeln im Gesicht. Nun ja, zum Geburtstag vom Bubi.

Damit endet das Tagebuch von Hartmann am Nanga Parbat. In der Nacht auf den 15. Juni begrub eine gewaltige Lawine 16 Menschen unter sich.

MAURICE HERZOG, ANNAPURNA, MANANGBOTH,
den 11. Mai 1950, 5 Uhr früh

Lieber Matha,
Foutharkey macht sich soeben auf den Weg zu Dir. Unser Marsch hierher dauerte sehr lang … Bisherige Resultate: Hinter dem hohen Dreikant, der Ganga Purna heißt, liegt ein anderer, der Tschongor, über 7000 Meter hoch, vergletschert. Dann fällt die Kette zwei Meilen von hier anscheinend ins Tal ab, zu einem Punkt, wo ein anderer Fluß, die Tschundikiu, in den Marsyangdi Khola mündet und das kleine Dorf Tschindi liegt. Am rechten Ufer der Tschundikiu ist von hier aus ein hoher Gipfel zu sehen, der Septschia.
Wo ist die Annapurna? Ein großes Geheimnis! Hier kennt sie kein Mensch. Programm: Gaston, Panzi und ich gehen nach Tschindi, in der Hoffnung, das Geheimnis zu lüften (?). Fällt die Erkundung so aus, daß wir die Lage der Annapurna ermitteln, die Aufstiegsmöglichkeiten studieren und ihre Schwierigkeiten abschätzen können, dann kehren wir schleunigst über Muktinath zurück … Sind die Ergebnisse der Erkundung jedoch so, daß die ins Auge gefaßte Rekognoszierung von einem – leicht zugänglichen – Punkt der Großen Barriere, die wir gemeinsam unternehmen müßten, sich als notwendig erweist, dann kommen wir

am 12., das heißt morgen, im Laufe des Tages wieder zum Lager hinauf …
Falls wir am 13. früh noch nicht zurück sind, brich das Lager ab und rücke nach Tukucha ein.
Viele Grüße!
Maurice

MAURICE HERZOG, TUKUCHA,
den 15. Mai 1950

Lieber Devies,
von einer langen, anstrengenden Rekognoszierung der Gegend nördlich der Annapurna zurückgekehrt, gebe ich Ihnen gleich eine Nachricht, die Sie sicherlich schon erwarten.
Zunächst: Sie können den verschiedenen Familien mitteilen, daß es allen ausgezeichnet geht. Die Leute sind durchwegs glänzend in Form. Das bestätigen auch die Tests Doktor Oudots. Der Geist der Mannschaft ist in jeder Beziehung tadellos. Mit heutigem Tage darf ich Ihnen sagen, daß die Periode der Erkundung praktisch abgeschlossen ist.
Alpinistisches: Zugleich mit meiner Rückkehr war auch die gegebene Situation in fachtechnischer Hinsicht gründlich geklärt: Die verschiedenen Wege zum Gipfel des Dhaula sind nicht nur äußerst schwierig, sondern in ihrem Verlauf teilweise auch sehr gefährlich. Hingegen bietet die Annapurna gewisse Möglichkeiten …
Ich habe mich daher entschlossen, die Bemühungen der Expedition auf dieses Ziel zu konzentrieren und sofort eine genaue Rekognoszierung zu veranstalten, aus der heraus wir ohne Zeitverlust zum endgültigen Aufstieg übergehen können.

Klar formuliert: Der Dhaulagiri ist eine ungeheuerliche Pyramide, während die Annapurna ein mächtiges Massiv von etlichen fünfzig Siebentausendern, verschiedene hohe Grate und vermutlich einen hochgelegenen, fast unzugänglichen Kessel beherrscht; die einzige schwache Stelle des Massivs ist vielleicht eine Talsenke, durch die wir den Angriff führen wollen …
Alles Herzliche! Ihr
Maurice Herzog

MAURICE HERZOG, AUSGANGSLAGER,
18. Mai 1950

Lieber Noyelle,
ich bin im »Ausgangslager« angekommen. Lionel und Biscante sind eben vom Sporn zurückgekehrt, der ihnen keinen schlechten Eindruck gemacht hat. Immer die gleiche Taktik: Wir bleiben auf der Linie der genauen Rekognoszierung. Augenblicklich schlechtes Wetter, das könnte die Operationen beträchtlich verzögern.
Proviant: Ich fürchte, etwas knapp zu werden. Schicke bitte drei Container Tal, drei Container Höhe, einen Container mit »harten« (Anm.: sehr sättigender, eiserner Vorrat) Konserven.
Ausrüstung: 10 Mauerhaken, 10 Eishaken, 100 Meter Nylon-Seil zu 5,5 mm, drei 15 Meter lange Seile zu 8 mm, zwei Höheneinheiten.
Kulis: Bakschisch an die Kulis der Staffel 1 gleichbleibend auszahlen. Staffel 2: sie genauso bezahlen; manche sind […] sehr tüchtig marschiert; vollen Bakschisch denen, die eine Nachricht überbringen. Den beiden Alten: halben Bakschisch, den anderen nichts, sie sind schlechter marschiert.

Proviant für die folgende Zeit: Könntest du nach dieser ersten Sendung – außer ich widerrufe den Auftrag – noch weitere drei Container Tal und drei Höhe abschicken?
Matha und Oudot: Für sie bis jetzt nichts Mitteilenswertes; wegen des schlechten Wetters habe ich die Annapurna noch immer nicht gesehen! Sobald ich kann, gebe ich wieder Nachricht.
Gruß von uns allen.
Maurice

MAURICE HERZOG, AUSGANGSLAGER,
25. Mai 1950

Mein lieber Devies,
letzte Nachricht vor dem Angriff. Alles läßt sich gut an. Das Ausgangslager ist 3 bis 4 Tage von Tukucha entfernt, das bringt allerhand Nachteile mit sich. Der Übergang von der genauen Rekognoszierung zum Angriff großen Stiles hätte bei solchen Entfernungen vom Hauptstützpunkt sehr schwierig werden können. Im Laufe des gestrigen Tages kam ich bis auf 6600 m, der Aufstieg geht durchwegs über Gletscher. Die eigentlichen Gefahren sind verhältnismäßig gering.
Die Lager stehen an folgenden Punkten: Ausgangslager am rechten Rand des Nordgletschers der Annapurna bei 4400 m – Lager I ebenso am rechten Rand, auf einem geräumigen Plateau, ähnlich dem oberen Plateau von Argentière, Höhe 5100 m – Lager II auf einem direkt vom Gipfel der Annapurna abfallenden Gletscher, auf einem kleinen Plateau bei 5900 m. Weiter gedenke ich, ein Lager II bei ungefähr 6800 zu errichten, ein Lager IV bei ungefähr 7500 auf einem Gletscher, den wir den »Sichelgletscher« nennen

(Ansichts- und Kartenskizze Mathas werden Sie sehr schnell orientieren?). Möglicherweise werden wir auch ein Lager V errichten. Alles wird vom Terrain abhängen.
Das Wetter ist früh gut, abends schlecht. Es schneit viel, das ist sehr lästig, weil man furchtbar einsinkt. Alle sind gut in Form. In einigen Minuten steige ich zum Lager I hinauf. In den nächsten Tagen werden wir den großen Schlag führen. Wir haben alle sehr viel Hoffnung. Die Anforderungen, die die Höhe stellt, sind sehr hart, aber wenn wir die Schlacht gewinnen, werden wir vor lauter Freude alles sogleich vergessen haben. Ich habe keine Zeit, Ihnen mehr zu erzählen, denn ich habe viel zu tun, das dürfen Sie mir glauben. Matha wird Ihnen die Einzelheiten der Situation genauer schildern. Ich bin sehr zuversichtlich.
In herzlicher Freundschaft Ihr
Maurice

HERBERT TICHY,

Herbst 1952

Ich habe im zentralen Himalaja einmal eine Fährte gesehen, die man mit großer Wahrscheinlichkeit nur dem Schneemenschen zuschreiben kann. Was ich von anderen Himalajabergsteigern und vor allem von den Sherpas über dieses seltsame Geschöpf gehört habe, läßt mich glauben, daß es sich um eine bisher noch unbekannte Tierart – vielleicht Affen, vielleicht Bären – handelt. Ich dachte sofort an den sagenhaften »Yeti«.

HERMANN BUHL, BROAD PEAK,
25. Mai 1957

Mein liebes Generl,
nachdem die Postläufer morgen wieder das Basislager verlassen, möchte ich Dir diesen Bericht zuschicken. Wir steigen morgen auf, und wenn wir Glück haben, können wir Dir im nächsten Bericht vielleicht schon den Gipfelerfolg mitteilen. Ansonsten sind wir alle sehr gut beieinander, etwas verwildert mit zünftigen Bärten. Wir fühlen uns wohl. Manchmal geht einem der viele Schnee auf die Nerven. Man erspäht kein grünes Fleckchen, und so wandern die Gedanken oft nach Hause, wo jetzt Frühling ist, wo man skifahren oder gar schon klettern, in kurzen Hosen gehen und die Wärme genießen könnte.
Liebes Generl, die Post wird hier besonders lange unterwegs sein. Wir sehen es daran, daß wir bis jetzt noch nichts bekamen. Aber es muß sich auch erst einspielen. Und tröste Dich, es wird schon alles wieder klappen, und um so schöner ist dann das Wiedersehen! Grüß' mir alle recht herzlich, besonders zu Hause die Kinder, Mama, Franzl. Dir und den Kindern besondere Grüße und Bussi, und alles Gute von Deinem Hermann und Papi!

HERMANN BUHL, BASISLAGER AM BROAD PEAK,
14. Juni 1957

(...) Vielleicht kannst Du mit Luis etwas machen, daß er mit seinem Wagen bis zum Stiefel in Italien, nach Brindisi oder noch weiter hinunterfährt, dann wär's nicht mehr weit, um mit dem Flugzeug oder Schiff überzusetzen. Ich glaube, daß ihn Kairo sicherlich auch interessieren würde. Das wäre

doch ein Vorschlag. Dann käme die Sache nicht so teuer. (…) Diesmal möchte ich unbedingt in Kairo Zwischenstation machen, und daß wir uns dort irgendwo treffen. (…) Die Kriemhilde könnte ja in der Ramsau bei der Oma bleiben, und Silvia könnte mit Ingrid wieder dorthin, wo sie letztes Jahr war. Ich bin überzeugt, daß man sie für ein bis zwei Wochen gerne nimmt. Dann hättest halt Du etwas, und für mich wäre es ein netter Abschluß der Expedition. (…)
Wenn Ingrid nun wirklich zu gehen beginnt, kann ich mir vorstellen, was da los ist, und daß sie der gleiche Treibauf wird wie Silvia und Kriemhilde. Ich bin ja gespannt auf die drei. Nun erwarten mich schon drei solche Spatzen!

Auszug aus dem letzten Brief, den Hermann Buhl 1957 nach Hause schrieb.

MICHAEL WARD, AMA DABLAM,
Dezember 1960

Seit Tagen schlafe ich nun schon in der Hütte. Der Ofen wird nachts allerdings so heiß, und die Koje ist zusätzlich so luftdicht abgedämmt, daß es im Stockbett oft unerträglich warm wird. Die Temperaturen sind dann erdrückend, geradezu subtropisch!
Manche Kollegen schnarchen außerdem. Ich meine damit jetzt nicht das gewöhnliche altbekannte Schnarchen, in das jeder mal verfallen kann. Ich rede vom typischen Höhenschnarchen, das in seinem Ablauf sehr dem Cheyne-Stokes-Atmungsrhythmus ähnelt. Zunächst erfolgt die Atmung also äußerst rasch, dann wird sie kontinuierlich langsamer und hört schließlich, für die Ohren der Zuhörerschaft, ganz auf. In diesem Moment kommt es schon vor, daß man sich

endlich von seiner nächtlichen Tortur erlöst wähnt, bis der Quälgeist mit einem unerwarteten ruckartigen Aufprusten wieder loslegt und die ganze aufreibende Prozedur von vorne beginnt!
Ich habe also den Raum in der Höhle vergrößert, mir aus dem Eis eine kleine Schlafstätte ausgehöhlt und darauf die mitgebrachte Luftmatratze geschnürt. Eingewickelt in meine zwei Schlafsäcke fühle ich mich hier pudelwohl. Zudem können mir die Schnarchtiraden der anderen oder das Heulen des Sturms nicht mehr den Schlaf rauben. Ein Problem gibt es dennoch: Seit nach einem heftigen Blizzard eines Morgens der Eingang verschüttet war, schlafe ich hier nur noch in Gesellschaft einer Schaufel. In der Höhle selbst fällt die Temperatur übrigens selten auf unter –20° C. Ohne mich ist die Hütte weniger eng, was auch für den Rest der Expedition von Vorteil ist.

MICHAEL WARD, AMA DABLAM,
Januar 1961

Ich sehe mich jetzt jeden Tag nach Gipfeln um, die wir besteigen könnten. Die Arbeit geht sehr zügig voran, ich fühle mich fit und bin äußerst unternehmungslustig. Der Berg, der mir immer von neuem ins Auge sticht, heißt Ama Dablam. Er ist außerordentlich faszinierend. Jeden Tag blicke ich seine Wände hoch und spiele in Gedanken schon mit möglichen Routen. Die Südwest-Wand ragt fast senkrecht in den Himmel hinein – ohne eine Unmenge an Steighilfen und Kletterhaken kommt man da unmöglich hoch. Ebenso der Südwest-Grat: eine nahezu unüberwindbare Mauer aus Fels-, Schnee- und Eistürmen, die jedem Eindringling den Weg versperren. Zudem ist jede flachere Scharte des Berges

mit Schnee bedeckt, jede Flanke vereist, jede kleinste Erhebung den böigen Winterwinden ausgesetzt. Es ist also nur verständlich, wenn ich zögere, wenn mir die Herausforderung einstweilen zu groß erscheint!
Wonach ich eigentlich suche, ist eine kleinere Tagestour, eine Route, die einfach aber auch strapaziös genug ist, um unseren allgemeinen Gesundheitszustand aufs gründlichste zu testen. Mike Gill und ich haben unser Augenmerk auf eine steile, keilartige Eisspitze gerichtet, die sich aus einem Gletscherbecken unterhalb der Hütte bis auf eine geschätzte Höhe von 6100 Meter streckt.

MICHAEL WARD, SILVER HUT, AMA DABLAM,
14. März 1961

Wir haben es geschafft! Wir haben den Berg von der Karte genommen, ihn bezwungen, ihn besiegt! Natürlich nicht ohne Mühen und Strapazen. Zweimal waren wir dem Aufgeben nahe. Das erste Mal, als wir schon den schwierigsten Abschnitt hinter uns gebracht hatten, einen gewaltigen, vereisten Felsbalkon, der uns auch eine ganze Anzahl künstlicher Steighilfen abverlangt hatte. Danach wurde die Route unwegsam, und wir waren für den weiteren Kampf zu erschöpft.
Zweifel und Unmut schließlich auch beim Einstieg in den Grat. Eine Kette von spitzen Schnee- und Eistürmen, mitunter bis zu 10 Meter hoch und beidseitig überhängend, versperrte uns den Weg. Der erste Versuch scheiterte. Mehr Glück beim zweiten Versuch. Die Türme schwankten und krachten unter unserem Gewicht, doch wir kämpften uns unbeirrt weiter und gelangten schließlich bis hoch zum Gletschermassiv. Dort gruben wir uns, als Schutz vor möglichen Lawinen, zur Übernachtung eine Schneehöhle. Die letzten Seillängen hinauf

zum Gipfel verursachten ein unbeschreibliches Gefühl. Dazu gibt es sogar eine Luftaufnahme. Kurz vor seiner Landung in Mingbo wurden wir von einem Flugzeug aus unterhalb der Spitze der Ama Dablam entdeckt und abgelichtet. Ein äußerst spektakuläres Foto!

Reinhold Messner auf der Moräne im Basis-
lager unter den Gasherbrums

»Unter diktatorischer Führung waren Briefe aus dem Basislager manchmal wie Befreiungsschläge.« Reinhold Messner

III HOCHZEIT 1970–1990

REINHOLD MESSNER, NANGA PARBAT, RUPALWAND – LAGER III: EISDOM, *8.6.1970*

An alle daheim!
Das Briefpapier ist ausgegangen. Die Blätter vom Tagebuch tun es auch.
Günther und ich liegen nebeneinander in einem Drei-Mann-Zelt und schreiben beide. Seit fünf Tagen sind wir hier eingeschlossen. Ununterbrochen stürmt und schneit es. Am 3.6. haben wir beide zusammen mit Peter Scholz und Felix Kuen Lager IV errichten wollen. Ein starker Schneesturm hat uns in 6600 m Höhe zum Rückzug gezwungen. Die Kameraden sind dann ins Basislager abgestiegen. Wir wollen das Lager III halten, bis das Wetter sich bessert. Die Zelte würden sonst dem Schneedruck nicht standhalten. Täglich fällt ein Meter Neuschnee, dazu herrscht Sturm. Bis zu 20° C unter null.
Für drei Tage haben wir noch zu essen. Alle Lager unter uns sind leer. Heute mittag gab es Schweinefleisch. Das tut gut bei dieser Kälte! Für den Abend haben wir noch eine Dose Preiselbeeren. Sonst trinken wir viel Tee, Kaffee – stundenlang dampft der Phöbus-Kocher im Zelt. Zum Glück haben wir reichlich Benzin im Lager.
Unser Zelt steht in einer Höhle. Das ist gut so, sonst würden die Lawinen es mitnehmen, oder der Sturm würde es zerfetzen. Trotzdem weht Schnee herein. Am Morgen müssen wir uns ganz oben beim Eingang hinauswinden, um das Zelt freischaufeln zu können. Alle sechs Stunden haben

wir Funkkontakt mit dem Basislager. Noch! So wissen die unten wenigstens, daß wir am Leben sind.
Diese Schlechtwetterperiode hat unserem Vorwärtsdrängen einen schweren Rückschlag versetzt. Bis dahin ging alles reibungslos. Innerhalb von zwei Wochen haben wir 3000 Höhenmeter und 4000 Klettermeter geschafft und großteils versichert. Das Gelände (zwischen Lager III und IV sowie die Eiswand darüber) ist zum Teil extrem schwierig. Und das alles zwischen 5500 und 7000 m Meereshöhe! Jetzt müssen alle Lager neu besetzt und die Fixseile (an die 2000 m) kontrolliert werden. Die Lawinen könnten sie beschädigt haben.
Aber noch ist das Wetter nicht gut. Draußen tanzen die Flocken. Wir liegen immerzu in feuchten Schlafsäcken. Zwischendurch wärmen wir die Finger im Schlafsack. Dann schreiben wir wieder ein paar Zeilen.
Ich hoffe, daß daheim alle wohlauf sind. Wir hier schlafen bis zu 16 Stunden am Tag. So kann ich nachholen, was ich im Winter an Schlaf versäumt habe.
Wann dieser Brief abgeht, wissen wir nicht. Erst wenn alles wieder normal läuft, können wir ihn nach unten schicken. Ein Postläufer bringt ihn dann nach Gilgit.
Immer froh, von daheim zu hören, grüßen
Reinhold und Günther

GÜNTHER UND REINHOLD MESSNER, RUPALTAL, TAP-ALPE,
15.6.1970

Liebe Eltern, liebe Geschwister,
heute ist es genau ein Monat, daß wir am Berg sind.
Am 15.5. haben wir hier auf der Tap-Alpe unser Hauptlager

erstellt. Inzwischen hat sich vieles ereignet und verändert. Der Schnee ist weit hinauf geschmolzen, und auf der Tap-Alpe ist es grün geworden. Sie steht voller Blumen, teilweise ähnelt sie einem englischen Garten. Halbwilde Yakherden tummeln sich im kesselartigen, wildromantischen Hochtal. Abgemagerte Pferde erholen sich hier vom strengen Winter. Welche Gegensätze!
Ich sitze jetzt ziemlich genau über dem Basislager und übersehe den ganzen Talkessel: Die Alpe selbst ist ein fast tischebener Weideplatz. In der Mitte steht der Wald. Gewitter und Lawinen haben auch hier Spuren hinterlassen. Jeder zweite Baum ist kahl, verdorrt. Abends bringen uns die Träger oft fünf bis sechs solcher verdorrter Bäume, die ein riesiges Lagerfeuer abgeben. (Unsere Bergfeuer sind ein Witz dagegen!)
Im Norden, gerade über uns, steht die Rupalflanke. 4500 Höhenmeter sind es bis zum Gipfel. Unglaublich! Beeindruckend! Zwei riesige Moränen grenzen die Alpe im Osten und Westen ab. Im Süden beherrscht der Rupal Peak das Tal. Er ist ein begehrtes Ziel unserer »Amateurbergsteiger«; bisher jedoch haben sie den Gipfel nicht erreicht! In der Nordwest-Ecke etwa liegt unser Basislager, daneben zwei Quellen. Sie sind fünf Minuten entfernt. Unser Basislager besteht aus etwa fünfzehn Zelten, einschließlich Trägerunterkünften, Küche, Eßzelt, Leaderzelt. Alles ist fein eingezäunt, und mitten im Kreis steht ein Stamm mit der deutschen und der pakistanischen Flagge. Jeder hat sein Zelt, in dem er notfalls (wenn es regnet oder schneit) schreibt, liest, schläft, wo er seine persönlichen Sachen aufbewahren und auch wiederfinden kann. Reinhold und ich haben zusammen ein Drei-Mann-Zelt. Wir haben's recht bequem. Luftmatratze und Schlafsack haben wir natürlich auch, und es schreibt uns niemand vor, wie wir unser Zelt einzurichten haben.

Das war ein kurzer Einblick ins Basislager, das Mutterlager aller unserer exponierten und vorgeschobenen Hochlager. Warum ich Euch heute einen Brief, einen Lagebericht, aus dem Hauptlager schreibe, während der Brief vom Lager III noch gar nicht abgegangen ist? Seit gut zehn Tagen ist hier die Hölle los, nicht in der Mannschaft, diese hat kameradschaftlich, ja vorbildlich zusammengearbeitet, nein, das Wetter ist unser Problem. Seit 3.6. schneit und stürmt es praktisch ununterbrochen. In den Hochlagern gibt es täglich große Mengen Neuschnee (ein Meter und mehr!). Die Lawinen donnern die endlose Steilflanke herunter. Nur gut, zu gut, daß ich weiß, daß Reinhold und ich bisher jeden Lagerplatz ausfindig gemacht und die Lager besonders auf Lawinen- und Steinschlaggefahr geprüft haben. Dann erst haben wir Zelte dort aufgebaut. Lager I unter einem großen Felsvorsprung, Lager II unter einem etwa 20 m hohen senkrechten Sérac-Abbruch, der oben einen Grat bildet, der die Lawinen teilt und links und rechts hinunterdonnern läßt. Lager III ist unser berühmter Eisdom, dem die Lawinen ebenfalls nichts anhaben können. Lager IV wurde bisher nicht bezogen (erreicht am 3.6.70 – Rückzug wegen Schneetreiben).

Die Wand ist bei Neuschnee ungemein gefährlich und heimtückisch. Wenn Lawinengefahr besteht, wird auch bei schönem Wetter nicht gegangen und getragen. Innerhalb von zwölf Tagen wurden alle Hochlager geräumt, und die Mannschaft ist ins Basislager zurückgekehrt. Nur das erste Mal, wie Ihr aus einem anderen Brief entnehmen könnt, sind Reinhold und ich zehn volle Tage bei Schneesturm im Lager III geblieben und haben auf schöneres Wetter gewartet. Wir sind auch deshalb oben geblieben, weil ein Abstieg zu riskant gewesen wäre.

Am 10.6. war dann wieder ein einigermaßen sonniger, windstiller Tag, und der viele Schnee ist entweder abgegangen,

oder er hat sich gesetzt, und die übrige Mannschaft, die seit dem 5.6. im Basislager war, stieg im Lauf des Tages wieder in die Lager auf. Neue Hoffnung und viel Auftrieb schienen einen neuen Abschnitt im Expeditionsgeschehen einzuleiten. Am 11.6. wollten Reinhold und ich zum Lager IV aufsteigen, um endlich einen guten Platz am unteren Rand des Merkl-Eisfelds ausfindig zu machen und ein Lager dort einzurichten. Für zwei bis drei Tage hätten die Lebensmittel, die wir bereits am 3.6. hochgeschleppt haben, gereicht, dann wären die anderen mit Nachschub gekommen. Doch morgens empfing uns ein Graupeln, und eine schwarze Wolke umschloß wie ein Ring den Nanga. Schnell verkrochen wir uns wieder ins Zelt. Um acht Uhr war dann wieder die Hölle los. Wir waren sauer. Erstens waren wir bald volle 14 Tage in Lager III auf 6000 m Höhe, zweitens fühlten wir, daß wir Bewegung unbedingt nötig haben. Deshalb beschlossen wir, am 12.6., spätestens am 13.6., falls das Wetter wirklich nicht schön würde, abzusteigen. Dank der guten Akklimatisation sind wir dann am 13.6. nachmittags in wenigen Stunden bis ins Basislager abgestiegen.
Der Wetterbericht aus Peschawar war immer noch schlecht, so daß auch die übrige Mannschaft (9 Mann) am 14.6. die Hochlager wieder räumte (die Lebensmittel waren inzwischen auch knapp geworden, weil der Transport mit den Hochträgern praktisch seit 3.6. nicht mehr läuft). Heute, 15.6., sind wir alle (18 Sahibs, 15 Hochträger und der fünfundzwanzigjährige Begleitoffizier) hier im Basislager versammelt. Der Nebel hängt herunter bis zur Tap-Alpe, und oft regnet es leicht. Oben in der Rupalflanke donnern die Lawinen. Ihr könnt Euch denken, daß die Stimmung etwas gedrückt ist, auch wenn man es nicht jedem ansieht. Die Hoffnung auf den Gipfel ist durch dieses Sauwetter viel kleiner geworden, und manche sagen, es hätte keinen Sinn mehr, weiterzumachen.

Einige von uns wollen auf keinen Fall aufgeben und sagen sich, es ist billiger, länger hierzubleiben, als noch einmal zu kommen. Im extremen Fall möchten wir bis zum 15.7. bleiben, weil mit der Monsunzeit erfahrungsgemäß eine Schönwetterperiode eintrifft! Leider wird es mit den Lebensmitteln knapp werden. Wir besprechen hier im Basislager jetzt schon eine Rationierung. Heute haben wir zum Beispiel ein junges Yak gekauft (200 Rupien = ca. 156 DM), das wir im Lauf der nächsten Schlechtwettertage verzehren werden. Außerdem wollen wir Eier, Mehl, Kartoffeln, Reis bei den Bauern kaufen und uns hier im Basislager »rupalisch« ernähren und die wertvollen mitgebrachten Lebensmittel für die Hochlager aufsparen. So können wir einem plötzlichen Ausgehen der Lebensmittel vorbeugen. Gemüsedosen haben wir noch im Überfluß, und Rhabarber gibt es hier in großen Mengen zu finden. Gerade fangen unsere Träger zusammen mit einigen einheimischen Bauern den jungen Ochsen, den wir in den nächsten Tagen am Spieß braten werden. Wie die Steinzeitmenschen sind sie hinter dem halbwilden Vieh her!
Alles ist gesund. Nur unser Jüngster, Peter Vogler, ist schwer erkrankt, er hat sich unter unendlichen Qualen vom Windenlager ins Basislager geschleppt. Rippenfellentzündung ist die Diagnose. Reinhold und mir geht es gut, obwohl wir abgenommen haben oder gerade deswegen. Unsere Nasen häuten sich schon wieder.
Alle vier oder fünf Tage kommt der Postläufer, ein flinker, kleiner Bauer aus Tarishing. Er bringt Post und Eier. Er reitet oder fährt mit dem Jeep am jeweils übernächsten Tag wieder nach Gilgit, wohin inzwischen die Straße wieder in Ordnung gebracht sein soll. Beim Anmarsch war sie kaputt, und deshalb gingen wir zu Fuß. Morgen also wird er mit ca. 20 Briefen von uns, von denen wir die meisten im Lager III während des Dauersturms geschrieben haben, und mit anderer Post wieder nach Gilgit reisen.

Inzwischen ist bei Euch die Schule aus, und wir sind neugierig, wo Ihr alle seid, wenn wir heimkommen. Haben Helmuth, Erich, Waltraud unsere Briefe erhalten? Die Post ist schwerfällig, und ich glaube, daß manche Briefe verlorengehen.
Der Ochse ist geschlachtet, und wir freuen uns auf Leber, Lunge und auf das Fleisch am Spieß mit Gemüse. Bis Ende Juni könnt Ihr uns noch schreiben, weil wir die Post auch in Gilgit erhalten, notfalls in Rawalpindi. Wie lang die Rückreise dauert, hängt vom Wetter ab. Auf jeden Fall sechs Tage ab Basislager.
Auf ein Wiedersehen freuen sich
Günther und Reinhold

Damit endet Günther und Reinhold Messners letzter Brief aus dem Basislager am Nanga Parbat.

REINHOLD MESSNER, TILICHO LAKE,
Sommer 1971

Liebe Uschi,
diesmal geht es nicht um einen Achttausender. Im schier ununterbrochen niedergehenden Monsunregen marschierten wir von Pokhara aus über Ghorepani, Tatopani, Kali Gandaki bis unter die große Barriere, nahe dem Tilicho-See, wo wir lagern. Wir orientierten uns dabei an Kammverlaufskizzen, denn exakte Karten existierten nur von den besiedelten Gebieten oder dem Grenzgebiet zwischen Nepal und China.
Die ersten Bergsteiger, die zu den Achttausendern Dhaulagiri und Annapurna vordrangen, folgten wie wir den Spuren der Weidetiere und Hirten bis hoch hinauf ins Ge-

birge. Von den einzelnen Stämmen, ihren lokalen Festen und Religionen erfuhren sie wenig. Auch für europäische Diplomaten, die das Königreich im Süden des Mount Everest erreichten, war hinter den berühmten Bergen Niemandsland.
Als in Jomsom eine Pferdekolonne eintraf – der König von Mustang auf einem schwarzen Pony vorausreitend –, war meine Aufregung größer als in jenem Moment am Tilicho-Grat, als die Nebel auseinanderrissen und den Blick auf die Annapurna freigaben. Mir wurde bewußt, daß hier die Menschen ihre Berge als Spiegelbild unterschiedlicher Kräfte betrachten, die jedoch nie einer einzigen Gottheit entsprechen. Als gälte es jeder Siedlung, ja jedem einzelnen Hirten, die lokalen Bezugspunkte zum großen Ganzen aus der Umgebung herauszulesen.

REINHOLD MESSNER, IM HAUPTLAGER AM MANASLU (8163 M),

28.3.1972

Noch ist der Weg zum Gipfel nicht frei. In der Wandmitte der 4000 m hohen Südflanke des siebthöchsten Berges der Erde sind Horst Fankhauser und ich vor zwei Tagen auf ein Eislabyrinth gestoßen, wie wir es vorher niemals gesehen hatten.
Für einige Minuten nur rissen die Nebel auseinander, unter uns stand ein Eisturm, so groß wie die Vajolettürme in den Dolomiten, vor uns lag ein Eisbruch mit ungeahnten Ausmaßen und darüber der unheimlich steile Gipfelaufbau des Manaslu, höher noch als die höchsten Wände der Alpen.
Es wird nicht einfach sein, einen sicheren Weg zum Gipfel zu finden. Schon unten, knapp nach dem Einstieg, mußten

wir einen senkrechten Felspfeiler überklettern, um nicht von den Eislawinen erschlagen zu werden, die die Wand links und rechts davon bestreichen.
Jetzt sitzen wir alle im Basislager, um uns zu erholen. Übermorgen wollen wir wieder aufbrechen … Ich will es wieder versuchen, die Ungewißheit muß zur Gewißheit werden: geht es oder geht es nicht.
Macht euch darob keine Sorgen. Ich bin kein blinder Draufgänger und habe für objektiv gefährliche Routen nichts übrig. Ich bin Bergsteiger, so wie ich Bauer oder Ingenieur sein könnte. Den Weg suche ich mit meinen Instinkten, mit meinen Erfahrungen; gehe ihn mit meinen Kräften, mit meinen Leidenschaften, mit meinem Willen. Ich glaube aber, am Berg, wie auf vielen anderen Gebieten, muß man sich wie ein Abenteurer ins Ungewisse stürzen, es wagen. Überhaupt ist die Ungewißheit die Triebfeder für mein Tun. Ich meine damit, daß ich unfähig wäre, für ein Expeditionsziel alle meine Kräfte einzusetzen, wenn ich mir des Erfolges von vornherein sicher wäre. Das war schon bei meinen ersten selbständigen Klettertouren in den Dolomiten so, später bei den großen Erstbegehungen in den Ost- und Westalpen. Heute suche ich meinem Können und meiner Erfahrung gemäß Ziele in den Anden wie 1969, im Himalaja wie 1970 und 1971, im Dschungel der Südsee wie im letzten Jahr.
Bei einer Bergtour muß es immer Schwierigkeiten geben. Deshalb sind meine liebsten Erinnerungen jene Abenteuer, bei denen mich ständige Ungewißheit, vom Einstieg bis zum Gipfel, in Atem hielt.
So gesehen ist jede Bergtour eine Expedition ins Abenteuer. Während früher Expeditionen in erster Linie Forschung, Erkundung und Entdeckung zum Ziel hatten, also Wissenschaft, für die das Abenteuer in Kauf genommen wurde, suchen wir heute das Abenteuer rein als Selbstzweck. Ein

ursprünglicher Drang, der wohl in jedem Menschen steckt. Durch Gletscherbrüche und Urwald, durch überhängende Felswände oder undurchdringliches Eisgebirge von der Außenwelt abgeschnitten, werden die Berge zum einzigartigen Schauplatz einer Welt, in der sich Träume und Entdeckungen, Not und Angst des Menschen in aller Ursprünglichkeit zeigen. Die geschichtliche Entwicklung der Menschheit wiederholt sich.

Erst vor wenigen Tagen wieder, noch oben in 6000 m Meereshöhe, habe ich erfahren, was Hitze ist. Die Sonne strahlte vom Himmel und vom Gletscher, von den Séracs, die den Kessel in der Mitte der Manaslu-Südwand umrahmen. Auch Durst, Hunger, Finsternis und Kälte entsprechen dort oben ihren ursprünglichen Bedeutungen. Am Nanga Parbat lernte ich, daß der Mensch, ohne zu trinken, ohne zu essen, völlig erschöpft, mehrere Tage noch weiterkommen kann, wenn er sich nicht aufgibt. Unter den Kannibalen Neuguineas gewann ich die Überzeugung, daß man mit den Wilden besser ohne Schießeisen verhandelt, und bei den Indios in Südamerika fand ich jenes elementare Leben wieder, das wir Europäer schon seit Jahrzehnten vergessen haben.

Auf all meinen Bergtouren, Expeditionen und Erkundungsreisen habe ich erfahren, anfangs unbewußt vielleicht, daß unsere alltägliche Lebensform nicht selbstverständlich, daß sie nur eine unter vielen anderen ist. Ich erlangte die Selbstsicherheit, auch ohne alle modernen und komfortablen Errungenschaften unseres technischen Zeitalters auskommen zu können, wenn es sein muß. Vor allem aber lernte ich zu unterscheiden, was auf der Welt wichtig ist und was nicht; oft war es eine Handvoll Wasser, manchmal ein geschützter Biwakplatz, die Rückkehr in mein bürgerliches Leben.

REINHOLD MESSNER, MANASLU, LAGER I, *5.4.1972*

Das Wetter will uns wieder ins Hauptlager zurücktreiben. Von Südwesten drängt heute eine Wolkenbank herauf, die in wenigen Stunden Schnee bringen wird. Das ist schlimm! Weil jeder Tag, den wir jetzt verlieren, ein Tag ist, der zuletzt fehlen könnte.

Das Lager I liegt auf einem Sattel am Pfeilerende, 5500 m hoch. Vorläufig sind allein Horst Fankhauser und ich hier. Die anderen sind im Pfeilerlager oder im Hauptlager. Der Pfeiler ist nun gut abgesichert. Gestern, während des Aufstieges, konnte ich viele Bilder machen, zum Teil atemberaubende Szenen.

In den nächsten Stunden werde ich lesen oder weiterschreiben, es schneit schon, es ist jetzt 9 Uhr.

REINHOLD MESSNER, MANASLU, BASISLAGER, *13.4.1972*

In der Zwischenzeit hat sich hier etwas Unangenehmes ereignet. Wolfi mußte gestern ins Tal absteigen, um darüber nach Kathmandu zu berichten. In Stichworten der Tatbestand:

Unser Officer, Mister Karki, stieg vor Tagen ins Tal ab, um Einkäufe zu tätigen und der Regierung den Stand der Dinge am Berg mitzuteilen. Zwei Träger begleiteten ihn. Er kam bis heute nicht zurück. Dafür aber erschien eine Schweizerin (Wolfi hat sie in Kathmandu angeblich eingeladen, ins Basislager zu kommen) und erzählte, sie habe den Officer im Tal (Marsyangdi) getroffen, sei mit ihm bis einen Tag vor das Basislager heraufmarschiert, er habe sie belästigt,

und daraufhin hätten sie sich getrennt (4 Stunden von hier), er sei ihr voraus gewesen. Als sie hier ankam, war er immer noch nicht da, die Sherpas suchten alles ab (ich war in dieser Zeit noch in der Wand), der Postläufer sah niemanden, die beiden Träger (sie waren weit zurück) fanden keine Spur von ihm. Er ist auf seltsame Weise verschwunden, und das kann Schwierigkeiten für uns geben.
Die Schweizerin ist mit Wolfi gestern abgestiegen und will nach Kathmandu zurück. Ich bat sie darum, den Fall genau zu berichten (schriftlich) und in Kopie nach Villnöß zu senden. Das alles klingt wie ein Krimi.
Es könnte auch sein, daß sich der Officer aus dem Staub gemacht hat und in Kathmandu ist. Vermutlich aber ist er tot. Er war ganz nett und hat auch unten im Tal begeistert von der Expedition und dem Basislager berichtet. Umso unbegreiflicher ist mir sein Untertauchen.

Jahrzehnte später wurde der Fall aufgeklärt: Dorfbewohner hatten Mister Karki ermordet, nachdem er mehrere Frauen vergewaltigt hatte.

REINHOLD MESSNER, MANASLU, BASISLAGER, *April 1972*

Liebste Uschi,
mittlerweile ist mir das Zeitmaß abhandengekommen. So weit und so tief sind wir ins Gebirge vorgedrungen, daß die Zivilisation hier nicht mehr existiert. Pokhara liegt bereits Monate hinter uns. Von dort aus folgten wir dem Marsyangdi Khola, die Dörfer wurden immer kleiner, zuletzt ging es durch völlig wegloses Gelände: Bambuswald, Dickicht, Moränen. Bis zu diesem Toteisgletscher, auf dem

nun unser Basislager errichtet ist mit ein paar Zelten, einer Küche, abgedeckt von einer Plastikplane, daneben noch unser Mannschaftszelt. Wir sitzen auf Alukisten und Plastikcontainern, ein Tisch aus Steinquadern steht in der Mitte.

Selbst wenn man nach uns suchte, wären wir hier kaum zu finden. Und mit jedem Tag weiter aufwärts entfernen wir uns mehr und mehr von jeder Sicherheit und Bequemlichkeit. Das Bewußtsein, daß uns bei einem Unfall niemand zu Hilfe kommen könnte, läßt uns vorsichtig sein, wachsam, ängstlich manchmal.

Bei jedem Schritt fühle ich, wie die Exposition zunimmt, wie verloren wir hier sind. Es ist das Hineingeworfensein in eine Unendlichkeit – und mit der Langsamkeit unserer Schritte nimmt sie noch weiter zu –, die den Himalaja zu dem macht, was er für uns Menschen ist: ungeheuerlich groß.

Ursprünglich dürften die Viertausender der Alpen auf die frühen Pioniere einen ähnlichen Eindruck gemacht haben. Doch mit dem Bau von Schutzhütten, markierten Wegen und gespurten Routen schrumpften die Berge dann sukzessive. Vor allem durch die wachsende Zahl der Alpinisten wurden Modeberge wie Großglockner, Ortler, Matterhorn und Mont Blanc Jahr für Jahr »kleiner«. Wenigstens in unserem Bewußtsein.

Nicht die Schwierigkeiten sind es in erster Linie, die einen Achttausender zu einem besonderen Berg machen. Es ist die »dünne Luft«, weil sie uns so langsam und willensschwach macht. Auch die Gefahren, die, aufgrund von Höhe und Größe der Berge, ungleich schwerer wiegen als in tieferen Regionen. Es sind die gefühlten Dimensionen und ein besonderes Ausgesetztsein, die emotional belasten. Gleichzeitig befinden wir uns in einer so erhabenen Landschaft, daß ich bei jeder Rast nur jubeln könnte: über die riesigen Wächten an den Graten, das Gleißen der Firnfelder, den

Blick ins ferne Dunkel der Täler. Nirgendwo ein Zeichen von Zivilisation, von menschlichen Spuren. Es scheint fast so wie am Anfang allen Daseins: wenn am Morgen die Monsunnebel emporwabern, der Himmel über uns leuchtet in dunklem Blau, der Widerschein von den Gletschern so grell ist, daß er nur mit Brille zu ertragen ist.
Unsere »Wand«, die Südflanke des Manaslu, ist eigentlich gar keine. Seit Wochen erkunden wir eine Wegstrecke, die zunächst senkrecht über einen 500 m hohen Felspfeiler führt, anschließend durchmisst sie mehrere Kilometer weit ein vergletschertes Hochtal, der Eisstrom zerrissen von Gletscherspalten. Wir taufen es »Schmetterlingstal«. Eine Rampe – steiles Eis – scheint am oberen Ende auf ein Hochplateau zu leiten, über das der Weg dann zuletzt bis zum Gipfel führen könnte.

REINHOLD MESSNER, NANGA SOLO, ANREISE ZUM NANGA PARBAT,

26.5.1973, 12 Uhr

Mit Verspätung sitze ich im Intercontinental in Karachi, nachdem ich von Rom erfahren hatte, daß es ohne Visum keine Chance gäbe, in Pakistan einzureisen. Ein Anruf bei der Botschaft bestätigte mir, daß seit zwei Tagen für Italiener in Pakistan Visumpflicht gilt. Mit einem Zusatzticket für Indien nahm mich die KLM mit. Alles Gepäck (ca. 40 kg) ging frei. Um 3 Uhr früh kam ich heute in Karachi an, hatte Schwierigkeiten und bekam am Airport ein Visum für nur 72 Stunden, wegen des Indien-Pakistan-Konfliktes. Mein Pass blieb dort. Inzwischen konnte ich ein Visum für vier Wochen besorgen, Geld wechseln und den Flug nach Rawalpindi buchen für heute nachmittag.

Wenn alles klappt (Tourist-Visum), fliege ich morgen weiter nach Gilgit und bin dann wieder im Fahrplan.
Gilgit ist offen, war zu erfahren, das Industal hingegen strikt gesperrt. Es besteht jedoch die Möglichkeit, über den Babusar-Pass zu fahren. Obwohl der Pass derzeit wegen Schnee und Erdrutschen unbefahrbar ist, will ich mit dem Wagen versuchsweise von Gilgit bis an die Schneegrenze hinauf. Diese Gelegenheit könnte ich nutzen, um dann im Diamirtal zu verschwinden. Einmal am Berg, bemerkt niemand einen Alleingeher. Schon gar nicht am Nanga Parbat.
Hier ist es sehr, sehr heiß, zudem habe ich Fieber von den Impfungen und Schmerzen in der Achselhöhle. In ein paar Tagen aber, hoffe ich, werde ich gesundheitlich ganz in Ordnung sein. Wenn nicht, will ich mich so lange in Nagaton aufhalten, bis ich den weiteren Aufstieg wagen kann.

REINHOLD MESSNER, MAKALU, BASISLAGER, *22.3.1974*

Seit einigen Stunden sitze ich in einer Whillans-Box im Basislager und lese im Makalu-Buch von Jean Franco, das recht aufschlußreich ist.
Am späten Abend des gestrigen Tages sind Bulle Oelz und ich hier angekommen, nachdem ein Sherpa den »Doktor Sahib« gerufen hatte. Gerhard Markl war erkrankt, und so eilte ich mit Bulle den Gewaltmarsch von zwei Tagesetappen voraus, um rechtzeitig hier zu sein. Gerhard hat sich sichtlich erholt, und auch sonst ist die Mannschaft gesund.
Der Platz hier ist trocken, ideal gelegen, wenn auch ohne Wasser in nächster Nähe. Man kann gut die Wand einsehen, sie erscheint nahe. Unser Lager befindet sich ungefähr in 4700 m Höhe.

Die Wand sieht schwierig aus, was die anderen – besonders den ewigen Optimisten Wolfi – nicht zu belasten scheint. Sie wird ein hartes Stück Arbeit, wenn sie auch relativ sicher erscheint.
Noch sind nicht alle Lasten da, wir haben bisher nicht unsere endgültigen Behausungen bezogen, ferner ist unser Gemeinschaftszelt ohne Dach.
Unsere Sherpas sind wenig begeistert von der Südwand unseres Berges. Ich bin gespannt, wer von ihnen über 6000 m Höhe hinaufkommen wird.
Begeistert bin ich hingegen von den Whillans-Boxen. Vielleicht kann Karrimor mir zwei Stück für eigene Expeditionen zur Verfügung stellen.

REINHOLD MESSNER, MAKALU, LAGER 2,
9.4.1974

Genau vor einem Monat habe ich Dich verlassen. Und wie ist es Dir in der Zwischenzeit ergangen? Mein Auftrieb ist derzeit nicht groß, das schlechte, stürmische Wetter tut den Rest. Wir haben uns heute entschlossen, in zwei Gruppen zu arbeiten, so daß wir bis Ende des Monats im Sturmlager sind.
Bulle und ich waren gestern auf 6700 m, es fehlen noch 200 Höhenmeter bis zum geplanten Lager 3, dann wollen wir ins Base Camp absteigen und einige Osterrasttage einlegen.

REINHOLD MESSNER, MAKALU, BASISLAGER, *26.4.1974*

In der Expeditionsküche sitze ich zwischen einem Tibeter und einer Handvoll Sherpas, es herrscht reges Treiben. Der Koch, Sona, bereitet einige »Tschapatis«, und der Kitchen Boy, mein alter Freund, schneidet Zwiebeln für das Abendessen.

Heute mittag haben Yves Buchheim und ich Pizza zubereitet, sie schmeckte einmalig. Bei dieser Aktion entdeckte ich meine Talente als Koch, die man mir bisher immer abgesprochen hat.

Am Berg sieht es nicht rosig aus. Seit Bulle und ich vor 3 Tagen zu einer Rast ins Basislager abgestiegen sind, bezogen bereits zwei andere Mannschaften Lager 3, doch alles in allem sind sie wenig mehr als 100 m weitergekommen. Leider ist Albert Precht, ein lieber Kerl, höhenkrank geworden, er wird nach seinem Abstieg nicht mehr an die Spitze können.

Wolfi, Josl und Horst sind im Lager 2 und wollen morgen an die Spitze. Ob sie jedoch Lager 4 errichten können, bezweifle ich. Bulle und ich waren 5 Nächte im Lager 3, konnten wegen Sturm und Neuschnee aber nur 400 m weiterkommen. Das Gelände ist sehr schwierig bis dorthin und wird nach oben hin noch schwieriger.

Als nächste wird es wieder Bulle und mich treffen. Ich freue mich schon, wieder in die Wand zu gehen. Ich halte mich so viel wie möglich zurück, aber mit dieser Methode kommen wir nicht weiter. Notfalls muß Bulle oberhalb von Lager 4 mit Sauerstoff Seile nachtragen, so daß wir bis zum 10.5. im Sturmlager sind. Die Sherpas sind zum Teil zwar willig, aber klettertechnisch zu schwach. Über Lager 4 werden sie nicht hinauskommen. Einige sind krank, und zwei, Pasang vom Manaslu und der Postläufer, werden morgen

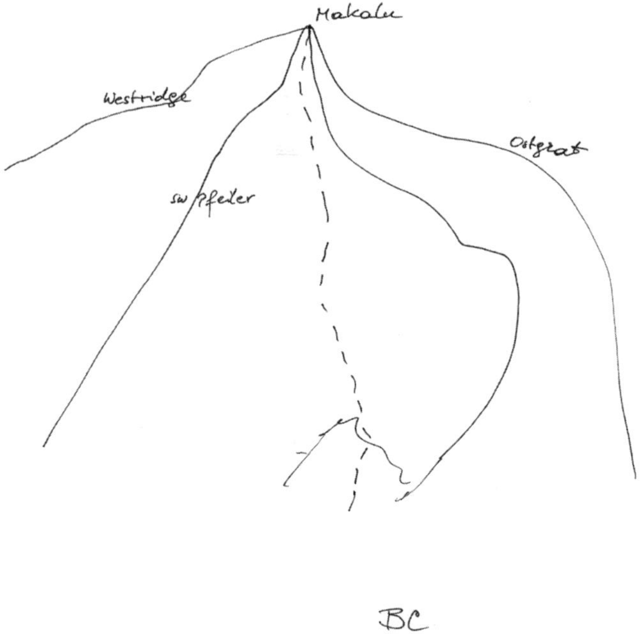

das Hauptlager verlassen und nach Hause gehen, sie sind krank, können nicht mehr tragen.
Pasang wird dabei die Post nach Tumlingtar bringen, da der andere unserer Postläufer seit fünf Tagen überfällig ist. Man vermutet sogar, er sei umgebracht worden (übrigens zirkuliert hier die Story, Mr. Karki vom Manaslu sei beseitigt worden, da er ein Sherpa-Mädchen verführt hätte).
Die beigelegte Skizze soll eine Idee von der Route vermitteln, die, wenn sie uns gelingt, eine der schönsten im Himalaja überhaupt sein könnte.
Hier sind Japaner aufgetaucht, die den Makalu II (Nebengipfel) für eine nächstjährige Expedition studieren. Die Lenser-Expedition ist definitiv zum Lhotse Shar weitergezogen und scheint gut nach oben zu kommen.

REINHOLD MESSNER, MAKALU,
Mai 1974

Es ist die Linie, die ich nicht beenden kann – das schmerzt mich. Eine so schöne Route, völlig logisch der Struktur des Berges angepaßt und modern. Eine Schlangenlinie mit leichten Windungen, durch die Südwand des Makalu. Nachdem Franzosen vor vier Jahren den Südwestpfeiler erstbegingen, wurde die Südwand zum neuen, zeitgemäßen Ziel. Uns geht es heute nicht mehr um den Gipfel an sich, sondern es ist der Weg dorthin – seine Schwierigkeiten, die Logik der Linienführung, die Strategie beim Aufstieg –, der mehr zählt als der Gipfelerfolg am Ende.
Unsere Mannschaft ist relativ klein, Wolfgang Nairz führt die Expedition demokratisch und harmonisch. Wo unbedingt notwendig, spannten wir Fixseile, drei Lager stehen bereits, der Nachschub funktioniert. In der Gipfelwand aber kommen wir nicht mehr so recht voran. Einmal ist es das Schlechtwetter, das uns bremst, dann fallen reihenweise die Partner aus, zuletzt, mit Gerhard Markl, sah ich nur noch steilen Granitfels über mir und im Nebel keine Chance, mich zu orientieren. Vielleicht hätten ja bei zügigem Klettern ein Biwak und zwei Klettertage genügt, um den Gipfel zu erreichen, wie aber hätten wir bei schlechtem Wetter auch noch herunterkommen sollen?
Der Makalu ist fast 8500 m hoch, ein hoher Achttausender also. Wir sind noch zu weit vom Ziel entfernt, und bis jetzt liegt viel zu wenig Ausrüstung – Proviant, Gas, Zelt, Sauerstofflaschen – im obersten Lager. Abwarten? Neu ansetzen? Es ist zu spät. Jeden Morgen ziehen Monsunnebel aus dem Tal die Wand hinauf, die dann schwarz-weiß zwischen dem grauen Gewaber durchscheint. Immer noch herausfordernd, auch bedrohlich. Sie soll ein Rätsel bleiben. Wir beschließen

gemeinsam, den Versuch der ersten Durchsteigung der Makalu-Südwand aufzugeben.
Mein Vorschlag, unseren Berg in einem Blitzversuch über den Normalweg zu besteigen, wird abgelehnt, auch wenn Wolfgang im Besitz einer Genehmigung dafür wäre. Es ist ein zu langer Weg, über Toteisgletscher, die Hänge zum Makalu La und das große Hochplateau hinauf, um zur Spitze zu kommen. Bei Verzicht auf Hochlager, Sauerstoffgeräte und Fixseile sehe ich zwar eine Chance, vor dem Monsuneinbruch den Gipfel zu erreichen, fühle mich aber außerstande, es allein zu wagen. Franzosen haben den Berg 1955 über diese Route erstmals bestiegen, neun Mann standen damals am Gipfel.
Ach, das Scheitern gehört zum Bergsteigen, und allein schon der Anmarsch über Samnaun, den Shipton La und eine großartige Almlandschaft dahinter lohnte es, diese Expedition gewagt zu haben. Der Rückweg wird uns nochmals Gelegenheit geben, mit der lokalen Bevölkerung zusammenzutreffen, die im Laufe der letzten Jahrhunderte über die Himalajapässe nach Nepal herübergesickert ist, und von ihnen zu lernen.
Jetzt müßten bereits die Rhododendren blühen, die Äcker werden bestellt, das Vieh treibt man auf die Almen. Allein der Berge wegen, so aufregend hoch und verlockend sie auch sein mögen, wäre ich nicht hierhergekommen, die Bergbevölkerung und ihre Kultur interessieren mich ebenso.

REINHOLD MESSNER, MAKALU, BASISLAGER, *9.5.1974*

Heute am frühen Morgen haben wir uns entschieden, die Expedition abzubrechen. Das Wetter wird von Tag zu Tag schlechter, die Aussichten auf einen Gipfelerfolg, die seit 20 Tagen immer geringer wurden, sind nahezu auf null gesunken.

Die Expedition ist aus zwei Gründen gescheitert: kontinuierlich schlechtes Wetter, das eine Ausaperung der Wand vereitelte, und die relativ schwache Mannschaft, die sich gerne selbst überschätzte.

Das macht nichts. Denke ich jedoch zurück an die gleich schwierige Aconcagua-Wand, die wir ohne Hochträger und relativ lässig gemeistert hatten, dann muß ich zukünftige Expeditionen wohl auf eigene Faust durchführen.

Gerhard Markl ist der stärkste Mann im Team. Er war mit mir oben, wir kamen bis auf ca. 7500 m Höhe. Dabei waren die Verhältnisse schlecht. Ich schlug dann – im letzten Moment – vor, auf die Normalroute auszuweichen. Das wurde von der Mannschaft abgelehnt, weil man bis zuletzt in der Südwand größere Chancen sah. Die Seilschaften, die nach uns versuchten, in der Südwand höher zu kommen, erreichten nicht einmal mehr das obere Ende unserer Versicherungsarbeiten. So kam es heute zum endgültigen Entschluß, aufzugeben.

Ob ich im Anschluß an diese Expedition nach Pakistan zum Nanga reisen soll? Allein – so kommt es mir jetzt vor – würde ich es kaum durchstehen. Vorerst ist die Entscheidung aufgeschoben.

Übermorgen gehe ich ein letztes Mal in die Wand, um die Seile abzubauen. Seile und Haken bleiben in Kathmandu für 1975.

Ob ich dann am Lhotse dabei sein werde, weiß ich noch nicht. Jedenfalls habe ich Urkien als Sirdar angeworben, worum mich R. Cassin gebeten hat. Wir überlegen noch, den Rückmarsch über drei 6000 m hohe Pässe ins Sherpagebiet anzutreten und von dort nach Kathmandu zu fliegen. Aufgrund der täglichen Schneefälle fällt eine derartige

Entscheidung allerdings schwer. Wir könnten irgendwo hängenbleiben.
Ich hoffe, Bulle hat Dich angerufen. Hier im Basislager fand ich zwischen den Neuschneeresten die ersten winzigen Blumen. Die Almen weiter unten sind schon bewirtschaftet, und gestern brachte ein Hirte sogar Buttermilch, die vorzüglich schmeckte. Yves schlachtete heute – geschickt, ja sogar fachmännisch – eine Ziege und ein Schwein, so haben wir frisches Fleisch für die nächsten Tage. Es geht uns also gut, da die Gefahren vorbei sind – das Leben geht weiter.

REINHOLD MESSNER, LHOTSE,
21.3.1975

Unsere italienische Lhotse-Expedition – unter Leitung von Riccardo Cassin – hat aufgrund starker Schneefälle ein Akklimatisationslager in Dingboche (4340 m) aufgeschlagen. Inzwischen studierte ich eingehend die Wand des Lhotse, die sicher zu den schwierigsten der Welt gehört. Wahrscheinlich kommt, aufgrund der fortgeschrittenen Zeit und objektiven Gefahren, nur eine Rampe links der Gipfelfallinie als Aufstiegsroute in Frage. Wir hoffen, daß das endgültige Basislager zum Monatsende aufgeschlagen werden kann.
Die Mannschaft ist wohlauf.
Inzwischen hat die japanische Frauen-Expedition am Everest heute ihr Basislager erreicht. Schneefälle und ein besonders gefährlicher Khumbu-Eisbruch haben den Aufbau der ersten Hochlager allerdings vereitelt. Bisher wenigstens.
Die deutsch-österreichische Expedition zum Kantsch-Westgipfel (Yalung Kang) ist im Anmarsch zum Basislager, das in den ersten Apriltagen errichtet werden soll. Sonst ist nicht viel los in den großen Bergen.

REINHOLD MESSNER, LHOTSE-BASISLAGER,
Mai 1975

Allein schon mit Riccardo Cassin unterwegs sein zu dürfen war die Teilnahme an dieser Expedition wert. Bald brechen wir die Zelte hier ab und ziehen wieder heimwärts. Wir hatten keine Chance, die Südwand zu durchsteigen. Vielleicht hätten Mario Curnis und ich den Grat zwischen Nuptse und Lhotse erreicht, ins Gelände dahinter haben wir jedoch keine Einsicht, und die Querung bis zur Lhotse-Rinne, wo der Normalweg verläuft, ist viel zu weit, um sicher in die Südwand zurückkommen zu können. Gut, drüben am Everest sind Japanerinnen unterwegs, eine Frauenexpedition, von der wir aber keine Nachricht haben.
Den quirligen Damen mit ihren farbigen Hüten und Fähnchen am Rucksack, die Gesichter dick mit Sonnenschutzcremes zugekleistert, sind wir beim Anmarsch begegnet – seitdem hörten wir nichts mehr von ihnen.
Es dürfte ihnen ergangen sein wie uns: Anfangs war es sehr klar, dann kamen die täglichen Morgennebel, jetzt ist das Wetter gut – unser Mut aber ist gebrochen. Zweimal überspülte eine Lawine das Basislager: Sérac-Abbrüche in 6400 m Meereshöhe. Und ganz oben, auf ca. 7600 m Höhe, ist der Fels ungut zu klettern: senkrecht, abschüssig geschichtet und verschneit. Auch bei einem zweiten Versuch müsste ich wohl aufgeben.
Natürlich tut es der Bergsteigerseele weh, wieder zu scheitern. So wie im vergangenen Jahr am Makalu. Machte ich es mir doch zur Aufgabe, die großen Wände an den Achttausendern zu klettern. An den kleineren der 14 höchsten Berge der Welt gelang es: Annapurna, Manaslu, Nanga Parbat. An den großen, wie Lhotse, Makalu, Mount Everest, nicht. Wie oft ist die Everest-Südwestwand bisher schon versucht worden: von Japanern, Spitzenbergsteigern aus aller

Welt, Engländern, Deutschen, Österreichern …! Umsonst. Große Höhe, kombiniert mit großen Schwierigkeiten, ist offenbar zu viel für unser heutiges Know-how.
Die vielgepriesene Kameradschaft am Berg ist hier jedoch nicht nur Ideal, sondern eine Selbstverständlichkeit. Wie gut es war, mit »Det« Giuseppe Alippi und Mario Curnis den Weg bis unter den Gipfel zu spuren, im Basislager den Storys von Ignazio Piussi zu lauschen und vor allem Riccardo Cassin zuzuhören, wenn er von seinen großen Jahren erzählte: von der Nordwand der Westlichen Zinne, der Badile-Wand, vom Walkerpfeiler. Ich habe bereits seit einem Jahrzehnt ein Ohr für die Historie des Bergsteigens, hier wird sie lebendig und dabei so unprätentiös vorgetragen, daß mir ist, als wäre ich dabei gewesen.
Und dann aus dem Mannschaftszelt zu treten, in den Sternenhimmel zu schauen – wie absurd ist die Welt, in der wir hier leben. Gerade dieses Absurdistan ist es jedoch, das uns ausfüllt: Es steckt voller Geheimnisse, Herausforderungen, Ideen. Ohne den wochenlangen Anmarsch, die Zeit der Akklimatisation von Sherpa-Dorf zu Sherpa-Dorf, wäre das Ganze reduziert auf Erfolg oder Scheitern. Doch so ist das Klettern der Wand nur ein Teil des Unterwegsseins in einem Gebirge, das zeitlos wirkt.
Weiter unten sind die Bauern jetzt dabei, Äcker umzugraben, Kartoffeln zu setzen, ihre Yaks auf die Almen zu treiben. Solange wir uns noch auf ihrer Höhe befinden, weiß ich, hält die Entschleunigung an, dauern die Tage nicht Stunden, sondern Wegstrecken, und der Gruß der Einheimischen ist allerorten eine Einladung, in ihrer Welt zu bleiben: »Willkommen im Himalaja!« Das ist es, was ich mit nach Hause nehmen will! Als Aufforderung, wiederzukommen.

REINHOLD MESSNER, GASHERBRUM I, BASISLAGER,
August 1975

Peter Habeler und ich sind jetzt gut akklimatisiert. Die Nacht auf 6400 m am Gasherbrum La hat uns gutgetan. Dabei konnten wir auch schon »unsere Wand« betrachten: zum Teil blankes Eis, also kaum Lawinengefahr, auch kein Steinschlag. Es ist zu kalt, als daß die Sonne das Eis im Felsgürtel (auf ca. 7000 m) lösen könnte. Ob wir es allerdings in drei Tagen vom Basislager zum Gipfel und zurück ins letzte Biwak schaffen können, bleibt offen. Also müssen wir Proviant und Brennstoff für eine Woche mitnehmen, was unsere Geschwindigkeit bremsen wird.
Es gibt noch keinerlei Erfahrungswerte zu der von uns geplanten Vorgehensweise: Nach ausreichender Höhenanpassung wollen wir über zwei – drei Biwaks zum Gipfel und mit zwei Biwakierungen zurück ins Basislager. Ohne den Weg vorzubereiten, ohne Hochlager, ohne Trägerunterstützung. Natürlich ohne Sauerstoffflaschen, die viel zu schwer wären, um schnell genug steigen zu können. Diese Logistik ist getragen vom Verzicht: Verzicht auf alles Überflüssige. Nur wenn das Gewicht, das jeder von uns im Rucksack hat, erträglich bleibt, haben wir eine Chance, durchzukommen. Auf Zelt, Schlafsack, Unterlage, Kocher, Proviant, Gaskartuschen sowie Kletterausrüstung können wir aber nicht verzichten. Jedes Kilogramm mehr bedeutet auch mehr Zeit, denn das Gewicht macht uns langsamer und langsamer. Mehr Zeit bedeutet jedoch höheren Bedarf an Proviant und Brennstoff, was nur weitere Zeit kosten würde.
Das Experiment, das wir wagen, ist nicht riskanter als eine schwerfällige Expedition mit zehn oder mehr Teilnehmern. Im Gegenteil sind die Gefahren geringer, denn nur wir beide

werden ausgesetzt sein, ausgeliefert der dünnen Luft und den Gefahren oberhalb des Basislagers. Was neu sein wird, ist die schier grenzenlose Exposition, der wir uns stellen: am Ende auf 8068 m und unter uns nur Leere. Keine besetzten Hochlager, keine Fixseile, keine Markierung. Dieser Berg wurde bisher nur einmal bestiegen: über die Gegenseite, von Südosten her: von den Amerikanern Andy Kaufman und Pete Schoening. Wir jedoch wählten die steile Nordwestwand und entdeckten dort eine mögliche Route. Ob es allerdings im »alpinen Stil« machbar ist, dort hinaufzukommen, bleibt offen, bis wir zurück sind.
Wir haben ausreichend Nahrungsmittel, um zwei weitere Wochen ausharren zu können, wollen aber beim nächsten Schönwetterfenster starten. Peter wartet bereits wie ein Rennpferd auf seine Chance, in Bestform. Alles ist perfekt vorbereitet. Vielleicht haben wir Glück mit dem Wetter und können endlich all unsere Fähigkeiten ausspielen: unsere Kondition, das Vertrauen zueinander, die traumwandlerische Sicherheit und vor allem unsere neue Taktik. Wir wollen das Zelt wie ein Schneckenhaus von Biwak zu Biwak höhertragen und haben alles dabei, was wir benötigen. Doch auch kein Gramm zu viel, damit wir leicht und schnell sein können. Nie dürfen wir uns völlig verausgaben, sollten in kein Sauerstoffdefizit geraten und jederzeit an jedem Punkt der Besteigung den Rückweg antreten können. Voller Neugierde und gleichzeitig mit gedämpfter Begeisterung sitze ich hier im Basislager, meine einzige Frage bleibt: Kann diese Idee auch wirklich umgesetzt werden?

REINHOLD MESSNER, MACHAPUCHARE, BASE CAMP, 3700 M,

28.4.1976

Heute endlich geht ein Postläufer los. Wir sind alle im Base Camp, alle o.k., sechs Teilnehmer sind jedoch vorgestern voraus – nach Hause.
Der Glacier Dome war bei den herrschenden Bedingungen – zwei Meter Schnee auf 3700 m Höhe – beim besten Willen zu gefährlich. Doch konnte ich mit der Mannschaft – alle sind nett – zwei kleinere Gipfel besteigen.

REINHOLD MESSNER, DHAULAGIRI-SÜDWAND, BASISLAGER,

Mai 1977

Wer die mächtige Auffaltung des Himalaja begreifen will, muß nur die Schluchten zwischen Dhaulagiri und Annapurna besuchen, dort ist Geologie sichtbar. Auch die Südwände dieser beiden Achttausender sind durch den Druck entstanden, mit dem sich die indische Kontinentalplatte unter die tibetische Platte schob.
4000 m hoch ist die Südwand des Dhaulagiri! 4000 m steigt sie unheimlich steil, in gleichmäßigem Winkel, aus der begrünten Talsohle auf: Eis und Fels, 60° Durchschnittsneigung. Wie konnte ich nur hoffen, diese Wand im Alpinstil meistern zu können? Von Pokhara aus gesehen ist diese Wand schön, die schönste im Himalaja! Wenigstens für uns. Sind Peter Habeler und ich nach unserem Erfolg am Hidden Peak (Gasherbrum I) übermütig geworden? Nach dem Scheitern an der Makalu- und Lhotse-Südwand hätte ich doch einschätzen können, daß die Dhaulagiri-Wand – eben-

so steil, noch höher, das Basislager entlegener – einfach zu groß für uns ist. Die Angst hat uns zuerst zögern und dann wieder scheitern lassen. Wir versuchten es, mußten aber bald einsehen, daß wir chancenlos sind.
Jetzt sitzen wir im Basislager und wissen, daß wir den gefährlichen Anmarschweg auch wieder zurückmüssen. Durch jenen Canyon, der zur Falle werden kann, wenn im Frühsommer der Schnee am Wandfuß schmilzt und als Wildbach talwärts schießt. Alle Wasser sammeln sich dann in der Schlucht, durch die wir absteigen. Zum Glück ist unsere Ausrüstung bescheiden, und wir brauchen nur zwei Dutzend Träger, um den Müll und unser übriggebliebenes Expeditionsgut zurück ins Kali Gandaki zu schaffen.
Hier im Basislager – geborgen im Schutz großer Felsen – ist jetzt Frühling. Das frische Gras sprießt, Blumen leuchten, die Luft ist feucht und weich. Wir verspüren nicht die geringste Lust, noch einmal in die Wand über uns einzusteigen. Weiter oben ist bereits der erste Monsunschnee gefallen, und oft sehen wir im Südosten nur die Spitzen der Berge aus dem Nebel ragen: Nilgiri, Fang, Annapurna South. Je weniger ich von ihnen sehen kann, umso schwieriger ist es zu erkennen, welche Eisformation zu welchem Berg gehört. Das aber macht diese Gegend hier, die ich gut zu kennen glaube, wieder sehr geheimnisvoll. Umnebelte Gebirge werden in unserer Vorstellung zwar nicht größer, aber sie machen uns noch neugieriger, gleichzeitig auch bescheidener in unserem Wunsch, sie zu besteigen.

REINHOLD MESSNER, MOUNT EVEREST, LAGER II,
Mai 1978

Zurück vom Südsattel, und das Ziel ist immer noch nicht erreicht. 48 Stunden hielt der Sturm Mingma, Ang Dorje und mich oben fest. Zwischendurch hatte ich schon Sorge, daß wir ihn nicht überstehen würden. Nun sind wir der Hölle entkommen und werden ins Basislager absteigen, um uns zu erholen, bevor wir einen weiteren Versuch starten. Was wäre jetzt, wenn mir Guido Monzino vor fünf Jahren die Gelegenheit gegeben hätte, an seiner Everest-Expedition teilzunehmen? Der Multimillionär und Bergnarr hatte die Genehmigung, damals wurde nur eine pro Saison erteilt, den Berg von Süden zu besteigen. Ich wollte mich mit einer kleinen, eigenständigen Viererseilschaft anschließen und einen Versuch an der Südwestwand wagen. Sie war damals die große Herausforderung am höchsten Berg der Welt. Bei meinem Besuch auf seiner Farm in Kenia lehnte Monzino jedoch ab. Offensichtlich wollte er keine interne italienische Konkurrenz bei seiner Unternehmung.

Erst als ich im Herbst 1975 erfuhr, daß Chris Bonington mit seiner Expedition Erfolg hatte, gab ich die Idee der Südwestwand auf. »Everest ohne Maske« wurde dann mein nächstes Projekt. Ich erinnere mich gut: Im Rahmen einer Vortragsreise in Österreich spazierte ich gerade durch die Salzburger Getreidegasse, als ich an einem Kiosk aus dem Augenwinkel die Titelseite der *London Times* wahrnahm, die ich sonst nicht gelesen hätte. Aufgeregt kaufte ich das Blatt und las gleich noch im Gehen, wie Dougal Haston und Doug Scott den Gipfel erreicht und kurz unterhalb ein Biwak bezogen hatten. In einer Schneehöhle, beim Abstieg. Respekt, dachte ich, und gleichzeitig: was nun?

Wolfgang Nairz, wiederholt Organisator und Expeditionsleiter bei gemeinsamen Unternehmungen, hatte mit Bulle

Oelz und mir schon öfter die Möglichkeit einer österreichischen Everest-Expedition erörtert. Alle drei waren wir uns einig, es wenigstens versuchen zu wollen, und Wolfi hatte den Antrag in Kathmandu eingereicht. Wagen wollten wir es unbedingt im Frühjahr, in der Vormonsunzeit also. Nicht im Oktober, während der stürmischen und kalten Herbsttage. Wann aber würde dieses Permit kommen? Und würden wir die Mittel dafür aufbringen können?
Als Wolfi die Genehmigung dann tatsächlich in Händen hielt, setzten wir uns sofort zusammen und schmiedeten folgenden Plan: Wolfi führt eine kleine Alpenvereins-Expedition von maximal einem Dutzend österreichischer Mitglieder zum höchsten Berg der Welt. Und mit dem Zillertaler Peter Habeler gibt er mir gleichzeitig die Möglichkeit, im Rahmen seiner Unternehmung als Seilschaft zu operieren, um herauszufinden, ob wir beide, Peter und ich, den Gipfel ohne Sauerstoffmasken erreichen könnten.
Wir versprachen im Gegenzug, beim Aufbau der Lagerkette bis zum Südsattel zu helfen, nötigste Seilsicherungen anzubringen und den anderen, ebenso wie sie uns, Rückendeckung zu geben.
Doch im Moment sind wir hier vorerst einmal gescheitert.

REINHOLD MESSNER, NANGA PARBAT, BASISLAGER,
August 1978

Wie lange ich nach meiner Rückkehr vom Gipfel geschlafen habe, weiß ich nicht. Während wir im Basislager bereits für die Heimreise packen, schreibe ich noch schnell diesen Brief. Er wird Euch erreichen, wenn ich schon längst wieder in Europa sein werde.

Trotz oder gerade wegen der langen Umwege beim Anmarsch ging diesmal alles sehr schnell. Das Industal ist zur Zeit für Ausländer gesperrt. Also versuchte ich es über den tief verschneiten Babusar-Paß. So kam ich gut akklimatisiert ins Basislager, holte mir bei einer Ganolo-Besteigung das nötige Selbstvertrauen und stieg nach einem ersten Zögern in die Wand ein. Ganz rechts, im stumpfen Winkel zwischen Diamir- und Manzeno-Wand, kletterte ich im Eiltempo empor, immer die Angst im Nacken, von Eisbrocken erschlagen zu werden. Noch schneller könnte ich jedenfalls wirklich nicht steigen. Im Rucksack hatte ich Ausrüstung, Proviant und Brennstoff für eine Woche. Aber keine Medikamente, kein Funkgerät und auch kein anderes technisches Gerät. Dieser Alleingang sollte die eleganteste, zeitloseste Art sein, einen Achttausendergipfel über eine neue Route zu erreichen. Hinunter würde ich dann schon irgendwie kommen.
Hätte Mummery 1895 den Nanga Parbat schon besteigen können? Jetzt weiß ich es: ja! Mein Erfolg hing schließlich nicht von Kleidung, spezieller Nahrung oder moderner Ausrüstung ab. Es galt einfach vor allem, den Aufstieg zu wagen. Auch Mummery hatte es gewagt und war klettertechnisch absolut auf der Höhe der Schwierigkeiten, die zu überwinden waren. Hätte er sich in der Wandmitte von den Trägern getrennt, wäre er viel schneller höher gekommen. Konditionell waren vor allem die englischen Begleiter des ausgehenden neunzehnten Jahrhunderts sehr stark. Vielleicht ausdauernder als wir heute. Und unglaublich leidensfähig dazu.
Rückblickend betrachtet wäre die alpine Geschichte des zwanzigsten Jahrhunderts ganz anders verlaufen, wenn Mummery beim ersten Versuch, einen der vierzehn Achttausender zu besteigen, erfolgreich gewesen wäre. Er hatte es dann doch nicht gewagt, wollte am Ende über den Diamir-

sattel nach Rakhiot wechseln. Dort kam er nie an, konnte gar nicht ankommen, denn damals war der Abstieg Richtung Märchenwiese einfach unmöglich.
Mummerys Kletterkönnen, Ausdauer und Erfahrung waren phänomenal. Seine Haltung war und ist vielen ein Vorbild. Er hatte den »Verzichtsalpinismus« vorweggenommen und damit den Alpinismus für alle Zeiten geprägt. Wie Paul Preuß zwanzig Jahre später mit seinem »Das Können ist des Dürfens Maß«.
Mein Alleingang hier soll an meinen Bruder Günther erinnern. Zusätzlich ist er eine Hommage an Albert F. Mummery, denn 1970 stiegen wir vom letzten Biwakzelt aus ganz im Geiste Mummerys weiter: beide in absoluter Eigenverantwortung, beide im Alleingang, ohne jede extravagante Ausrüstung. Am Ende allerdings verloren wir uns in der Unendlichkeit aus Tiefe, Gefahr und Hoffnungslosigkeit, genau wie es 1895 Mummery zuletzt wohl auch ergangen war.

REINHOLD MESSNER, K2, BASISLAGER, *Juli 1979*

Liebe Ursula,
inzwischen sind wir wirklich spät dran. Zu spät? Wir verloren bei der Anreise sehr viel Zeit: zwei volle Wochen durch das erzwungene Abwarten in Islamabad. Die Regierung befürchtete noch immer Unruhen wegen der Exekution von Ex-Präsident und -Premier Bhutto. Und dann kamen wir nicht ins »richtige« Basislager. Einer der Träger hatte sich nicht an das strikte Verbot, die Route zu verlassen, gehalten und war in eine Spalte gestürzt. Die übrigen weigerten sich, weiterzugehen. So kommt es, daß wir nun am gleichen Platz

lagern wie bereits 1954 die italienische K2-Expedition unter Ardito Desio.
In drei Seilschaften schwärmen wir nach Aufbau des Basislagers aus, um unsere Chancen auszuloten. Robert Schauer und Michl Dacher umkreisen den Angelus, einen Eisgipfel im Südwesten des K2, um Gangbarkeit und Zustieg zur »Magic Line«, unser ursprüngliches Projekt, zu prüfen. Alessandro Gogna und Renato Casarotto sehen sich den Abruzzigrat an, die Route der Erstbesteiger. Friedl Mutschlechner und ich erkunden die Südwand, bleiben aber nach einem Biwak in 6000 m Meereshöhe in der Wandmitte stecken. Zu gefährlich! Auch Robert und Michl bringen schlechte Nachricht: Dieser Weg wäre vom eingerichteten Basislager aus zu lang. Wir haben ja maximal vier Wochen, bis die Franzosen kommen: eine gigantische Expedition mit dem Zehnfachen an Mitteln, die nach uns das Permit hat, den K2 zu besteigen. Spätestens wenn sie eintreffen, müssten wir die »Magic Line« geräumt haben.
Unsere Vorarbeit käme zwar dieser Mellet-Expedition zugute, doch für uns wäre die Chance, den K2 über den schwierigen Südwestpfeiler »im Handstreich« nehmen zu können, gleich null. Also müssen wir die einzige Möglichkeit, die uns bleibt, nutzen: einen Aufstieg über den Abruzzigrat, der bisher erst zweimal begangen wurde. 1954 von Italienern und 1977 von Japanern. Nach der Mount Everest-Expedition im letzten Jahr ist es nun das zweite Mal, daß ich mich mit einem »Normalweg« zufriedengeben muß. Auch diesmal wollen wir ohne Sauerstoffgeräte operieren – wir haben gar keine Flaschen dabei. Das Tabu, daß hohe Achttausender ohne Maske unmöglich seien, ist allerdings schon gebrochen.

REINHOLD MESSNER, PEKING,
1.4.1980

Liebe Uschi,
so eine fürchterliche Großstadt: graue Häuser, hupende Autos, tausende von Chinesen in blauer Arbeitsmontur auf Fahrrädern, so viele Fahrräder hast Du noch nicht gesehen! Hier bedeutet übrigens »U« »die Wilde« und »schi« »Selbstzerstörung«.
Heute begannen meine Permit-Verhandlungen. Da ich vom Flug noch gerädert, müde und benommen war – 20 Stunden in der engen, ausgebuchten Maschine –, wurde das Gespräch ständig zerstückelt von einem lachenden, wortschatzkargen (Deutsch-)Übersetzer, sehr anstrengend.
Es ist noch halb Winter und kaum grün, die Stadt düster und versmogt. So ähnlich fühle auch ich mich. Zwischen den grauen Schornsteinen kleiner Häuser, gegen den grauen Hintergrund des Himmels, entdeckte ich zwei blühende Mandelbäume, einen weißen und einen weißroten. Zwei Farbtupfer über grauen Dächern im erwachenden Peking.

REINHOLD MESSNER, SHISHA PANGMA, BASISLAGER,
Ende Mai 1981

Das war wirklich absolut an der Grenze! Dabei ist der Aufstieg eigentlich ganz unproblematisch: bei stabilen Schneeverhältnissen und gutem Wetter einer der leichtesten Achttausender-Anstiege. Im letzten Jahr schon war ich da, bin über den Gletscher aufgestiegen, und mein Begleitoffizier erklärte mir genau, wo und wie sie damals, 1964, die Erstbesteigung durchgeführt hatten.

Er riet mir, ich solle am stumpfen Grat links der Nordwand bleiben und oben den Osthang unter dem langen Gipfelgrat Richtung Süden queren. Im Auf und Ab vom Nord- zum Hauptgipfel sei der Weg viel anstrengender. Das alles hatte ich verinnerlicht. Als ich dann aber mit Bulle Oelz und Friedl Mutschlechner gipfelwärts stieg, wurde der Wind zunehmend stärker, die Angst vor Lawinen größer, die Sicht immer eingeschränkter. Wir gaben auf halbem Wege auf. Vielleicht würde sich das Wetter über Nacht bessern.
Die Verhältnisse aber hatten sich kaum gebessert, als Friedl und ich es am nächsten Morgen – Bulle war abgestiegen – nochmals versuchten. Es gab Sturmpausen, und für Augenblicke rissen die Nebel auseinander. Auch waren Schneerutsche abgegangen, und das erleichterte die Spurarbeit. Am gefährlichsten waren die Querung zum Gipfel hin und das Herunterkommen über die Hänge rechts unseres Rückweges vom stumpfen Grat mit seinen Gendarmen (Anm.: frei stehende Felstürme), die zwischendurch schemenhaft aus dem Schneetreiben hervortraten.
Die Abfahrt in die unteren Lager war dann eine einzige Qual, wenigstens für mich. Friedl legte seine Schwünge unter mir in den Schnee, ich hingegen blieb immer wieder liegen, zu müde, um mich aus dem Schnee zu wühlen. Mit der alten Spitzkehrentechnik ging es etwas besser, doch sind Skiabfahrten von Achttausendern meine Sache nicht. Die Risiken, die Friedl und ich beim Gipfelgang auf uns nahmen, im Normalfall allerdings ebenfalls nicht. Wir waren aber schon so nah dran und wollten uns nicht vom Wetter narren lassen. Doch sollte ich den Entschluß zum »Dennoch!« lieber nie mehr wiederholen.

REINHOLD MESSNER, GHOREPANI, AUF DEM WEG ZUM KANTSCH,

22.3.1982

Wenn es klar ist, können wir den »Kantsch« schon sehen. Wir lagern auf 2800 m, und gegen Norden gibt es – laut Karte – auf 50 km keine höheren Berge.
Der Anmarsch war bisher ruhig, ein bißchen nebelig ab und zu, sonst sehr schönes Wetter. Auf der Fahrt von Biratnagar nach Ilam gab es Probleme, weil der Jeep kaputtging. Wir kamen erst um 2.15 Uhr morgens an.
Meine beiden Sherpas Ang Dorje und Nawang sind wie immer hilfreich, der Sirdar ist gut, und der junge Koch (persönlicher Koch von Jimmy Roberts) hat ziemlich gute Einfälle. Ich kann richtig ausspannen auf diesem Marsch ins Basislager.
Der wird länger dauern als geplant, mindestens noch 15 Tage. Erst vom Basislager auf ca. 7500 m geht wieder ein Postläufer ab, die einzige Verbindung zum Rest der Welt.

REINHOLD MESSNER, PANG PEMA,

Mai 1982

Erstmals bei einer Achttausender-Expedition bin ich todkrank, kann weder liegen noch schlafen. Und die Schmerzen werden täglich schlimmer. Friedl Mutschlechner und Ang Dorje waren mit mir bis zum Gipfel gestiegen und halfen mir dann, nach einer furchtbaren Biwaknacht auf 8000 m Meereshöhe, vom Berg herunter. Sonst wäre ich wohl oben geblieben. Beim Aufstieg über die Nordwand auf einer neuen Route – Séracstufe für Séracstufe, nur zu dritt – waren die Schmerzen weg. Beim Abstieg dann kamen Alpträume, große Schmerzen und Halluzinationen. Links und rechts unserer Route war immerzu Eisschlag zu beobachten, wir konnten den schwierigen Passagen also nicht ausweichen. Am Wandfuß kamen uns die Sherpas entgegen, Küchenjunge und Koch, sie nahmen mir den Rucksack ab, und ich schleppte mich bis ins Basislager. Die Schmerzen aber lassen nicht nach, sondern nehmen von Tag zu Tag weiter zu, die Nächte sind noch schlimmer. Dabei müssen wir von hier aus mit mindestens zwei Wochen Rückmarsch rechnen. Erst in Kathmandu ist ärztliche Hilfe zu erwarten. Wie soll ich bis dorthin durchhalten? Ein Hubschrauber? Wer sollte ihn alarmieren, wie könnten wir ihn anfordern? Es gibt keine Kommunikation mit draußen, auch auf dem Fußmarsch nach Kathmandu nicht.

REINHOLD MESSNER, KATHMANDU,
Ende Mai 1982

Glück gehabt! Mein Blut sei das Blut eines Toten, sagt mir der amerikanische Arzt, als ich ihm die Blutprobe bringe, die am Vortag untersucht wurde. »Vergiftet«, lautete das Urteil. Nun stellt er einen Amöbenabszess in der Leber fest, faustgroß. Vermutlich habe ich mir die Infektion beim Anmarsch zugezogen, durch verseuchtes Trinkwasser. Deshalb also die Schmerzen, die immer schlimmer wurden, meine Schwäche beim Rückmarsch.

Jetzt befinde ich mich in ärztlicher Behandlung und will in Kathmandu bleiben, bis es mir bessergeht. Dann möchte ich nach Ladakh in Indien reisen, um mich vollständig zu erholen.

Der ursprüngliche Plan, drei Achttausender hintereinander zu besteigen, ist vorerst in Frage gestellt. Vor allem, weil

Friedl Mutschlechner abreisen mußte. Seine Erfrierungen an den Händen müssen in Europa behandelt werden. Der Sturm beim Abstieg vom Kangchenjunga hat uns beide beinahe umgebracht. Meine Krankheit hatte mich so geschwächt, daß unser Vorankommen schneckenhaft langsam wurde, nur Ang Dorje war am Ende noch voll einsatzfähig. Er tat alles, um uns am Leben zu halten.

In diesen Tagen erfahre ich vom Tod Reinhard Karls, er wurde am Cho Oyu, am Fuße der Südostwand, von einer Eislawine erschlagen. Im Zelt, nachts. Wolfgang Nairz war mit ihm zusammen aufgestiegen und überlebte verletzt. Liz Hawley bittet mich nun, Reinhard Karls Frau zu informieren. Was für ein Irrsinn! Unseren Eltern, Kindern, Lieben gegenüber ist unser Tun nicht nur egoistisch, es ist weder zu rechtfertigen noch zu verantworten.

Reinhard war vier Jahre zuvor mit uns am Mount Everest. Als einziger Deutscher im österreichischen Team hatte er es anfangs nicht leicht. Doch er behauptete sich, ohne sich verbiegen zu lassen. Er blieb der selbstbestimmte Bergsteiger, die Szene hinterfragend und bereit, seine Chance zu nutzen, als erster deutscher Bergsteiger den Gipfel zu erreichen. Zusammen mit Oswald Oelz ist ihm das gelungen, und eine enge Freundschaft der beiden nahm damit ihren Anfang. Ich freute mich damals sehr darüber, denn mir war klar, daß da einer ganz oben gestanden hatte, der seinen eigenen speziellen Blick auf die Entwicklung des Alpinismus warf und sich mit dem heroischen Kameradschaftskitsch in Alpenvereinskreisen nicht gemein machen konnte.

REINHOLD MESSNER, KARAKORUM, URDOKAS, *10.7.1982*

Diesen Brief sende ich mit einem Bergsteiger der französischen Ski-Expedition, Sylvain Saudan, der wegen einer Krankheit nach Europa zurückkehrt.

Einen Tag eher als geplant sind wir in Urdokas und legen für die Träger einen Rasttag ein. Eine Ziege muß geschlachtet werden, Rationen verteilt. Von hier sind es drei Tage ins Gasherbrum-Basislager, zwei ins Broad Peak-Base-Camp. Dorthin bringe ich gleich fünf Lasten mit Essensrationen, so daß wir später beim »Umziehen« schneller sind.

Das Wetter ist immer noch schlecht, fast jeden Tag begegnet uns eine gescheiterte Expedition auf ihrem Rückmarsch.

Es scheint, am Gasherbrum sind drei Tote (ein Amerikaner, zwei Österreicher) zu beklagen, die wohl im oberen Bereich umkamen. Österreicher stiegen am K2 bis auf 7000 m, am Broad Peak sind zwei Expeditionen unterwegs (D/A und PL). Am Gasherbrum II zum Glück niemand mehr.

Am Gasherbrum I ist Günter Sturm mit seiner DAV-Gruppe unterwegs und auch das Gespann Saudan/Valencot. Mit beiden ist gut auskommen. Wir brauchen jetzt zwei Wochen gutes Wetter. Meine beiden Pakistani, Members of the Joint-Expedition, Sher Khan und Nassir Sabir, sind rege und sehr gut in Form. Mir geht es gut, von ein paar Mangelerscheinungen abgesehen. Sonst keine Beschwerden, ich akklimatisiere mich sehr schnell.

Der Weg von Dassu ins Base Camp hat sich durch die vielen Expeditionen der letzten Jahre sehr verbessert, er ist jetzt so gut, daß ihn auch Trekker machen können.

REINHOLD MESSNER, GASHERBRUM, BASE CAMP, *22.7.1982*

Das Wetter ist ein Traum! Seit gestern abend hat der Wind gedreht, es scheint schön zu bleiben. Obwohl wir erst einmal im Gasherbrum-Tal (5900 m) waren, wollen wir morgen um 4 Uhr früh zum Gipfelgang ansetzen: 4 Tage hinauf, 2 Tage zurück. Wir nehmen Essen und Gas für eine Woche mit. Alles ohne Hochträger! Sturm hat mit seinem Team den Gasherbrum I geschafft – Gratulation! – und ist auf dem Heimweg. Wir drei sind somit nun allein am Berg. Die Franzosen befinden sich auf der anderen Seite.
Es liegt eine Menge Schnee, der Eisbruch ist voller Spalten, aber ich bin zuversichtlich. Da auf dem Normalweg vom Gasherbrum II zwei Österreicher verschollen sind, bleibt uns nichts anderes übrig, als dort hochzusteigen. Vielleicht können wir sie finden, ihnen noch helfen.
Sollte es bei diesem Anlauf klappen, bin ich schon Mitte August wieder daheim. Auch wenn mich Europa nach fünf Monaten Asien kaum noch reizen kann. Langsam fühle ich mich zu Hause im Himalaja.

REINHOLD MESSNER, BROAD PEAK, BASISLAGER, *Juli 1982*

Bis gestern waren wir noch am Gasherbrum II. Der Aufstieg war anstrengend, denn es lag viel Schnee, am dritten und vierten Tag kamen Nebel und Schneetreiben auf, so daß wir dauernd im Ungewissen herumstocherten. Sher Khan aber und vor allem Nassir Sabir, die beiden pakistanischen Bergsteiger, die mich begleiteten, sind stark und völlig eigenständig. Patente Burschen.

Ursprünglich hatten Friedl Mutschlechner und ich vor, den Gasherbrum II von Südosten her, über den Gasherbrum La, nach Nordwesten hin zu überschreiten und dann über die drei Broad Peak-Gipfel (Nord-, Mittel- und Hauptgipfel) Richtung Concordia abzusteigen. Mit den Erfrierungen, die sich Friedl am »Kantsch« zugezogen hatte, kam das aber nicht mehr in Betracht. Also mußte ich die Strategie ändern. Inzwischen bin ich glücklicherweise wieder ganz gesund, und zu dritt, mit einem Zelt, konnten wir schnell und im Alpinstil agieren. Am Gasherbrum II wurden gerade zwei Österreicher vermißt, und es war sonst niemand mehr am Berg, um Hilfe zu leisten. Also wollten wir drei nach ihnen suchen. Sie waren über den Normalweg aufgestiegen und nicht mehr ins Gasherbrum-Tal zurückgekehrt.
Im Lager II stand ein Zelt, darin entdeckten wir ein Tagebuch. Es ging daraus eindeutig hervor, daß die Vermißten weiter aufgestiegen waren. Als wir dann unter der felsigen Gipfelpyramide nach rechts hinüber zum Grat querten, fanden wir in einer Felsnische einen der beiden Österreicher: Er war im Biwak erfroren. Leider war ihm nicht mehr zu helfen. Vom zweiten der vermißten Bergsteiger fehlte jede Spur.
Allerdings konnten wir höher oben am Berg, wo der Wind den Neuschnee weggeblasen hatte, noch einzelne Trittspuren erkennen: Er war sicher weiter gipfelwärts geklettert. Mehr konnten wir aber leider nicht herausfinden.
Wieder zurück im Basislager, packten wir alles zusammen und zogen mit den wenigen Helfern – Küchencrew, Sirdar, ein Träger – um. Der Himmel ist nun voller Cirren, die Gipfel der Achttausender liegen im Nebel: Es steht also nicht gut für meinen dritten Achttausender binnen zwei Monaten. Doch bisher hält das Wetter. Ob es oben schneit, ist nicht zu erkennen, die Verhältnisse jedenfalls sind gut. Wenn wir einen verläßlichen Wetterbericht hätten, wäre es leichter,

die richtige Entscheidung zu treffen: morgen schon lossteigen oder noch abwarten? Bei all meinen Achttausender-Besteigungen hatte ich mich bisher letztlich doch auf meine Instinkte verlassen müssen und es gewagt.
1970 am Nanga Parbat hatte der Expeditionsleiter Schlechtwetter angekündigt, mittels einer im Basislager abgeschossenen roten Rakete. Es war damals das Zeichen für meinen Blitzvorstoß, um dem Schlechtwetter noch zuvorzukommen. Zum Glück blieb das Wetter dann doch recht gut, großteils zumindest, sonst hätte ich mit meinem höhenkranken Bruder nie mehr vom Berg heruntergefunden.
Acht Jahre später erwischte mich das Schlechtwetter in der Nacht nach dem Gipfelgang. Ich wollte es aussitzen.
Am Manaslu brachen Franz Jäger und ich bei bestem Wetter zum Gipfel auf. Doch im Abstieg geriet ich dann ins schlimmste Whiteout, das ich je erlebt habe: Schneetreiben, dichter Nebel, zunehmende Dunkelheit. Bald hatte ich jede Orientierung verloren. Kaltblütigkeit ließ mich am Ende die rettende Entscheidung treffen und unser Zelt wiederfinden.
Peter und ich hatten großes Glück am Gasherbrum I. Von einem kurzen Sturm abgesehen, blieb das Wetter fünf Tage lang gut.
An meinen gescheiterten Expeditionen war auch nicht allein das Wetter schuld. Und am Mount Everest stiegen wir bis ins Basislager ab, um uns zu erholen, nachdem uns oben ein tagelanger Sturm beinahe umgebracht hatte.
Am K2 wieder Whiteout beim Abstieg, oberhalb der Schwarzen Pyramide. Bei beiden Versuchen, den Gipfel des Shisha Pangma zu erreichen, nur Sturm und Nebel, denen wir zuletzt einzig unseren Trotz entgegensetzen konnten.

REINHOLD MESSNER, KATHMANDU, *14.4.1983*

Frisch gewaschen und mit geschnittenen Haaren warte ich nun aufgeregt – in einer Stunde bin ich beim König.
Hans Kammerlander und Michl Dacher flogen heute nach Lukla und gehen voraus zu Ang Dorje. Wenn alles gutgeht, fliege ich morgen.
Das Wetter ist schlecht, es regnet fast täglich, wenige Expeditionen sind über das Base Camp hinausgestiegen. Bisher!

REINHOLD MESSNER, AUF DEM WEG ZUM CHO OYU, IN SUMNA, 4700 M, *23.4.1983*

Seit gestern sitzen wir hier fest. Es schneit schon wieder. Die Yaktreiber sind ins Tal abgestiegen, um Heu zu holen. Bis zum Nangpa La werden wir wohl nicht kommen. Es liegt noch eine Menge Winterschnee und darüber der Neuschnee der letzten zwei Wochen.
Eine direkte Route von Süden her haben wir bereits entdeckt. Da aber bisher keine Fernglasstudien angestellt werden konnten, leider noch keine klare Linie. Sobald es aufklart, ziehen wir von hier weiter. Noch ist nicht viel verloren, noch akklimatisieren wir uns.
Ongdi aus Bhutan meint – ich saß in Kathmandu mit ihm zusammen –, ich könnte ein Permit bekommen, ganz Bhutan zu durchqueren! Was für eine Idee: mit ein paar Yaks dort von Ost nach West ziehen, immer am Himalaja entlang. Das würde mich mehr reizen als die Achttausender, die langsam ja zu Tourismusdestinationen werden.

Frank Wells ist gerade am Mount Everest mit seinem Partner Dick Bass und ein paar Dutzend Helfern. Sie wollen heuer alle Seven Summits schaffen. Im Moment sieht es bei ihnen am Everest aber nicht so rosig aus, und die Carstensz-Pyramide wollen sie sich schenken. Im September geht es dann angeblich zum Mount Vinson, wohin ich mitmöchte. Schriftlich habe ich bereits angefragt, wieviel dafür zu bezahlen wäre.
Diesmal habe ich nur wenig Lesestoff dabei – und ausgerechnet heuer schneit es so viel. Dann schreibe ich eben umso mehr.

REINHOLD MESSNER, CHO OYU-BASISLAGER, 5200 M,
28.4.1983

Seit zwei Tagen lagern wir am Fuße des Nangpa La. Es schneite so oft und so viel, daß die Yaks alle Mühe hatten, es bis hierher zu schaffen. Oft steckten sie bis zum Bauch im Schnee.
Von hier aus wollen wir nach einer Erkundung (der Nangpa La ist einen Tag über uns!) den Aufstieg im Alpenstil wagen. Vor wenigen Tagen gab es an der Manaslu-Südwand ein tödliches Unglück: Jugoslawen wurden von einer Lawine erwischt. Von anderen Expeditionen erreichten uns keine Nachrichten. Der schneereiche April wird wohl die meisten im Base Camp festgenagelt haben. Wir lagern hier unter einem heiligen Berg, der aussieht wie ein Pferdekopf. Dorje achtet natürlich peinlichst darauf, daß kein Unrat ins Feuer gerät, kein Müll zurückbleibt und alle beten.
Durch das langsame Vorankommen sind wir gut akklimatisiert, und ich kann fleißig Tagebuch schreiben. Gyaltsen,

unser Zeichner, ist schon wieder daheim und malt an Expeditions-Bildern.

REINHOLD MESSNER, THAME,
Mai 1983

Zurückgekehrt vom Cho Oyu, sind wir bei Ang Dorje eingeladen, wie bereits beim Anmarsch. Alle drei – Hans Kammerlander, Michl Dacher und ich – waren wir auf dem Gipfel. Nonstop diesmal, von Namche aufgestiegen und wieder in die Täler zurück.
Im letzten Winter war alles ganz anders gewesen. Unsere »barocke« Expedition mit Künstlern, Dichtern und Frauen wollte sich absichtlich Zeit lassen: über die Dörfer und Hochalmen kamen wir so bis unter die Südostwand, gut akklimatisiert und voller Begeisterung.
Auch der Aufbau der drei Hochlager verlief zügig, doch oberhalb der Hauptschwierigkeiten bekamen wir es mit der Angst zu tun. Hans und ich wollten zum Gipfel aufbrechen: Das Gelände war zwar nicht steil, doch es lag so viel angewehter Schnee in der Mulde unter dem Gipfelgrat, daß wir zögerten. Und mit dem Zögern kamen dann immer mehr Bedenken. Der Wind aus Nordwesten, der im Winter ständig über die Gipfelregion des Khumbu-Himalaja fegt, hatte zu viel Treibschnee auf unserer geplanten Route abgelagert, die Schneebrettgefahr war zu groß. Wir hätten uns weder sichern noch halten können, hätte einer von uns eine Lawine losgetreten. Also gaben wir auf.
Nun, ein halbes Jahr später, sind wir zurück von unserer erfolgreichen Besteigung im Alpinstil. Nur der Zustieg war nicht einfach, denn das Permit erlaubte uns nicht, die Grenze zwischen Nepal und Tibet (China) zu überschreiten.

Regierungskreise in Kathmandu hatten uns gewarnt, daß chinesische Grenzposten den Nangpa La kontrollieren würden, einen früher häufig begangenen Paß zwischen Tingri und Thame. Im Abstieg sahen wir jedoch, daß es dort gar keine Grenzkontrolle gegeben hätte.
Von Nordwesten ist der Cho Oyu leicht zu besteigen. Es bieten sich im unteren Teil mehrere Aufstiegsvarianten an, höher oben verläuft die Route über einen stumpfen Grat und flache Schneefelder. Nur unsere Spurarbeit war anstrengend, und auf der Gipfelkalotte – ein weites Land, nur Schnee – stolperten wir lange durch Sastrugis (Anm.: scharfe Windgangeln), bevor wir wirklich auf der höchsten Stelle standen. Nun bin ich endgültig überzeugt davon, alle 14 Achttausendergipfel besteigen zu können. Habe ich doch vier davon innerhalb eines Jahres erreicht. Es fehlen mir zum Abschluß des Projekts noch vier weitere.

REINHOLD MESSNER, CONCORDIA, BALTORO-GLETSCHER,

Juli 1984

Ihr Lieben,
dieser sagenhafte Platz hier! Vor mir die Westwand des Gasherbrum IV, links davon der Broad Peak und noch weiter links der K2. Dazu Marvel Peak, Mitre Peak, Chogolisa … nur die beiden Gasherbrum-Achttausender sind nicht zu sehen, ihre Gipfel ragen irgendwo hinter Vorbergen in den klaren Sommerhimmel.
Wenige Plätze im Karakorum und Himalaja ermöglichen einen derartigen Rundblick! Ein unvergleichliches 360°-Panorama. Jeder Gipfel ein eigener Charakter, jeder Berg eine unverwechselbare Gestalt. Darunter die riesigen Eis-

ströme – Baltoro-, Abruzzi-, Godwin-Austen-Gletscher – mit ihren Streifen schwarzen Gerölls, die wie Autobahnen wirken.
Wieder bin ich mit Hans Kammerlander unterwegs und zuversichtlich, daß uns der geplante Coup gelingt: die Doppelüberschreitung von Gasherbrum I und II. Obwohl wir im Frühjahr in einer klassischen Expedition am Dhaulagiri scheiterten – zu viel Schnee am Ostgrat –, trauen wir uns den nächsten Schritt im Höhenbergsteigen zu. Ohne Vorarbeit, ohne Träger, ohne Hochlager oder Fixseile wollen wir die beiden kleinen Achttausender nicht nur besteigen, sondern über vier verschiedene Auf- beziehungsweise Abstiegswege überklettern.
Wenn wir das Basislager erreichen, müßten andere Expeditionen den Berg bereits geräumt haben, so daß wir von dort ab ganz auf uns selbst gestellt sind: keine Spur, keine Markierung, keine Rückendeckung.
Solche Gewaltanstiege – 5000 Höhenmeter im Aufstieg, ebenso viele im Abstieg, ungefähr 20 km Kletterstrecke – sind nur mit Hans zu machen. Er ist zwölf Jahre jünger als ich, mit dem Instinkt des Älplers gesegnet, und seine Kondition ist einfach phänomenal.
Werner Herzog begleitet uns mit einer kleinen Filmcrew und möchte eine Dokumentation von unserem Ritt über die beiden Gipfel drehen. Nicht einfach, weil Hans und ich ganz auf unser Projekt konzentriert sind. Werner ist nachsichtig, stört nicht unseren Rhythmus. Im Gegenteil, er spornt uns sogar an, ganz bei unserer Sache zu bleiben.
Zehn Jahre und unendlich viele Schritte waren notwendig, um bis zu diesem, vorerst letzten Entwicklungsschritt zu kommen: 1975 der erste Achttausender (Gasherbrum I) im Alpinstil mit Peter Habeler; 1978 Everest ohne Maske wieder mit Peter, gleich danach der Nanga Parbat im Alleingang. Unser Experiment hier soll nun die Grenze zum

Unmöglichen noch ein bißchen weiter verschieben. Vorausgesetzt, es gelingt.

REINHOLD MESSNER, ANNAPURNA, THULO BUGIN, *5.4.1985*

Heute sehe ich mich mit ersten Problemen konfrontiert. Es gibt hier kein Wasser. Wir lagern 3400 m hoch, tief unten Thulo Bugin, wohin wir morgen wollen. Vor dreißig und mehr Jahren gingen die Träger noch an einem Tag von Chrya bis zu jener Hochalm, die das Kali Gandaki vom Miristi Khola trennt. Bei den letzten Expeditionen wurde es üblich, hier am Waldrand ein Zwischenlager aufzuschlagen. Der Platz ist traumhaft schön: umstanden von riesigen Tannen, Rhododendren blühen, Primeln betupfen die Wiese, und es gibt riesige Sträucher von Seidelbast. Alles leuchtet und duftet, auch wenn der Dhalaugiri in Schneeschauer gehüllt ist.
Einige Träger schickten wir eine gute Stunde bergwärts, um Schnee zu holen. Zur Not könnte ich es eine Nacht lang ohne Getränke aushalten, nicht aber die anderen oder die ausgedörrten Träger. Es wird in jedem Fall eine unangenehme Nacht.
Morgen steht uns der schwierigste Teil des Anmarschweges bevor. Über steile und ausgesetzte Felsflanken – einige Schneerinnen müssen gequert werden – sollten wir dann Thulo Bugin erreichen, eine Hochalm, die nur in den Sommermonaten genutzt wird. Einige tausend Schafe und Ziegen werden dann aufgetrieben und bleiben die Monsunzeit über dort. Wir werden die Alm überqueren und ein Stück weit ins Miristi Khola absteigen, wo es wieder flache Lagerplätze und Wasser gibt.

Meine vier Kletterpartner sind mehr an »unserer Wand« als an irgend sonst was interessiert. Hans Kammerlander hilft als »Mediziner« aus. Reinhard Patscheider und Luggi Rieser sind wie Schüler, die tun, was man ihnen sagt. Wobei Reinhard hilfsbereit, zupackend und praktisch veranlagt ist, eher zurückhaltend, während Luggi fast ununterbrochen blödelt. Vielleicht nur, um seine Ängste zu bändigen.
Eine Expedition zur schwierigen Wand eines so hohen Berges ist deshalb wenig erfreulich, weil die Sorgen Freude erst gar nicht aufkommen lassen. Unter Leistungsdruck kann man eben nicht genießen. Nur Reinhard Schiestl ist ganz bei sich.

REINHOLD MESSNER, ANNAPURNA, BASE CAMP, *13.4.1985*

Liebe Sabine!
Heute nacht sind meine Träume verrutscht, wie so oft, wenn ich hier oben und weit weg bin. Bei längerem Aufenthalt in großer Höhe nicht ungewöhnlich. Die Traumwelt ist dort verändert und intensiviert. Du hast es geschafft, so erlebte ich es, auszusteigen und lebst unbeirrbar Dein Leben.
Wir Bergsteiger waren gestern am Wandfuß und haben in 5100 m Meereshöhe ein erstes Hochlager errichtet: am Ende eines wild aufgeworfenen Eisbruchs, geschützt vor den Lawinen, die häufig den rechten Wandteil bestreichen.
Je länger ich hier bin, umso schöner erscheint mir diese Wand. Meine Linie, die ich erstmals 1977 vom Dhaulagiri aus ins Auge gefaßt hatte, ist logisch, den Strukturen des Berges angepaßt, machbar. Dabei ist unser Weg nicht einmal gefährlich. Nur im mittleren Drittel wäre es bei Neuschnee denkbar, daß ununterbrochene Schneerutsche sowohl

einen weiteren Aufstieg als auch den Rückzug unmöglich machten.
Morgen, aber nur bei gutem Wetter, wollen wir uns teilen, um Auf- und Abstieg vorzubereiten. Hans und ich nehmen die Herzog-Route von 1950 und steigen bis auf 6000 m, um so eventuell den »Normalweg« für den Abstieg zu markieren. Die beiden Mädchen, Ruth und Brigitte, wollen uns bis zum Gletscherrand begleiten.
Die anderen drei werden Richtung Lager II aufsteigen, um das erste Viertel der Wand mit Fixseilen abzusichern. Vom Séracriegel weg möchten wir einen Aufstieg im Alpenstil wagen. Abstieg dann wahrscheinlich über die Nordflanke (Herzog, 1950).
Ruth gefällt es recht gut, sie versteht es, mit den Sherpas zu scherzen, und hat sich häuslich eingerichtet. Der einzige Fremdkörper in der Expedition ist ein Radio-Journalist, der ununterbrochen redet und wenig von dem versteht, was in uns vorgeht. Im übrigen aber sind wir eine ausgeglichene und friedliche Expedition.
Über den Zelten flattern jetzt drei Stränge mit Gebetsfähnchen. Die Küche, auf zwei Ebenen zwischen zwei mächtigen Felsklötzen eingerichtet, ist geräumig, und die Zelte der Sahibs liegen rundherum, wie zufällig hingestreut, im Talboden. Es ist, als würden wir schon seit Jahren hier lagern. Dieser Platz ist wieder einmal einer für mich: viel Sonne, Ruhe und Gras rundherum, atemberaubend. Am Morgen werde ich meist von Vogelstimmen geweckt, oder ein Windstoß verrät mir, daß das Wetter gut ist – noch bevor ich das Zelt öffne. Unser Koch, Ang Kami, ist geschickt und bemüht, mit seinen bescheidenen Mitteln das Bestmögliche für uns zu zaubern. Der einzige Nachteil hier ist der Frischwassermangel.
Die Sherpas holen das Wasser im Toteisgletscher, etwa 10 Minuten von hier entfernt. Doch Gletscherwasser ist

eben nur Gletscherwasser. Auf die Dauer kann man den Tee daraus ohne Rum nicht mehr genießen.
Ob ich die Geduld habe, abzuwarten, bis diese Art von Expedition, die während der ebenso erhofften wie gefürchteten Achttausender-Besteigungen das Leben auch zwischen diesen Bergen verzehrt, nicht mehr so wichtig für mich sein wird? Wann ich ohne Grenzgänge unterwegs sein werde, weiß ich nicht. Es wird wenige Jahre dauern – ich spüre noch keine Müdigkeit, aber ein stetes Verschieben meiner Interessen und Träume –, bis ich die Herausforderung anderswo suche. Wie ich sie – bisher noch –, passend zu meinen Träumen, in kühnen Linien und Grenzabenteuern an den 8000ern finden will. Morgen schon werde ich die Realität zu meinen neuen Träumen in der Weite und Stille suchen. In Tibet, in Juval …

REINHOLD MESSNER, TUKTSCHE, *8.5.1985*

Die Annapurna-Wand war großartig, ich bin gespannt, wann sie wiederholt werden kann. Sie gehört absolut zu meinen kühnsten Routen. Im Durchstieg war sie doch gefährlicher als angenommen. Zwischen 50° und 90° steil, zieht sie logisch von links unten nach rechts oben und über den Grat (brutaler Sturm, leichte Erfrierungen) zum Gipfel. Fotografieren war fast unmöglich, das Gehen und Klettern hart am Wind schon am Limit.
Dann Reinhards Absturz beim zweiten Versuch: Er ist einsatzfreudig, aber riskiert unterwegs viel. Morgen geht's zum Dhaulagiri! Unsere Expedition ist die kleinste, die je einen 8000er versucht hat: 3 Träger, 1 Postläufer, 1 Sherpa, 1 Koch, 1 L. O. (Liaison Officer), 2 Members: Hans und ich.

Das Ganze soll eine gute Woche, hinauf und zurück vom Kali Gandaki, dauern. Soll, sage ich, weiß allerdings, wie oft mich der Dhaulagiri zurückgeworfen hat.
Nun ziehen wieder Nebel das Kali Gandaki herauf. Die Gipfel in Wolken, über den Waldhügeln Schnee.

REINHOLD MESSNER, KALI-GANDAKI-TAL, *Mai 1985*

Hier, in der tiefsten Schlucht der Welt, packen Hans Kammerlander und ich für den zweiten Achttausender innerhalb weniger Wochen.
Als erste durchstiegen wir gerade die Nordwestwand der Annapurna I. Wohlbehalten zurückgekehrt ins Basislager, sandte ich gleich einen Träger ins Tal mit dem Auftrag, in Kathmandu eine Genehmigung zu erwirken für die Besteigung des Dhaulagiri. Sollte dort keine andere Expedition operieren, so hatten mir die Beamten im Ministerium für Tourismus versprochen, könne ich mit dem Permit rechnen. Die Gebühr dafür hatte ich vorsichtshalber schon hinterlegt. Die Annapurna-Wand war nicht ungefährlich: konkav, fast 4000 m hoch, der Gipfelgrat lang – und beim Abstieg hatten wir mit ständigen Schneerutschen zu kämpfen. Die Nacht im Lager war ein Alptraum. Hätte Reinhard Patscheider nicht wiederholt unsere Zelte freigeschaufelt, wir wären erstickt. Zurück im Basislager, beobachtete ich den Aufstieg der anderen Expeditionsteilnehmer – die beiden Reinhards (Patscheider und Schiestl) sowie Darshano (Luggi Rieser) – und wartete ab, bis auch sie zurück und in Sicherheit waren. Sie hatten leider nicht so viel Wetterglück wie Hans und ich, dafür weniger Wind. Uns hätte es beinahe vom Gipfel geblasen.

Der Abstieg ins Tal war dann lang und anstrengend, hat mir aber meine Willenskraft, gleich wieder loszugehen, nicht nehmen können. Hans zögerte zwar zuerst, dann aber kehrte sein ganzer Enthusiasmus zurück! Unser Plan ist nun, von knapp 2000 m Meereshöhe aus, und ohne Rasttage einzulegen, gleich auf den nächsten Achttausender zu steigen: zwei Tage Anmarsch bis ins Basislager, drei Tage bis zum Gipfel und zurück zum Sattel, zwei weitere Tage Abstieg ins Kali Gandaki. Immer vorausgesetzt, das Wetter erlaubt diese Strategie. Sie ist nur denkbar, weil wir beide bestens akklimatisiert und trainiert sind. Zudem hat uns der Erfolg an der schwierigen Annapurna-Wand beflügelt. Sind es doch nicht zuletzt die »Spielmöglichkeiten« an den höchsten Bergen der Welt – die Erstbegehungen, Kombinationen oder Überschreitungen –, die zu kühnen Herausforderungen taugen. Verstehen muß man dieses Tun nicht, unsere Motivation dafür nachempfinden zu können reicht.

REINHOLD MESSNER, LUKLA,
Mitte Oktober 1986

Die Umsiedelung vom Makalu-Basislager hinüber zum Lhotse klappte nicht so wie ursprünglich geplant. Nach dem gelungenen Gipfelgang – Hans Kammerlander, Friedl Mutschlechner und ich waren oben – kehrten wir zurück ins Basislager und stiegen dann über die Almen und den Shipton La bis hinunter zu den Dörfern am Fuße des Himalaja. Natürlich hätten wir auch über die hohen Pässe direkt ins obere Khumbu marschieren können, das Risiko dabei war aber doch zu hoch: Schneefall oder ein paar säumige Träger hätten uns aufhalten können. Das war der Grund,

ins Tiefland abzusteigen und von dort die kurze Strecke nach Lukla im Heli zurückzulegen.
Wir sind jetzt gut akklimatisiert, auch bestens motiviert, und am Mount Everest operiert eine internationale Expedition, die uns über ihre Route aufsteigen läßt. Bis zum Lager III sind die Aufstiegswege ja identisch, das Problem liegt im Khumbu-Eisfall. Diesen selbst zu erkunden und abzusichern fehlen uns Kraft, Material und Zeit. Also sind wir in Eile, dürfen nicht zu spät kommen. Ehe die Everestler ihre »Infrastruktur« im Eisbruch abbauen, müssen wir oben gewesen sein.
Natürlich ist diese Vorgehensweise nicht nach meinem Geschmack, lieber wäre ich über eine andere, nicht präparierte Route aufgestiegen. Am Makalu lief es gerade umgekehrt. Dort waren wir voraus, und andere bedienten sich unserer Vorarbeit – natürlich stimmten wir dem zu.
Jetzt am Lhotse würden nun wir die Nutznießer sein. An der Südwand, die ich 1975 schon einmal versuchte, hätten wir zu dritt keine Chance gehabt, und nirgends sonst als auf dem präparierten Normalweg ist der Lhotse im Handstreich zu nehmen. Schon einmal, 1980, in der Nachmonsunzeit, war ich alleine dort und versuchte den Aufstieg. Doch am Ende war mir das Risiko zu hoch, und ich brach die Unternehmung ab. Den Sherpas gab ich trotzdem einen Bonus, weil sie den Eisbruch für mich offen bzw. versichert gelassen hatten.
Jetzt ist wirklich Eile geboten! Nicht nur sind generell die Voraussetzungen gut, den Gipfel zu erreichen, sondern ich kann damit auch mein Projekt abschließen, das mich seit 1982 umtreibt: alle vierzehn Achttausender zu besteigen!
Denn seit jenem Sommer hege ich bereits eine neue Idee, für die es sich lohnt, Zeit, Mittel und Begeisterung einzusetzen. Gerade so wie anfangs für das Klettern im Fels und danach für das Höhenbergsteigen.

Auf dem langen Marsch von Kham, im Osten Tibets, bis nach Lhasa – zum Teil über hohe Pässe, am Nordfuß des Himalaja entlang – wurde mir die Unendlichkeit zur Herausforderung: mich nicht mehr in der Vertikalen, sondern in der Horizontalen zu bewegen. Die Achttausender-Gipfel sind nicht mehr, was sie mir am Anfang bedeuteten: Geheimnis und Ziel zugleich. Wenn sich mehrere Gruppen an ein und derselben Route tummeln, ist es schnell vorbei mit Wegsuche, Abgeschiedenheit und Selbstbestimmung. Dabei geht genau jener Reiz verloren, der Achttausender-Expeditionen einst ausgemacht hatte: die Exposition.
Wir werden gleich von hier in Lukla aufbrechen und müßten in ein paar Tagen zu Fuß das Basislager erreicht haben, um unsere letzte Chance nutzen zu können.

REINHOLD MESSNER, LHASA,
Sommer 1988

Lieber Christoph,
staubig und abgemagert gehe ich durch Lhasa, auf der Suche nach einem Hotel. Gerade aus Kham kommend, wo ich wieder nach dem »Yeti« suchte. Inzwischen ist mir klar, daß das Ungeheuer, das wir in Europa »Yeti« nennen, eine fiktionale Figur ist, die in Tibet verschiedene Namen trägt. In Kham sprechen die Menschen beispielsweise von »Chemo«, wenn sie die Legende vom »Yeti« erzählen.
Dieser »Chemo« gehört für sie zu einer Mehrfachwirklichkeit. In ihren Bergen, den Nordhängen des Himalaja, ist er zu Hause. Seit Menschengedenken. Da sind die Wälder und Felsen, darüber die gleißenden Firnfelder und fernen Gipfel. Die Menschen hier kennen Lebensfreude und Hoffnung, Neugierde und Angst, die ihre Vorstellungskraft beflügeln,

seit vielen Jahrtausenden schon. Die Geschichten, die daraus hervorgingen und weitergereicht wurden, von Generation zu Generation, gehören längst zu ihrer Wirklichkeit. Genau wie die Landschaft, in der sie leben, ihre Bräuche und Arbeitsweisen, ihre Geister und Götter. Auch der Himalaja-Bär ist Teil ihrer Welt, obwohl ihn die allermeisten Tibeter selbst nie zu Gesicht bekommen haben. Man erzählte ihnen davon, und sie geben die Geschichte weiter, obwohl das Ungeheuer aus der Legende nur in ihrer Vorstellung existiert. In einer Welt aus Bergen, Almen, Yaks und »Yetis«, einer Mischung aus Realität und Fiktion, die durch die gemeinsame Sprache bis heute zu ihrem geteilten und erlebten Alltag, ihrer lokalen Kultur gehört.
Erst als diese Story, aus ihrem Zusammenhang gerissen und unreflektiert, uns im Westen erreichte, erfuhr sie damit ihr Ende. Denn sie fand in den modernen Industrieländern keinen Nährboden und gehört nicht in eine Welt, die alles katalogisiert, auf ihre Funktionalität reduziert, sie gehört nicht dorthin. In Kham jedoch oder in Baltistan lebt sie fort. Hinterlässt sie doch ihre Spuren auf den höchsten Himalajapässen. Verschwindet nicht ab und zu ein Yak? Findet man nicht das Fleisch des getöteten Tieres irgendwo vergraben auf? Wird nicht immer wieder ein Feld verwüstet? Ob realer Bär oder imaginärer »Chemo«: In den Geschichten der Tibeter, zigtausende Male erzählt, existiert das, was wir »Yeti« nennen, wirklich.

REINHOLD MESSNER, NAMCHE BAZAR,
6. April 1989

Namche Bazar, der Hauptort im Khumbugebiet, ist weniger als ein Kaff. Hier gibt es keine Schule und kein Spital. Zwei

Dutzend mit Wellblech gedeckte Steinhäuser stehen im Halbrund zwischen Kartoffeläckern und Zeltplätzen. Dazwischen ein paar zweistöckige Sherpa-Häuser alten Stils: unten der Stall, oben die Wohnung. Das Dach ist mit Holzschindeln gedeckt.

Wir wohnen in der Himalayan Lodge und sitzen meist in der Küche, wo die Hausfrau, die Schwägerin unseres Sirdars Pasang, ihre beiden Kinder stillt und für die vielen Trekker kocht, die auf zwei Tschapatis mit Ei oder Nudelsuppe vorbeischauen.

Kaum jemand nimmt von der Ankunft unserer Expedition Notiz. Es kommen viele Bergsteiger hier durch und alle Jahre mehr. Nur wenn jemand von einer Lawine erschlagen wird oder abstürzt, folgt ihm das Gerede der Einheimischen nach. Oft ist es dann mit feindseligen Gesten verbunden, die nicht verhehlen, daß wir unerwünschte Eindringlinge in dieser heiligen Bergwelt sind. Wie viele tausend Fremde hier jährlich durchgezogen sind? Schon wenn man sich alle merken wollte, die nicht zurückkamen, wäre das Gedächtnis überfordert.

Berge besteigen und dabei umkommen gehört hier zur Tagesordnung. Sogar die Heldentaten der eigenen Landsleute erzählt man hier ohne die üblichen Ausschmückungen: Sherpa Sungdare zum Beispiel hat den Mount Everest fünfmal bestiegen. Er starb später, als er im Suff von einer Brücke fiel.

Am späten Nachmittag sitzt auch Jirmi in der Küche, ein Sherpa, den ich 1980 kennenlernte, als ich den Lhotse von Westen her und im »Alleingang« besteigen wollte. Jirmi lacht aus seinen verschmitzten kleinen Augen, als ich ihn frage, was er so macht. Yaks treiben, sagt er, ist weniger gefährlich als Lasten durch den Khumbu-Eisbruch schleppen oder die Rucksäcke der Sahibs durch die Lhotse-Südwand.

REINHOLD MESSNER, BASE CAMP UNTER DER LHOTSE-SÜDWAND,
13. April 1989

»Diese Wand geht von links nicht und von rechts nicht«, erklärt Krzysztof Wielicki im Mannschaftszelt. »Die Grate links und rechts des Lhotse-Hauptgipfels sind zerrissen und sehr, sehr schwierig. Diese Wand geht nur direkt und trotzdem, wer direkt einsteigt und dabei bis 7000 Meter kommt, hat nichts gemacht, gar nichts. Die Schwierigkeiten beginnen erst ab 7500 Metern und hören erst am Gipfel auf. Es ist nicht so wichtig, wie wir die 7500 Meter erreichen, es ist wichtig, daß wir von dort weiterkommen.«
Keiner von uns denkt, daß die Wand in reinem Alpinstil möglich ist. Arthur Hajzer dazu: »Der Alpenstil an den Achttausendern wird meiner Meinung nach überbewertet. Ich passe meinen Stil der Schwierigkeit, Höhe und Gefährlichkeit einer Wand an. Welche Wände im Himalaja sind denn schon in reinem Alpenstil durchstiegen worden? Ohne Erkundung? Ohne Depots? Ohne Helfer? Eine Wand wie die Lhotse-Südwand ist zur Zeit im Alpenstil unmöglich.«
Damit hat er recht, und Christophe Profit meint: »Wenn schon Fixseile, dann an der Route der Jugoslawen oder am Zentralpfeiler. Der rechte Weg ist ein Umweg und könnte ohne Fixseile bewältigt werden. Ich bin hierhergekommen, um einen Schritt weiterzugehen, nicht um mit allen Mitteln zum Gipfel zu kommen. Wenn es direkt nicht geht, sollten wir verzichten.« Später aber relativiert er seine Aussage: »Ich will jedenfalls nicht allein und über eine eigene Route zum Gipfel. Ich möchte mit allen gemeinsam hier klettern. Ich suche keine Konkurrenz.«

Reinhold Messner und sein Schatten
in den Weiten der Sahara

IV FUNKSTILLE
2000–2005

*»Antarktis, Nordpol, Gobi …
keine Post, kein Telefon,
kein Netz.«* Reinhold Messner

REINHOLD MESSNER, DIAMIRTAL,
Juli 2000

Lieber Max,
endlich wieder draußen! Nach einem Jahr als Abgeordneter im EU-Parlament, nach Flug und Fahrt durchs Indus-Tal in Pakistan, geht es nun zu Fuß weiter: zum Nanga Parbat. Was mich ausfüllt, ist diesmal nicht die Frage, ob wir unser Ziel erreichen, sondern vielmehr dieses Draußensein. Ich atme tief ein, lang aus, raste zwischendurch im Schatten eines Aprikosenbaumes, lausche den Stimmen der Vögel und spaziere weiter. In gemütlichem Tempo, auf natürlichem Boden aus Steinen, Gras und Erde, steige ich das Diamirtal bergauf. Braunes Gletscherwasser schießt über Steine links unter mir in einer tiefen Schlucht bachabwärts.
Höher oben wird das Tal weiter, Wind fährt durch die Baumkronen, der Boden ist weicher, aber nirgendwo eben. Trotzdem, diese Landschaft beruhigt. Es ist, als ginge ich zurück in die Vergangenheit unseres menschlichen Daseins. Beim Blick über die Weideflächen in 4000 Metern Meereshöhe fühle ich mich selbst freier, und die Frage, ob uns der Aufstieg gelingen wird, scheint aufgehoben. Vor dreißig Jahren sah ich im Nanga Parbat die größtmögliche Herausforderung, als müßte ich zeigen, was in mir steckt und wo meine Grenzen liegen. Jetzt fängt dieser Talkessel meine ganze Aufmerksamkeit ein, ohne daß ich es bewußt will. Als hinge ein gelingendes Leben weniger von Erfolgen als vom Aufgehen in der Natur ab. In diesem Zustand des Staunens und von unverplanter Zeit wandere ich über die

weiche Almwiese, meine Gelenke reagieren instinktiv auf den unverdichteten Boden.
Nach all den Monaten, die ich in geschlossenen Räumen zubrachte, gehe ich mich nun bei diesem Anmarsch zum Nanga Parbat wieder frei. Als hätte ich schon fast vergessen, daß es in der Wildnis um das Wesentliche geht. Die Natur macht aus Funktionseinheiten wieder Menschen. Nicht das Bergsteigen an sich ist ein Gesundbrunnen für mich, oft reicht eine unverbrauchte Landschaft, in die ich mich hineinbewegen kann, und ich bin glücklich. Gehe ich nicht, gehe ich kaputt.

REINHOLD MESSNER, HIMALAJA,
Herbst 2003

Nach jahrelanger Abstinenz – als Abgeordneter und Museumsgestalter – bin ich endlich wieder im Himalaja zurück. Nicht mehr als Höhenbergsteiger, sondern als Forscher. Ich bin zwar kein Wissenschaftler, aber immer noch neugierig. Die Menschen, die im Himalaja und Karakorum leben, interessieren mich heute mehr als die Gipfel, von denen ich einige besteigen konnte.
Ich plane ein weiteres Museum – nach Juval: die heiligen Berge; Dolomites: der Fels; Ortles: das Eis; Firmian: das Spannungsverhältnis Mensch/Berg – zum Thema Bergvölker. Deshalb bin ich hier, und um die Schule in Ser (Diamir) einzuweihen, die ich bauen half. Im Rahmen einer Stiftung (MMF) versuche ich, die Ärmsten unter den Bergbewohnern zu unterstützen. Haben sie mir doch so oft geholfen. Auch habe ich viel von ihnen gelernt.
Jetzt überlege ich, wie ich ihre Lebenshaltung, ihren Alltag erzählen könnte, trage Gerätschaften, ihr Kunsthandwerk

zusammen, zeichne Hausformen, Wohnräume. Es wird ein Jahrzehnt brauchen, bis ich so weit bin, eine Begegnungsstätte zum Thema Bergvölker zu gestalten.
Mein Unterwegssein wird mehr und mehr ein Pendeln zwischen Südtirol, meiner Heimat, und dem Himalaja, wo ich mich inspirieren lasse. Da ich auch Bergvölker in Afrika, Südamerika, Neuguinea in mein Projekt einbringen will, werden die Reisen nach Nepal, Pakistan, Tibet weniger.
Was für ein Glück ich doch hatte! Die Generation von Bergsteigern vor mir hatte wegen Permits, Reisebeschränkungen oder Freizeitmangel ein Zehntel der Möglichkeiten, wie wir sie haben. Noch wenigstens. So ist mir nicht nur der Himalaja vertraut geworden – die Gebirge der Erde prägen mehr und mehr mein Bewußtsein.

REINHOLD MESSNER, DIAMIRTAL, BASE CAMP,
28. August 2005

Obwohl ich seit Tagen weiß, daß die »Überreste eines Toten im Diamirgletscher« nur von meinem Bruder stammen können, ist die Konfrontation damit wie eine Erlösung für mich. Natürlich begegne ich dabei nicht seinem Tod. Der Tote aber oder das, was von ihm übrig ist, befreit mich von Zweifeln und Selbstvorwürfen.
Fünfunddreißig Jahre lang setzten unzählige Weissager, darunter Expeditionsleiter Herrligkoffer, die »guten Kameraden« von 1970 und selbsternannte Alpin-Historiker, alle nur möglichen Szenarien vom Abstieg und Tod meines Bruders in die Welt. Das weichte sogar mein eigenes Erinnern der letzten, verzweifelten Versuche, aus dem Spaltenlabyrinth am Fuße der Diamirflanke herauszufinden, auf und rückte es ins Ungewisse.

War ich doch selbst damals mehr tot als lebendig gewesen und Günther im Gletscherkessel zurückgeblieben, auf ein Zeichen von mir wartend, daß auch die letzte Strecke ins Grüne möglich sei. Nun lag endlich die Gewißheit vor mir, daß mich meine Erinnerung nicht genarrt hatte, daß kein anderer Todesumstand als die Lawine denkbar war. Der Eisstrom hatte seinen Körper mehr als 3,5 km talwärts getragen, ehe das letzte Eis über ihm abgeschmolzen war.

Jetzt erst kann ich endgültig von Günther Abschied nehmen. Seine Brüder, unsere Schwester und ich entschieden uns, dank Telefonkontakt über Satellit, für eine Feuerbestattung. Für uns alle eine Möglichkeit, die Erinnerung an ihn wachzuhalten, wie er damals im Leben war. Leider sind unsere Eltern inzwischen verstorben. Wie befreiend wäre auch für sie diese Gewißheit gewesen, die der Fund der Leichenteile für unsere Familie jetzt bedeutet.

Erst später, als Teilnehmer der Expedition »Rund um den Nanga Parbat« mich danach zu fragen wagen, wie die vielen Anwürfe, ich hätte den Bruder über die Rupalwand zurückgeschickt und damit im Stich gelassen, geglaubt werden konnten, kehren meine Gedanken vom Damals ins Jetzt zurück.

Letztlich war es wohl die Chuzpe des Herrn von Kienlin, der – um alle Zweifel an seinen Theorien zu zerstreuen – den hier verkürzten Satz wagte: »Wir alle sind Schafsköpfe, wenn Messner etwas von seinem Bruder unter der Diamirwand findet.«

Bei der von mir im Vorfeld als Rufmordkampagne vorausgesagten Veranstaltung im DAV-Haus auf der Münchner Praterinsel nahm er damit alle Anwesenden quasi in Geiselhaft: DAV-Funktionäre und -mitglieder, seine Nanga-Kameraden, zahlreiche Journalisten. Da niemand widersprach, wurden alle Anwesenden schuldig.

Eine solche Aussage ist nicht zu entschuldigen, macht jedoch nachvollziehbar, daß alle dort Anwesenden weiterhin versuchten, ihre weitergetragenen Lügenstorys zu verteidigen. Denn wer möchte schon freiwillig – damals im DAV-Haus von Klatschen, Pfeifen und Stampfen unterstützt – ein »Schafskopf« sein?
Natürlich tat der Vorwurf – wohl der schlimmste, den man einem Bergsteiger unterstellen kann – weh. Doch ich erfuhr dadurch, wie niederträchtig sich Menschen aus Gefühlen der Rache, des Neides und der Rechthaberei gebärden können. Selbst damit hatte ich zuletzt zu leben gelernt. Auch dem DAV sollte es nicht gelingen, mich zu brechen.

Reinhold Messner heute: Sein Narrativ zum Himalaja ist mit Tun gefüllt, nicht nur mit Ankündigung.

V NETZZEITALTER 2010–2020

»Wer schreibt noch Briefe? Ein Posting erreicht viele, und zeitnah dazu. Der Ankündigungs-Alpinismus ist die Folge.«

Reinhold Messner

REINHOLD MESSNER, LUKLA,
7.5.2013

In der Himalaya Lodge traf ich auf Simone Moro. Er ist immer noch ganz emotional, wenn er von den Sherpas berichtet, die ihn und Ueli Steck im Lager II am Mount Everest erniedrigten: »Auf den Knien!« haben sie die beiden Spitzenbergsteiger aus dem Zelt kriechen lassen, um ihnen mit dem Tod zu drohen. Simone und Ueli fügten sich der Übermacht der Sherpas – an die 80 Männer, entschuldigten sich und wurden trotzdem mit Fäusten traktiert. Ueli bekam einen Stein ab. Ins Gesicht!

»Die hätten uns umgebracht«, ist Simone überzeugt. Offensichtlich ist am Mount Everest kein Platz mehr für selbstständige Bergsteiger. Wer eine schwierige Route ohne Sherpa-Unterstützung wagt, zieht die Wut all jener auf sich, die den Berg für sich allein beanspruchen. Es ist, als ob diesen Pistenalpinisten und ihren Helfern jeder selbstverantwortete Besteigungsversuch ein Dorn im Auge wäre.

Verkehrte Welt: Selbstverantwortetes Bergsteigen, einst so selbstverständlich, dass seine Berechtigung von niemandem infrage gestellt wurde, ist offensichtlich »moralisch« in Misskredit geraten. Nur weil die Selbsteinschätzung der Vereins- und Pistenalpinisten fehlt. So kann das Geschäft mit der Abenteuerlust – Versicherung, Organisation, Führung, Unterhaltung – von professionellen Reiseveranstaltern übernommen werden. Gespannt bin ich, wie viele der traditionellen Alpinisten sich dem Diktat eines organisierten Massenbergsteigens unterwerfen werden.

In der Lhotse-Flanke ist einer der Sherpas, die Moro und Steck bedroht haben, abgestürzt. Moro, der in Lukla einen – seinen! – Rettungshubschrauber im Einsatz hat, soll ihn holen. Ob die 500 Everest-Aspiranten wissen, dass die Sherpas, die ihnen zum Gipfel helfen sollen, eine ganz andere Einstellung zum Tod haben als sie selbst?

REINHOLD MESSNER, LUKLA, *8.5.2013*

Seit den frühen Morgenstunden sind Hubschrauber in der Luft, obwohl das Wetter schlecht ist. Von Süden drängen Nebelbänke ins Tal, und auch die Bergspitzen im Norden schimmern nur kurz zwischen Wolken und Nebelschleiern durch. Später landet ein halbes Dutzend Hubschrauber, aus Kathmandu kommend, in Lukla. Es geht vor allem um Touristen, die eiligst zu ihren Anschlussflügen in die Hauptstadt gebracht werden müssen. Ein kleines Fenster im Nebel reicht, und schon schwärmen sie wieder aus.
Die Trekker heute stammen nicht mehr nur aus den Alpenländern, aus Großbritannien, Japan und den USA, sie kommen von überallher: China, Russland, Ukraine, Indien ... Und sie alle tragen ähnliche Kleidung, Rucksäcke, Stöcke. Als ob es eine einheitliche Trekker-Tracht gäbe. Auch für die Sherpas.
Wenn nicht getrekkt oder gearbeitet wird, wird telefoniert, ständig klingelt, musiziert oder krächzt es irgendwo. So wissen alle alles: wer wie wo klettert, wer einen Flug nach Kathmandu braucht, wer zurückerwartet wird in Lukla.
So wurde Lukla seiner Rolle als Tor zu den Bergen gerecht: Hier beginnt der Aufstieg ins Herz des Himalaja, und hier endet der Weg auch wieder.

Als ich vor vierzig Jahren zum ersten Mal hier ankam, standen ein paar Teehäuser entlang eines gepflasterten Weges, dahinter Kartoffel-, Gemüse- und Getreideäcker. Die Bewohner waren Kleinbauern, nur nebenbei verdingten sie sich als Träger oder Eseltreiber bei Expeditionen. Wir lagerten damals in unseren eigenen Zelten auf einer Wiese am Dorfende, bevor wir nach Namche Bazar aufbrachen, dem Hauptort im Solo Khumbu.
Heute stehen ein paar Dutzend Lodges eng gedrängt auf dem alten Weg, dessen Steinpflaster zum Teil abhandengekommen ist. Ebenso viele dieser Hotels stehen etwas abseits, sodass der Lärm von der Hauptstraße her sie nicht erreichen kann. Alle diese Häuser – meist Steinbauten mit großen Fensteröffnungen – sind mit fließendem Wasser, Duschen, Internetanschluss und elektrischem Licht ausgestattet.
Wir haben uns im Yeti Mountain Home, in Alleinlage am hinteren Dorfende, eingemietet. Von dort blicke ich auf die Häupter der Vorberge. Ein Gipfel – Kogude Peak – ragt, eisgekrönt, über alle anderen hinaus. Er gilt als heiliger Berg.
Am Nachmittag tröpfeln die Trekker, von Namche Bazar kommend, in Lukla ein: einige in zerschlissenen Kleidern und ziemlich zerschlagen, andere mit ihren Trägern im Schlepptau und alle ziemlich ausgelassen. Als ob ihr Trip mehr gewesen wäre als ein langer Spaziergang im Regen. Viele kommen vom Basislager, einige vom Kala Patthar, andere vom Gokyo Peak. Alle haben viel zu erzählen, ein Zeichen, dass sie Einzigartiges erlebt haben, das sich tief in ihr Gedächtnis schreiben wird. Der Müll am Wegrand, die riesigen Lasten der Träger oder auch die eigene Müdigkeit werden dabei rasch wieder vergessen oder ausgeblendet. Weil Touristen später wenig damit anfangen können.
Am späten Nachmittag reißen die Nebel über Lukla auseinander, und alles Träge weicht aus den Tälern darunter

und von den Wegen. Plötzlich ist der Himmelsausschnitt über den steil aufragenden Waldhängen blau, die Farben der Gebetsfahnen und Trekkingkleider bunt, nur weit unten im Tal steht – wie eine Staumauer – noch eine weiße Wolkenwand.

REINHOLD MESSNER, LUKLA, *8.5.2013*

Die letzte Pilatus Porter liegt in Lukla: ein Trümmerhaufen! Beim Abflug nach Kathmandu ist ihr die Heckflosse abhandengekommen, gestorben sei dabei niemand, nur das Flugzeug – einmotorig, superleicht, eine Kiste aus Blech – blieb für immer auf der Strecke.
Was habe ich mit dieser Pilatus Porter doch alles erlebt! Mit Emil Wick kreisten wir 1977 über dem Everest-Gipfel: Eric Jones, Leo Dickinson und ich ohne Maske. 1988 im Winter, unser Pilot war Nepali, sollten Wolfgang Thomaseth und ich die Gipfelregion des Mount Everest filmen. Dreimal setzten wir an, um über den Nuptse-Lhotse-Grat zu kommen. Als es gelang, hatten wir starken Wind und steuerten den Südcol an. Knapp dahinter, über der Kangshung-Seite, fielen wir ins Bodenlose, Wolfis Sauerstoffleitung riss, er war sofort bewusstlos.
Knapp über dem Nordsattel fing der Pilot die Maschine wieder, und wir segelten zum Lola-Pass (Westsattel) und weiter nach Syangboche, wo Wolfi zu sich kam. Diese »Spirale am Everest« ist in umgekehrter Richtung erst noch zu klettern!
2010 im Herbst dann ein letzter Pilatus-Flug, den Himalaja entlang. Vom Makalu bis zum Dhaulagiri: Innert zwei Stunden hatten wir acht Achttausender im Blick.

REINHOLD MESSNER, NAMCHE BAZAR, *9.5.2013*

Namche wächst, in die Höhe und in die Breite. Das Dorf besteht bald nur noch aus Lodges und Hotels. Einige sind inzwischen vier Stockwerke hoch. Wo einst Waren aus Tibet – Salz, Yakwolle, Gerste – gegen Reis, Kartoffeln und Baumwollkleider aus dem Solo Khumbu getauscht wurden, reihen sich jetzt Läden mit Souvenirs und Plastikwaren aus China aneinander.

An Schönwettertagen zählte ich fünfzig Hubschrauberlandungen und mehr, an der Gratkante westlich über dem Dorf, das immer noch wirkt wie ein großes, in den Berghang eingelassenes Amphitheater. Die Hälfte der Kartoffeläcker, die in Terrassen angelegt waren, ist der Bebauung gewichen, die übrige Hälfte wird nur zum Teil noch bearbeitet. Der Tourismus scheint die Landwirtschaft mehr und mehr zu verdrängen.

Im Dorf sprach ich mit einer Witwe, die ihren Mann 1970 am Mount Everest verloren hat. Ihr Sohn, inzwischen 48 Jahre alt, hat keinerlei Erinnerung an seinen Vater. Er arbeitete als Trekking-Guide und konnte so die Shangri-La-Lodge aufbauen: ein kleines Gästehaus mit Restaurant. Seine Mutter hatte sich nach dem Bergtod des Vaters als Lastenträgerin verdingt, um ihre kleine Landwirtschaft und zwei Kinder durchzubringen. Sie schüttelt den Kopf über die Touristenströme am Mount Everest, wo bis zu 500 Sherpas beschäftigt sind, um all die »Irren« auf den Gipfel der Eitelkeit zu bringen.

Ihr Mann war damals nicht versichert, als einfacher Sherpa auch nicht privilegiert, es gab also keine Abfertigung. Die gefährliche Arbeit als Lastenträger im Khumbu-Eisbruch hatte er nur angenommen, weil er Geld brauchte. Er setzte also buchstäblich sein Leben ein, um das Überleben seiner Familie zu sichern.

Heute tragen die Sherpas nicht nur den Großteil der Lasten, sondern auch den Großteil der Verantwortung. Bei all den Gefahren im Eisbruch, in der Lhotse-Flanke, am Gipfelgrat. Verständlich, dass vor allem Schulabbrecher unter diesen Trägern anzutreffen sind: Everest-Sherpa ist ihre einzige Chance. Geld gegen Risiko!
Das private Museum am Pass über Namche Bazar berichtet von dieser Tragödie. Mehr als hundert Sherpas verloren am Mount Everest ihr Leben. Ihre Zahl wächst Jahr für Jahr weiter. Obwohl sie eine andere Einstellung zum Tod haben als wir, bleibt es mehr als zweifelhaft, sie vorauszuschicken in den Gefahrenraum, um dadurch die eigenen Risiken zu minimieren.

REINHOLD MESSNER, NAMCHE BAZAR, *10.5.2013*

Wieder einmal war ich im Everest-Basislager. In dieser Höhe fühle ich mich wohler als tiefer unten. Die Trekker und Gipfel-Aspiranten sind überwiegend freundlich – es ist fast, als träfe man sich vor einer Hütte in den Alpen. Zurzeit sind nicht viele der Sherpas und Touristen vor Ort. Entweder sie erholen sich weiter unten im Tal oder halten sich im Lager II auf, zur weiteren Akklimatisierung. Einzelne sind sogar im Lager III, in der Hoffnung, ein Schönwetterfenster für ihren »Gipfelsturm« nutzen zu können.
Die ersten Sherpas erreichten heute den Gipfel und spannten Seile bis hinauf. Somit ist alles für den großen Ansturm der Touristen vorbereitet. Vier Lager stehen, die Spur ist getreten, alle kritischen Stellen wurden entschärft. Die Fixseilkette verläuft vom Beginn des Eisfalles bis in 8850 m Höhe. Es soll ja niemand verloren gehen. Trotzdem ist das

Gefahrenpotenzial groß: Eisstürze im Khumbu-Gletscher, Séracabbrüche von der Westschulter, Steinschlag in der Lhotseflanke. Es hat aber den Anschein, als wäre all das den Everest-Touristen nicht bewusst. Viele wissen wirklich nicht, was sie da tun. Alle aber haben ihren ganz persönlichen Rekord im Kopf: Innerhalb von 2 Stunden traf ich die jüngste Everest-Mannschaft – Durchschnittsalter 16 Jahre – aus Indien; den ältesten Gipfelaspiranten mit 82 Jahren aus Nepal; Miura mit 80 Jahren aus Japan; einen Nepali aus Kanada ohne Arme, der seine Karriere auf den Gipfelgang aufbauen will; eine ganze Reihe von jungen Leuten, die mit dem höchsten gleichzeitig ihren ersten Berg meistern wollen. Alles ist wohl organisiert, das Basislager sauber. Dennoch haben die Organisatoren der großen Reisegruppen keine Freude mit Fragen zu ihrer Form des Everest-Tourismus. Vielleicht, weil sie ihren Klienten einen Traum verkaufen, der sich beim Aufstieg als Schinderei und im Anschluss als Betrug entpuppt. Ohne die Infrastruktur, die ein paar Hundertschaften von Sherpas am Berg installieren, bevor der Massenaufstieg beginnt, würden keine Touristen im Basislager starten. Der Berg wäre dann so »unberührt« wie einst. Es ist nicht so, dass Hillary mit der ersten Besteigung das Samenkorn gelegt hätte für den jetzigen Massentourismus an »seinem« Berg. Nein, die Reiseveranstalter nutzen heute nur den Mythos der früheren Everest-Expeditionen, um einen in Seile geschnürten Berg der Hybris von Hochstaplern aus aller Welt als Köder vorzuwerfen.

Im gemeinsamen Interesse an nachhaltigem Erfolg organisieren sie sich untereinander so geschickt, dass die Klienten, einmal im Basislager angekommen, ihren jeweiligen Traum gewahrt sehen. Anschließend, wieder zu Hause, liefern diese als Rekordhalter für die jüngste, älteste, armlose, gehörlose, blinde, schnellste Everest-Besteigung gratis PR für das nächste Angebot.

Wenn es ein Achtzigjähriger zum Gipfel schafft, sagen sich viele, muss das doch auch für mich möglich sein! Ein Rekord wäre es in jedem Fall, ist der Mount Everest, als höchster Berg der Welt, doch – noch immer – ein Rekord in sich selbst. Alle, die dort oben waren, können höher nicht mehr steigen. Und wer es als erster Kahlgeschorener oder ohne Brille schafft, hält einen weiteren Rekord dazu … Keine Sache der Welt ist derart missbrauchbar wie der Mount Everest! Die Reiseveranstalter machen sich diese Sache zu eigen und lassen ihre Klienten glauben, es sei deren Sache. Aus diesem Zusammenspiel, in der Wirtschaft als »Angebot und Nachfrage« bekannt, ist jene Kirmes entstanden, die erst nach einer gigantischen Tragödie enden wird. Oder wenn die Welt verstanden haben wird, dass Alpinismus dort beginnt, wo Tourismus aufhört. Wo aber soll ein Bergsteiger jetzt überhaupt noch anfangen, wenn der Tourismus erst am Gipfel des Mount Everest endet? Weder Touristen noch ihre Betreuer, die sich um Wohl, Sicherheit und Aufstiegschancen ihrer Klienten kümmern, wollen Alpinisten am Berg sehen. Weil diese eine Provokation für ihre Methode der Everest-Vermarktung darstellen. Denn sie könnten es auch ohne die vorbereiteten Infrastrukturen schaffen, wenn diese nicht bereits überall angebracht wären: Brücken im Eisbruch, Seile in der Lhotse-Flanke, Sauerstoffdepots am Gipfelgrat.

Zwei Jahrzehnte lang haben allzu viele Wichtigtuer, die sich als traditionelle Bergsteiger/innen ausgaben, gerne die für Touristen bestimmten Infrastrukturen am Berg genutzt, um als erste Frau ohne Maske, als Skyracer, als Seven-Summiter oder Achttausendersammlerin zum Gipfel zu kommen. Diese Art parasitären Bergsteigens, weder von der Öffentlichkeit noch in der Szene als solche erkannt, hat das traditionelle Bergsteigen ad absurdum geführt. Es ist damit erledigt oder führt irgendwo am Ende der Welt ein Schattendasein, das nur die wenigen verbliebenen Extrembergsteiger als großen Alpinismus erkennen und anerkennen.

REINHOLD MESSNER, NACHTRAG VOM EVEREST-BASISLAGER,
11.5.2013

In zwei übereinanderliegenden Wolkenschichten bezieht sich der Himmel. Am frühen Morgen noch war es klar, gegen sieben ziehen von Westen Federwolken auf, darunter bilden sich graue Schleier. Sie entstehen aus dem Nichts.
Im Basislager ist es ruhig, wenig Bewegung auch im Eisbruch. Die Sherpas, die gestern zum Gipfel gestiegen sind, um das letzte Stück des Weges dorthin zu spuren und Fixseile anzubringen, kommen in Grüppchen zurück ins Basislager. Graue Schneefahnen jagen über die Gipfel von Lhotse und Everest.
Ein Besuch bei den Eisfall-Doctors ist aufschlussreich: Sie sind zu fünft und unterstehen einem Manager, der ihre Arbeit im Basislager koordiniert. Sie wissen, dass sie für die Bergsteiger unersetzlich sind und die gefährlichste Arbeit leisten – trotzdem ist da keine Überheblichkeit. Ganz selbstverständlich gehen sie ihrer Arbeit nach, hoffen, dass Eisschlag oder Lawinen sie verschonen und die Expeditionen heil durch ihre Strecke kommen.
Abwechselnd steigen sie an jedem frühen Morgen durch das Labyrinth von Spalten, Eistürmen und Steilstufen, um Seile, Brücken und Schneeflächen zu kontrollieren. Ist ein Stück des Weges über Nacht unbrauchbar geworden – Einsturz einer Brücke, ein vorstehender Eisturm, eine sich weiter öffnende Spalte –, wird die Route verlegt und eine neue Spur

getreten. Diese »Wegmacher« sind gut bezahlt, trotzdem gibt es keine Garantie für ein sicheres Durchkommen. Nirgends sonst am Mount Everest ereigneten sich bisher so viele Unfälle wie im Khumbu-Eisbruch. Und obwohl die Eisfall-Doctors ihrer Aufgabe gewissenhaft nachgehen, kann täglich etwas passieren.

Dieser Eisbruch beginnt am unteren Ende des Western Cwm, auch Tal des Schweigens genannt, und fällt mehr als 600 Höhenmeter tief bis zum Basislager ab. Wie eine zäh fließende Masse ist dieser Strom ständig in Bewegung, daher reißen Spalten auf, stürzen Eisflächen ein, türmt sich am Rand immer wieder gebrochenes Eis. Es ist ein einziges Chaos.

Zu Beginn jeder neuen Klettersaison – im März beginnt die Vormonsunzeit, und im September endet der Monsun – wird der Eisbruch frisch präpariert. Von den Sherpas. Für Massenaufstiege. Dabei wird eine möglichst sichere Route gesucht und diese mit Leitern und Geländerseilen begehbar gemacht. Wenn notwendig, streckenweise immer wieder verlegt. Früher übernahmen wir Bergsteiger selbst die Wegsuche und Absicherung der schwierigsten Passagen im Eisbruch. Es galt, eine möglichst gut und schnell begehbare Strecke zu schaffen, um die Gefahren zu minimieren. Für die Sherpas, die den Lastentransport im Eisbruch übernahmen, und uns Bergsteiger, die wir uns nur gezählte Stunden in diesem Bereich aufhalten wollten. Oberhalb vom Khumbu-Eisbruch sind die Gefahren am Mount Everest gering. Trotzdem wird heute auch dort eine Piste gebaut, die markiert und mit Seilen abgesichert ist, sodass sich die Bergtouristen nicht verlaufen, abrutschen oder in Gletscherspalten verschwinden können.

Das offizielle England brauchte, nachdem Nord- und Südpol von anderen erobert worden waren, noch einmal ein Ziel von geografischer Bedeutung. So kam es, dass der Mount

Everest einst zum dritten Pol hochstilisiert wurde und inzwischen zum höchsten Touristenmagnet und gleichzeitig zum wissenschaftlichen Experimentierfeld mutierte.
Zwei Teams aus Wissenschaftlern der USA, aus Schweden und Großbritannien sind seit Wochen im Basislager. Eines davon untersucht Organisation und Interaktion der verschiedenen Reisegruppen vor Ort. Um Schlüsse zu ziehen aus dem Verhalten konkurrierender Unternehmen, die ihre Ziele nur nach Absprache und durch gemeinsame Logistik erreichen können. Es scheint, dass die Verzahnung der Logistik für zwei Dutzend Expeditionsgruppen ein wesentlicher Erfolgsfaktor für alle ist.
Vor allem die Reiseveranstalter sprechen sich in ihren Entscheidungen untereinander ab und nutzen viele ihrer Ressourcen gemeinschaftlich. So sauber sie das Basislager halten, so reibungslos scheint die gemeinsame Strategie bei den Gipfelgängen, die auf wenige Tage begrenzt werden müssen, zu funktionieren. Während der wenigen Schönwetterfenster im Mai und Oktober können auf diese Weise Hundertschaften von Touristen mit ihren Sherpas und Bergführern zum Gipfel gebracht werden. Die zusammen finanzierte Piste zum Everest-Gipfel und eine ausgeklügelte, gemeinsame Strategie der Organisationen bieten sehr vielen Everest-Anwärtern die Chance, den Gipfel des höchsten Berges der Erde zu erreichen. Der Berg wird so immer mehr Touristen zugänglich und das Bergsteigen weiter sozialisiert.
Naturgemäß haben weder Reiseveranstalter noch Sherpas Verständnis für jenes parasitäre Vorgehen von Individualisten, die im Windschatten der geführten Reisegruppen aufsteigen, ohne für die Nutzung der teuer präparierten Piste zu bezahlen oder den Sherpas für ihren Einsatz bei der Vorarbeit Anerkennung zu zollen. Diese Art »Pistenalpinismus«, der hinterher als »Alpinstil« daherkommt,

ist der wahre Grund für den schleichenden Untergang des traditionellen Bergsteigens. Nicht der Tourismus an einigen wenigen, berühmten Bergen auf allen sieben Kontinenten: Mount Everest, Aconcagua, Kilimanjaro …

Neben den fest eingerichteten oder Jahr für Jahr neu installierten Pisten gibt es an jedem dieser Berge noch ausreichend Möglichkeiten für in Eigenverantwortung agierende Alpinisten.

Werden diese jedoch nicht genutzt, liegt die Schuld am immer weiteren Ausbau und Präparieren von Achttausender-Normalwegen für ihr touristisches Angebot nicht bei den Reiseunternehmen. Sondern bei jenen Parasiten unter den »Bergsteigern«, die einer schwierigen Route an einem Sechstausender die Pistenbesteigung eines Achttausenders vorziehen.

Vor vierzig Jahren lag das jährliche Verhältnis von Normalwegen zu Neutouren an den höchsten Bergen der Welt bei eins zu eins. Heute bei hundert zu eins. So gut ich die Heerscharen von Touristen auch verstehen kann, die möglichst sicher ganz nach oben wollen, so schade finde ich es jedoch, dass das Erfahrungspotenzial der Berge dadurch mehr und mehr verkannt wird.

Traditionelle Bergsteiger, die im archaischen Raum nach anarchischen Verhaltensmustern agieren, sind den Touristen nirgendwo im Weg. Außer sie nutzen, um an die Einstiege ihrer Routen zu gelangen, die Pisten der Touristen. Gruppenreisende verhalten sich auf ihren Pisten notgedrungen ganz anders als eine Seilschaft in der Wildnis.

REINHOLD MESSNER, NAMCHE BAZAR,
12.5.2013 (nicht abgeschickt)

Liebe Sabine,
nach einer stürmischen Nacht – Schneefall bis Namche Bazar, begleitet von Blitz und Donner – kommt mit den ersten Sonnenstrahlen ein klarer Morgen ins Tal. Das Basislager, frisch verschneit, gleicht einer Märchenlandschaft. Alles gestrige Grau ist wie weggewischt, die ungezählten Zelte leuchten in Pastellfarben zwischen Ocker und Stahlblau.
Nur ganz oben an den Gipfeln treibt der Wind Schneefahnen vor sich her. Im Basislager ist es windstill und warm. An den Südosthängen schwindet der Neuschnee sichtbar schnell, nach und nach sind auch die ausgetretenen Pfade zwischen den einzelnen Lagerplätzen wiederzuerkennen. Du kannst Dir nicht vorstellen, wie komfortabel das Leben im »Adventure Consultants«-Lager ist: große Einzelzelte mit richtigen Betten und Stühlen für alle Expeditionsbergsteiger, ein Esszelt mit isoliertem Boden, Kinoleinwand, Tische und Stühle, dazu Duschzelt, Toiletten, Logistikzelt, Küche und Internetraum. So kann man es auch monatelang im Basislager aushalten. Überrascht hat mich auch, wie gebildet die Teilnehmer sind und wie selbstverständlich sie ihre Sache sehen: als eine zwar kostspielige, aber moderne Form von Tourismus. Viele Sherpa-Familien haben damit ein Einkommen, und ganz Nepal profitiert wirtschaftlich vom »Mythos Everest«. Erstmals sind in diesem Frühjahr drei Berggipfel von ein und demselben Basislager aus über Pisten erreichbar: Everest, Lhotse und Nuptse.
Es steht außer Zweifel, dass in den nächsten Jahren alle Achttausender in organisiertem Rahmen von erfahrenen Reiseunternehmen angeboten werden. Der K2 von Norden, der Nanga Parbat über die Kinshofer-Route, Broad Peak,

Gasherbrum I und II, Dhaulagiri, Manaslu, Shisha Pangma, Makalu und Kantsch. Die Annapurna, obwohl als erster Achttausender bestiegen, ist für Gruppenreisen ungeeignet, und der Cho Oyu wird seit Jahrzehnten zweimal im Jahr für Touristen mit unterschiedlichster Bergerfahrung präpariert. Profi- und Extrembergsteigern werden ihre Möglichkeiten dadurch nicht entzogen, denn sie klettern üblicherweise ja nicht an den abgesicherten Normalwegen. Parasitären Bergsteiger/innen jedoch wird es dadurch leicht gemacht, im Windschatten der Touristen als »selbstständige Alpinisten« zu erscheinen. Dies ist einer der Gründe für die Aggressionen zwischen dem Sherpa, der Pisten auf die Achttausendergipfel baut, und dem »Unsupported Climber«, der sie stillschweigend nutzt. Ein zweites Spannungspotenzial sehe ich zwischen lokalen Expeditionsanbietern und Agenturen aus dem Ausland, denn Sherpa, Hunza und Balti reklamieren ihre Berge zunehmend für sich selbst.

Wie in den Alpen leben auch im Karakorum und Himalaja ganze Talschaften vom Bergtourismus, und es liegt in der Verantwortung der lokalen Bevölkerung, wie sie »ihre Berge« nutzen will. Wir Alpenbewohner begannen vor hundertfünfzig Jahren, Infrastrukturen für den Tourismus zu schaffen. Durch den Bau von Schutzhütten und einem weitgreifenden Wegenetz sollten die Alpen einer möglichst breiten Bevölkerung zugänglich gemacht werden. Ebenso, wie die mitteleuropäischen alpinen Vereine den Massentourismus in den Alpen propagierten, versuchen heute Reiseagenturen aus den Anden, dem Himalaja oder Alaska, ihre Berge so zugänglich wie möglich zu machen. Ob diese Zugänge letztlich auch nachhaltig sind, wird sich erst im Laufe dieses Jahrhunderts zeigen. Ich will aber nicht unerwähnt lassen, dass die Schutzhütten in den Alpen einen ansteigenden Besuchermangel beklagen, während die Kletterhallen in den Städten boomen. Ob auch der himalaja-

weite Trekking-Tourismus wächst, wenn die Pisten bis zu den höchsten Gipfeln der Welt führen? Ich weiß es nicht. Ich weiß nur, dass die traditionellen Bergsteiger in den Alpen weniger wurden, seit das Klettern reiner Sport ist und nur noch Klettersteige und Modeberge zählen.
Es werden nicht die »Matterhörner« der Welt sein – Ama Dablam, Alpamajo, Baruntse –, die den Bergtourismus retten, sondern Menschen, die sich dem Erhabenen der Berge in vielen kleinen Schritten nähern.

REINHOLD MESSNER, NAMCHE BAZAR, *13.5.2013*

Morgens scheint noch die Sonne. Am Memorial-Tschorten für Sherpa Tenzing Norgay ballen sich dicke Wolkenhaufen und reichen bis ins Tal. Weder Mount Everest noch Ama Dablam sind zu sehen. An der Abzweigung Khumjung/Gokyo/Tengboche fällt mir Pasang in die Arme. Wir haben uns lange nicht gesehen, und ich habe Mühe, mich zu erinnern. Ja, am Kantsch, Makalu und Lhotse war er mein Sirdar. Viele Erinnerungen werden wach, als er mir sein zerfleddertes Fotoalbum zeigt.
Unsere Expeditionen liegen inzwischen 30 Jahre zurück, und währenddessen haben wir beide schon mehrere Leben gelebt. Pasang baute sich auf dem Grundstück seiner Frau eine Lodge mit Restaurant, Café und einer Gompa auf. Es ist die ideale Lage für ein Rasthaus: auf einer Terrasse hoch über dem Dudh Kosi, mit Blick auf die Ama Dablam und dabei noch die Gesänge der Lamas aus der Gompa im Ohr, die sich über den umliegenden Gipfeln verlieren. Alle Trekker kommen hier vorbei, und die Stimmung dieses Ortes lädt zum Bleiben ein. Selbst wenn ich mir heute die

formvollendete Ama Dablam hinter den Wolken nur vorstellen kann.
Beim Aufstieg nach Khumjung kreuzt eine Prozession singender Lamas, geschmückter Kinder und Bauern in der Sherpa-Tracht meinen Weg. Sie beten um Regen für ihre trockenen Kartoffelfelder, bitten um eine reiche Ernte und gesunde Tiere. Durch den Schulhof, über den Kinder in blauen Uniformen zur Mittagspause nach Hause laufen, erreichen sie ein Tor, an dem eine Puja – eine Zeremonie der Anbetung und des Opfers – stattfindet, bevor sie ihren Weg um die beiden Dörfer Khunde und Khumjung herum fortsetzen. Auch ein Sohn von Uskien ist dabei, jenem Sirdar, der uns 1972 am Manaslu betreute, als wir in einer jungen Expeditionsmannschaft, unter der Leitung von Wolfgang Nairz, die Südwand durchstiegen. Im vergangenen Jahr lud ich Uskiens Tochter und weitere drei Sherpas aus Khumjung nach Südtirol ein. Sie waren Gäste des Bergvölker-Museums in Bruneck und erzählten dort aus ihrem Leben.
Als ich das Thame Hospital besuche, 1966 von Sir Edmund Hillary gegründet, beginnt es zu regnen. Diensthabender Arzt ist ein Sherpa aus Thame, der die Krankenstation zusammen mit einer Ärztin führt, die zurzeit nach Kathmandu verreist ist. Zusätzlich betreuen die beiden noch drei kleinere Stationen in Phortse, Thame und Pheriche.
Als ich Sherpa Pertemba besuche, der 1975 mit Peter Brandmann am Everest-Gipfel war und später Prinz Charles, Robert Redford und Präsident Carter führte, wird klar, dass es vor allem Sir Edmund Hillary war, der den Grundstein zum touristischen Erfolg dieser kleinen Bergvölker legte. Mit den Schulen, die er gründete, diesem ersten Hospital im Khumbu-Gebiet und der Landepiste in Lukla. Heute lernen alle Sherpa-Kinder lesen und schreiben, Englisch ebenfalls und natürlich, gute Dienstleister zu sein. Viele von ihnen besuchen höhere Schulen und studieren dann in den USA, Europa oder Japan.

REINHOLD MESSNER, NAMCHE BAZAR, *14.5.2013*

Der Ausblick von einer Art Felskanzel über Pheriche ist atemberaubend: die Nordflanke der Ama Dablam auf der einen, der Lobuche Peak auf der anderen Seite. Dazwischen eingegraben das Tal, durch das der Dudh Kosi – übersetzt »Milchfluss« – vom Khumbu-Gletscher Richtung Namche Bazar fließt. Dazu ein Wolkenspiel in Grauweiß, das die Spitzen der Berge noch viel höher erscheinen lässt als bei klarem Wetter.

Zwischen dem Dudh Kosi und dem Thame-Tal sind die Berge völlig unberührt. Von Gokyo und den Almen darunter einmal abgesehen, gibt es nur ein Gewirr von Gletschern, kleinen Seen dazwischen, Felskämmen und dahinter die steil aufragende Südwand des Cho Oyu. Was für ein Anblick. Als Hans Kammerlander und ich im Winter 1982 kurz unterm Gipfel scheiterten, war es so kalt, dass wir eiligst ins Tal flohen, jetzt im Mai möchte ich nichts als höher steigen. Hier ist so viel wilde Landschaft, dass ein Leben nicht ausreicht, um in jeden Winkel vorzudringen und jede Höhe einzusehen.

Der Weg von Thame zum Nangpa La über die Almböden ist nicht mehr zu erkennen. Seit China die Grenze gesperrt hat, gibt es keinen Warenaustausch mehr zwischen Tibet und dem Solo Khumbu. Einst bot der Handel in Thame ein Auskommen für die wenigen Bauern, die im Ort Kartoffelfelder und höher im Tal Weideland besaßen. Wie bei uns in den Alpen zog man im Sommer mit dem Vieh hoch in die Berge hinauf, zur Kartoffelernte war die Familie wieder zurück im Winterquartier.

Heute arbeiten die allermeisten jungen Sherpas aus Thame als »Everest-Sherpa«, weil sie den Lohn für ihre gefährliche Arbeit brauchen. Der Tourismus in Thame, das abseits der berühmten Trekkingrouten liegt, ist bescheiden. Kartoffeln, Gerste und Fleisch reichen gerade für den Eigenbedarf. In keinem Sherpa-Dorf gibt es so viele Witwen wie in Thame. Deshalb wollen viele junge Sherpas nicht mehr zum Mount Everest, um unter großer Anstrengung und Gefahr den Weg für prestigesüchtige Touristen aus aller Welt zu präparieren. Sie wollen lernen, studieren und eine Existenz aufbauen, wie sie von jenen verheißen wird, denen ihre Väter dienten. Sollten einmal die meisten Sherpas gut ausgebildet sein, werden jene fehlen, die den Pistenalpinismus an den Achttausendern möglich machen. Hillarys Schulinitiative im Solo Khumbu brächte einen doppelten Nutzen: die Rückbesinnung auf den traditionellen Alpinismus im Himalaja und ein gebildetes Sherpa-Volk, das aus jeder Form der Sklaverei herauswachsen könnte.

REINHOLD MESSNER, NAMCHE BAZAR, *15.5.2013*

Die Namche-Sherpas gehen nicht mehr zum Mount Everest. Zu gefährlich! Sie leben vom Trekking-Tourismus, der sich allerdings verstärkt auf die Nachmonsunzeit konzentriert. Die Hotels, die nicht direkt an den Haupttrekking-Routen liegen, wie Everest View oder Panorama Lodge, scheinen Probleme zu haben. Trekker, die heutzutage nicht mehr in Zelten nächtigen wollen, ziehen Lodges am Weg vor. Das betrifft auch Restaurants und Souvenirläden.
Gerade erreicht mich die Nachricht, dass der Seilpartner von Denis Urubko – einem Spitzenbergsteiger aus Russland, der die direkte Südwestwand des Mount Everest durchsteigen wollte – tot ist. Seilriss! Wo? Wie? Es gibt dazu keine Details, nur Vermutungen. Ich weiß, die beiden wollten den

Eisbruch rechts über die Nuptse-Eishänge umgehen. Ein ziemlich gefährliches Unterfangen, aber möglich. Ob sie es wirklich gewagt haben? Oder ob sie über den präparierten Weg durch den Eisbruch stiegen, um das Lager II zu erreichen, wo ihre Route beginnt?
Urubko prügelte sich wiederholt mit den Sherpas. Er wollte sich von ihnen nicht bevormunden lassen, zog sich nicht zurück wie Ueli Steck und Simone Moro. Die beiden gerieten ebenfalls mit den Sherpas aneinander, weil diese selbstständiges Bergsteigen als Provokation empfinden. Derartige Auseinandersetzungen werden wohl erst enden, wenn die junge Generation der Sherpas so gebildet ist, dass sie allen Möchtegernbergsteigern ihre Dienstleistungen verweigert. Niemals hätte ich mir 1978 vorstellen können, dass Touristen einmal die Bergsteiger verdrängen könnten. Wer zieht die Konsequenzen daraus?

REINHOLD MESSNER, IRGENDWO, *16.5.2013*

Einen ganzen Tag lang wartete ich an Flughäfen – oder besser Landepisten – herum. Zuerst in Namche. Der Helikopter traf wegen des dichten Nebels erst spät ein. Dann wieder in Lukla. Wegen des schlechten Wetters fallen normale Linienflüge aus, weshalb sich seit Tagen die Touristen aufstauen. Hunderte von Trekkern versuchen, mit dem Hubschrauber, der die Täler entlangfliegt, nach Kathmandu zu kommen. Gilt es doch, die internationalen Anschlussflüge zu erwischen.
Nach Stunden des Wartens wird uns eine Lösung aus Heli- und Linienflug angeboten. 25 Minuten lang geht es per Hubschrauber bis zum Fuß des Himalaja, von dort sollen

wir am späten Nachmittag nach Kathmandu weiterfliegen. Nur – es klappt nicht.
Als der Heli endlich eine dritte Gruppe gebracht hat, kommt Wind auf. Man vertröstet uns auf den späteren Abend. Inzwischen tobt ein Unwetter in der Nähe, und der Wind hier verstärkt sich. Die Flügel der Twin Otter müssen am Boden verankert werden, der Flug ist storniert.
Um acht Uhr abends erreichen wir ein kleines Gasthaus in der Nähe, essen Dal Bhat, trinken zwei Bier und schlafen wegen Hitze und Moskitos kaum. Für nicht einmal hundert Kilometer Luftlinie brauchten wir mehr als zwölf Stunden. Dabei wurde die meiste Zeit gewartet, ein Zustand, den ich meist als Beobachter empfinde, nicht als Akteur.
Aus der Luft ist die wesentliche Veränderung während der vergangenen Jahrzehnte deutlich zu erkennen: Überall wurden Straßen gebaut. Ein zerfurchtes Land, das einst von einem Netz schmaler Steige durchzogen war, trägt jetzt die nicht verheilten Wunden, die Straßenmaschinen hinterlassen haben. Nicht die Wege selbst sind das Problem, sondern die Erdrutsche, die über- oder unterhalb der neuen Straßen Unheil anrichten. Der Druck des Regenwassers spült Schotter auf Gehöfte und Dörfer, neue Gräben entstehen, und ganze Hänge sind bereits ins Rutschen geraten.
Einerseits ist es unglaublich, was der Mensch mit einfachen Maschinen zu leisten imstande ist, andererseits wird sichtbar, was er damit zerstört. Ob er die Zusammenhänge begreift oder nicht, die Erschließung wird weitergehen. Auch in den Bergen Nepals, wo über Jahrtausende hinweg alles auf dem Rücken den Berg hinaufgetragen werden musste, sind nun Langsamkeit und Verzicht schwindende Werte.

REINHOLD MESSNER, POKHARA, *17.5.2013*

Um 6 Uhr früh sollten wir am Flughafen sein: nur eine Schotterpiste am Rande eines Flussbettes. Es ist bereits 7 Uhr, als die beiden Piloten endlich eintreffen. Das Wetter ist gut, kaum Wind. Wir können fliegen! Eine Stunde später sitzen wir in Kathmandu beim Frühstück.

Die Stadt ist in Aufruhr und der Tunnel gesperrt. In der Nacht brannten mehrere Häuser aus. Darunter auch mein Lieblingsbuchladen – »Pilgrims Book House«. Dort wollte ich deutsche Wochenmagazine kaufen, andernorts suche ich vergeblich danach.

Der Kunstmarkt hat sich inzwischen stark verändert: viele Schnörkel, Zierrat und grelle Farben, wirkliche Antiquitäten gehen zum größten Teil nach Hongkong. Es ist fast, als wären die Pole vertauscht worden. Was früher nach Westen geliefert wurde, geht heute nach Osten. Auch die Reisenden kommen nun aus Indonesien, China und Indien. Europäer und Japaner, die frühen Nepal-Liebhaber, sind in der Minderzahl. Ein paar Freaks entdecke ich, in der Tracht der Siebziger und sichtlich in die Jahre gekommen. Das Spiegelbild einer längst vergangenen Zeit. Es kommt mir lächerlich vor, 2013 wie ein Hippie herumzulaufen. Die Zeiten haben sich doch längst wieder verändert.

Auch in Pokhara ist es grau. Der Flug von Kathmandu über die Hügelketten am Fuße des Himalaja war aufschlussreich: auch hier überall Straßen, wo es einst nur Gehwege gab. Jetzt, kurz vor dem Monsun, sind die Berge am Nachmittag in Nebel, Dunst und Wolken gehüllt und meist nur am frühen Morgen zu sehen.

Die Häuser in Pokhara stehen einzeln und doch so dicht beieinander, dass der Eindruck von Stadt entsteht. Das

Ambiente ist dörflich, doch das Straßengeflecht vermittelt eine Art städtisches Flair. So großartig die Landschaft zwischen See und Annapurna Himal auch ist – bleiben möchte ich hier nicht. Die Hügel in Richtung Berge sind nur dünn besiedelt, man gewinnt den Eindruck von einer eigenen, unverwechselbaren Kultur. Pokhara selbst besteht aus vielen Straßendörfern und ungezählten Privathäusern, die sich gegenseitig an Hässlichkeit zu überbieten scheinen. Nur die touristischen Anlagen zum See hin suggerieren Gastfreundschaft.

REINHOLD MESSNER, POKHARA, *18.5.2013*

Schon am Morgen sind die Berge hinter einer Dunstschicht verborgen. Das Wetter ist gut, weshalb man tagsüber regen Flug- und Heli-Betrieb vernimmt, die Berge jedoch bleiben unsichtbar. Der Monsun ist noch weit weg, die Wolken aber, die sich an der Himalaja-Kette stauen, werden mehr und mehr.

Am Nachmittag gehe ich durch die Straßen, immer am See entlang. Auch hier – ähnlich wie in Kathmandu – sind viele Alt-Hippies unterwegs. Dazu auch junge Paare, die eine Alternative zur sterilen Arbeitswelt in den Industrie- und Dienstleistungsstaaten zu suchen scheinen.

Ich habe nicht das Gefühl, dass die viel gescholtene »Generation Ich« egoistischer wäre als frühere westliche Gesellschaften. Die jungen Leute haben nur das Vertrauen in die »Gutmenschen« verloren, die dauernd Untergangsszenarien verkünden und damit Verzicht und Solidarität einfordern, ohne diesen Ansprüchen selbst gerecht zu werden. Vielleicht ist der in Nepal praktizierte Buddhismus wirklich der Wert,

mit dessen Hilfe viele unserer Probleme lösbar wären: Zentral der Verzicht auf mehr Konsum als ein Wert, der uns gesund macht. Es sind zurzeit nicht viele Touristen hier. Vor allem die Europäer fehlen. Die Läden sind leer, viele Restaurants geschlossen.
Eine Tibeterin hält mich an, weil sie meinen Xi-Stein begutachten möchte: »Echte Steine« – was immer das bedeuten mag – sehe sie selten, sagt sie. 1959 floh sie mit dem Dalai Lama und kehrte nie mehr nach Tibet zurück. Ihren Vater, den die Chinesen umgebracht hatten, lernte sie nie kennen. Ihre Mutter band sich das damals noch kleine Mädchen auf den Rücken und trug es wochenlang durch Tibet. Von Lhasa nach Shigatse und weiter nach Tingri. Weiter westlich, im Norden von Lo Manthang, kamen die beiden dann über die Grenze. Vom damaligen Königreich Mustang aus wanderten sie durch das Kali Gandaki und hinunter bis nach Pokhara. Dort ist das Flüchtlingskind – inzwischen eine fast sechzigjährige Frau – geblieben.

REINHOLD MESSNER, LO MANTHANG, *19.5.2013*

Die Grenze zwischen Tibet (China) und Mustang ist mit Stacheldraht markiert. Über viele Kilometer verläuft der Zaun am breiten Kora La entlang nach Westen und Osten. Die Grenzposten auf chinesischer Seite sind in einer Mulde untergebracht, ein paar Kilometer nördlich des Grenzzaunes. Es ist Unsinn, Menschen mit gleicher Kultur und Religion durch Stacheldraht auseinanderzuhalten. China aber will die Flucht weiterer Tibeter verhindern, vor allem, weil sie im Ausland von der Unterdrückung Tibets durch China berichten könnten.

Einmal im Jahr – im Hochsommer – ist ein großer Markt an der Grenze erlaubt: Die Menschen aus Mustang und grenznah lebende Tibeter treffen sich auf einer Hochfläche zum Warenaustausch, wobei China weit mehr zu bieten hat als Nepal. Der Marktplatz, zwei Fußballfelder groß, ist mit Müll aller Art, Glasscherben und kleinen Steinmauern übersät. Ein Symbol der viel beschworenen Freundschaft zwischen den Ländern südlich und nördlich des Himalaja …
Unweit der Grenze, in tief eingeschnittenen Canyons, lebten einst ganze Clans in Felshöhlen. Diese Höhlenhäuser, in mehreren Stockwerken übereinandergeschichtet und labyrinthartig angelegt, waren in harte Breccie eingegraben und horizontal wie vertikal miteinander verbunden. Löcher im Fels dienten als Fenster, Holzleitern und Kamine zwischen den einzelnen Etagen als Treppenhäuser.
Einst sollen mehr als 10 000 Menschen in solchen Höhlenhäusern gelebt haben, die ersten vor etwa 2500 Jahren. Als die Tibeter im fünfzehnten Jahrhundert Mustang überfielen, blieben diese Festungen und Flüchtende, die sich darin versteckt hielten, verschont.
Heute wirkt Mustang wie geplündert: Die Felder liegen zum Teil brach, viele Kunstschätze sind verschwunden, das Wegenetz ist verwahrlost. Viele junge Männer haben keine Aufgabe. Es ist eine Frage der Zeit, bis andere Volksgruppen aus der Umgebung den Tourismus in Mustang übernehmen und so organisieren, dass er nachhaltig trägt.

REINHOLD MESSNER, LO MANTHANG, *20.5.2013*

Noch bevor die Sonne aufgeht, treiben Bauern ihre Pferde auf die Weide, später folgen die Ziegen. Um sechs Uhr früh blasen zwei zwölfjährige Mönche mit kopfgroßen Muschelhörnern zur morgendlichen Puja. Die älteren Mönche erscheinen zum Zähneputzen am Brunnen, dann auf dem steingepflasterten Platz vor der Gompa. Die gemeinsam rezitierten Mantras unterstreichen die Tiefe der Meditation.

Am späten Vormittag bin ich beim König. Er ist alt und freundlich, sagt aber nichts. 1971, in seinen besten Jahren, konnte ich ihn in Jomsom beobachten. An der Spitze eines fünfzigköpfigen Reiterheeres ritt er durch die Stadt. Ein beeindruckendes Schauspiel, als die Männer auf ihren kleinen Tibetponys auftauchten und wieder verschwanden. Damals war der König noch im Vollbesitz seiner Macht und residierte innerhalb der Stadtmauern von Lo Manthang in einem 700 Jahre alten Palast mit 100 Zimmern. So erzählt es das Volk.

Heute ist dieser Palast keine Festung mehr. Die Mauern bröckeln, Nischen, in denen einst Bronzen standen, sind leer, die Gebetsmühlen fehlen. Der König wird immer noch als solcher angesehen, obwohl er seine Macht längst abgegeben hat. Heute wird in Kathmandu bestimmt, was in Mustang geschieht. Die Hälfte der Genehmigungsgebühren, die Besucher für eine Reise nach Mustang zu bezahlen haben, bleibt in der Hauptstadt, die andere Hälfte wird unter den wichtigsten Dorfgemeinschaften Mustangs aufgeteilt.

Einst lebte der König in einem Dzong, der heute nur noch Ruine ist, hoch über Lo Manthang. Auch der alte Königspalast in der Stadt verfällt zusehends. China baute bereits eine Straße über den Kora La bis nach Lo Manthang. Es scheint nur eine Frage der Zeit zu sein, bis Mustang wieder zu Tibet (China) gehört.

REINHOLD MESSNER, NAMCHE BAZAR, *21.5.2013*

Das Flug-Chaos in Nepal ist schlimmer als das weltweite Finanz-Chaos. Wie ich es von Mustang nach Solo Khumbu schaffte, möchte ich am liebsten vergessen …
Am Mount Everest ist inzwischen die Gipfel-Time eröffnet. An guten Tagen steigen 30 bis 40 Touristen auf den Gipfel. Dazu mindestens ebenso viele Sherpas zur Begleitung. Leider sind bereits mehr als zehn Tote zu beklagen. Es wären doppelt oder dreimal so viele, wenn Maurizio, ein genialer Helikopter-Pilot, nicht täglich mehrmals ins Lager II flöge, um von dort Kranke, Verzweifelte und Verletzte auszufliegen. Heute gelang ihm die höchste Hubschrauberrettung der gesamten Bergsteigergeschichte: aus einer Höhe von 7800 m. Ein Nepali aus Kanada, der es ohne Arme, die er durch einen Starkstromunfall verloren hatte, bis zum Gipfel schaffte, brach kurz unter dem Südsattel zusammen. Mit minimaler Treibstoffreserve und ausgebauten Sitzen und Türen barg Maurizio den fast Sterbenden per Seilwinde und brachte ihn ins Basislager. Zum Glück ist ein Teil der Touristen, die ungeduldig wurden oder keine Gipfelchancen sahen, bereits abgereist, ohne einen Aufstieg zu versuchen.
In den nächsten Tagen wird die zweite Hälfte der Gipfelanwärter aufsteigen, und ich hoffe, alles geht gut. Heuer sind diese Gruppenaufstiege gut organisiert. Erstens sind für Auf- und Abstieg zwei getrennte Pisten als Klettersteige präpariert worden, zweitens sprachen sich die Reiseunternehmen im Basislager so untereinander ab, dass bisher Staus vermieden werden konnten.
Mit dem Wetter ist es in diesem Jahr wie immer, wenn Termine einzuhalten sind. Nebelbänke blockieren manchmal die Weiterreise mit dem Hubschrauber, häufig verkehrt kein

Flugzeug, und täglich werden die Pläne geändert, um dann wieder und wieder doch nicht zu funktionieren.
Ich beobachte mit Skepsis, wie uninteressiert die nepalesische Öffentlichkeit an der Bergsteigerei ist. Überall wird versucht, die Touristen auszubeuten – der ganze Rest hingegen ist gleich wieder vergessen.

REINHOLD MESSNER, EVEREST, BASISLAGER, *22.5.2013*

Nirgendwo sonst auf der Erde stoßen unbegrenzte Möglichkeiten so radikal ans Unbeherrschbare wie am Mount Everest. Vor allem deshalb ist der höchste Berg der Erde für moderne Menschen zum Experimentierfeld geworden. Als sozialisierte Tiere führt sie der Instinkt zu ihresgleichen, um sich ihnen offenbaren und anvertrauen zu können. In diesem Verbund muss sich der Einzelne nicht mehr dem Schicksal, dem höchsten Berg der Erde nicht gewachsen zu sein, unterwerfen. Der Wunsch jedes Einzelnen, seinen Weg bis ans mögliche Ende zu gehen – sicher keine Kleinigkeit –, wird heute jedoch im Kollektiv organisiert.
So wird der Aufstiegsweg zum Gipfel des Mount Everest zur Piste, Jahr für Jahr. Im Gegensatz zum traditionellen Verständnis vom Bergsteigen findet heute Tourismus statt am höchsten Berg der Erde. Was dieser zu bieten hat? Eine Menge! Aufregende Wochen im Basislager, Angst und Erwartungsfreude, im besten aller Fälle Gipfelerfolg und Anerkennung.
Aber auch die Erkenntnis, dass dieser Traum niemals in Eigenverantwortung verwirklicht werden könnte. Im Nachhinein droht dieser Wahnsinn des Pistenalpinismus im einzelnen Subjekt, das als Zentrum der Unbestimmtheit

zurückbleibt, zur Krankheit zu werden. Auch weil persönliche Geheimnisse nicht anerkannt werden.
Schon wieder sind Touristen vom Lager II ins Basislager geflogen worden. Obwohl das Wetter den ganzen Tag über wirklich schlecht ist! Nebel, leichter Regen, keine 10 Meter Sicht. Dass Maurizio Folini mit seinem B3-Helikopter trotzdem operieren kann, wenn auch nur für Minuten, grenzt an ein Wunder.
Wenn heute von »kommerziellen Expeditionen« gesprochen wird, finde ich den Ausdruck nicht treffend. »Pistenalpinismus« beschreibt die Situation auf den Normalwegen der Achttausender besser. Kommerziell allerdings ist der ganze Betrieb am Mount Everest auf jeden Fall. Die Einheimischen vor Ort sprechen nicht über das Geschehen am Berg, sondern alles dreht sich in erster Linie ums Geschäft: Wer zahlt mehr für sein Bett in der Lodge, für einen Heli-Flug oder Lastentransport? Souvenirs werden als »Antikes« verkauft und Yeti-Pizza als lokale Spezialität.

REINHOLD MESSNER, EVEREST, BASISLAGER, *23.5.2013*

Wie anstrengend es ist, ohne ausreichende Akklimatisation im Basislager des Mount Everest Live-Auftritte fürs Fernsehen zu bestreiten! Am Morgen – nach mehreren Teststunden – läuft in Österreich auf Servus TV die erste Sendung. Um Mitternacht beginnt eine letzte Live-Diskussion, die für mich einige Stunden dauert.
Es wird kälter, der Wind fällt mich von hinten an und treibt mir die Haare ins Gesicht, ich aber darf meine Position nicht verlassen. Diese wurde bereits Stunden vorher für die Kamera genau festgelegt.

Während ich vom Status quo am Mount Everest berichte, ziehen hinter mir Gruppen von Sherpas vorüber. Sie sind kaum zu hören, nur der Lichtkegel ihrer Stirnlampen verrät sie. Weit oben im Eisbruch, dem schwierigsten Teil des Südaufstieges, ist eine lange Lichterkette erkennbar. Es sind Sherpas und Touristen, die ins Lager II aufsteigen, um drei Tage später den Gipfel zu erreichen oder Lasten ins Tal zu tragen.
Anderntags, nach einer schlechten Nacht – obwohl ich erstmals in einem Basislager ein richtiges Bett hatte –, kommen mir viele Sherpas von oben entgegen: Hoch aufgepackt tragen sie Seile, leere Sauerstoffflaschen, Campingausrüstung. Jumarklemmen und Steigeisen baumeln an ihren Klettergurten. Sie sind müde und vielfach mürrisch, nur allzu verständlich nach acht bis zehn Wochen Touristenbetreuung, was nicht nur viel Kraft, mehr noch Nerven kostet.
Ihre persönliche Habe und Leergut – vor allem leere Sauerstoffzylinder – können sie behalten. In Kathmandu sind sie viel Geld wert, werden neu gefüllt und im Herbst beim nächsten Touristenansturm wieder eingesetzt. Liegt heute weniger Müll als früher am Mount Everest herum, dann auch deshalb, weil im Basislager für Sauberkeit gesorgt und von oben alles mitgenommen wird, was für die Sherpas von Wert ist.

REINHOLD MESSNER, KATHMANDU, *24.5.2013*

Die Heli-Reise über Pheriche, wo eine Yakkarawane vorbeizieht, und Namche – dort warten wir ewig auf Anschluss und dann wagt es der Pilot nicht, richtig abzuheben – ist abenteuerlich. Ich bin erleichtert, als wir endlich in Kathmandu landen.

REINHOLD MESSNER, KATHMANDU,
25.5.2013, Buddhas Geburtstag

Solche Menschenmassen, wie sie hier ihre buddhistischen Heiligtümer im Uhrzeigersinn umkreisen, wären bei unseren Prozessionen zu kirchlichen Feiertagen nicht vorstellbar. Auch in Südtirol oder Bayern nicht. Vor allem junge Menschen feiern hier Buddhas Geburtstag.
In Svayambhunath schiebt sich ein dichter Strom von Menschen um die drei überlebensgroßen Figuren herum, die Buddha in unterschiedlicher Manifestation darstellen. Ein noch größerer Menschenstrom zieht betend um den ganzen Hügel, um übers Haupttor ins Allerheiligste aufzusteigen. Überall am Wegrand sitzen die Armen – meist Frauen mit kleinen Kindern, Yogis, Lamas – und betteln, ohne aufdringlich zu sein. Alle werden bedacht, wenn auch oft nur mit kleiner Münze. So als wäre Mitgefühl, die Basis von Buddhas Lehre, allgemeines Kulturgut.
Am Abend, während der Umrundung der Stupa von Bodnath, ist das Gedränge zum Teil einfach zu viel. Dort, wo die »kleine Kora« zum Stillstand kommt, wird geschoben, gezerrt und gedrückt. Als ob auch hier nun die Hektik eingezogen sei.
Mit dem letzten Sonnenstrahl, der auf die Kuppel der Stupa fällt, huscht ein geheimnisvoller Lichtschleier über das Ganze. Musik erschallt, und der Menschenstrom lichtet sich allmählich. Nur am Ausgangstor herrscht noch Gedränge. In Nepal stellt sich weniger die Frage nach möglich oder unmöglich, sondern vielmehr nach dem Einssein: mit den

anderen, mit allem, mit dem All. Vielleicht ist der Buddhismus – aus der Natur gewonnene Erkenntnis – die vorerst einzige Antwort auf die zu lösenden Fragen im Zusammenleben mit der Weltbevölkerung. Ist diese Lebenshaltung doch weder von Gott noch von den Menschen postuliert, sondern in der Natur erfahren worden.

REINHOLD MESSNER, KATHMANDU, *26.5.2013*

Der Verkehr in Kathmandu ist wirklich mörderisch. Zum Überqueren eines Zebrastreifens brauche ich oft zehn Minuten. Vor allem, da Motorradfahrer zögernde Autofahrer gerade in diesem Augenblick links und rechts überholen. Mit überhöhter Geschwindigkeit. Auch die mit Pfeifen ausgestatteten und gestikulierenden Polizisten können den Verkehr an den Kreuzungen nicht regeln. Es herrscht Anarchie.

Anders am Kunst- und Antiquitätenmarkt: Während die Händler vor 20 Jahren auf Käufer aus dem Westen bauten, verkaufen sie heute in den Osten. Vor allem Objekte aus Tibet gelangen nun über Hongkong nach China. Eine erfreuliche Tatsache, besteht damit doch die Hoffnung, dass junge Chinesen den Wert der tibetischen Kultur schätzen lernen. Andererseits aber steigen die Preise entsprechend.

Die ganze Nacht über regnete und donnerte es. Zwei Wolkenschichten scheinen gegenläufig den Himmel aufzurühren. Es ist noch nicht richtiges Monsunwetter, vielleicht eine erste Ankündigung des kommenden Monsuns.

In der Südflanke des Kangchenjunga werden seit bald einer Woche fünf Bergsteiger, Sahibs und Sherpas, vermisst. Abgestürzt und in einer Gletscherspalte verschwunden, sagen

die Einheimischen. Eine Suchexpedition mit Hubschraubereinsatz sitzt in Tumlingtar fest. Seit Tagen Regen, keine Sicht.
Am Dhaulagiri scheint sich ein anderes Drama zu ereignen: Obwohl mehrere Expeditionen am Nordostgrat parallel operieren, ist man nicht in der Lage, Verletzte mit Beinbruch ins Basislager zu bringen. Maurizio Folini versucht seit Tagen, Sherpas nach oben und Sahibs nach unten zu fliegen. Bisher verhinderten Nebel und Wind den entscheidenden Flug.

REINHOLD MESSNER, KATHMANDU, *27.5.2013*

Im letzten Augenblick gelingt es, die Aufnahmen am Kangchenjunga in den Kasten zu bekommen. Wir fliegen mit Maurizio Folini über Lukla bis zum »Kantsch« – nur einzelne Flecken des Makalu und kurz der Gipfel sind zu sehen. Die Südseite »unseres« Berges – nur von Wolkenstreifen überzogen – ist völlig frei. Zwischen Jannu- und Kantsch-Massiv gelingt es, über die Wolken zu steigen – dabei weit im Westen die Gipfel von Lhotse, Makalu und Mount Everest! – und durch ein Wolkenloch nach Pang Pema zu fliegen. Auch die Nordwand des Kantsch ist fast wolkenfrei, und so sind die erträumten Bilder mit der Cineflex in zwei 360°-Runden rasch gemacht.
Wir fliegen nach Ghunsa, wo gleich mehrere Dutzend Einheimische am Heliport einlaufen. Die Neugierde ist groß. Die Rückkehr nach Lukla wird schwierig. Die angegebenen Koordinaten des Kerosinlagers, das inzwischen für uns angelegt worden ist, sind falsch, daher suchen wir einige Täler ab. Bis uns ein an Bord genommener Bub den richtigen

Weg zeigt – Glück gehabt! Keine Flugrunde als die unsere, kein anderer Berg als der Kantsch wäre in Nepal heute aus der Luft zu finden und filmen gewesen.
Zurück in Kathmandu besuche ich meine Händler, die ich seit mehr als zwei Jahrzehnten kenne, einige Maler und den Thamel, um Mitbringsel zu erstehen. Alles, vor allem Antiquitäten, hat sich innerhalb weniger Jahre um ein Mehrfaches der letztjährigen Preise verteuert. Der Handel läuft nicht mehr nur mit potenziellen Käufern aus China und Indien. So, wie die Everest-Touristen heute nicht mehr vorwiegend aus den traditionellen Bergsteiger-Nationen kommen – Schweiz, Österreich, Italien, Frankreich, Deutschland, Slowenien, Japan und USA –, werden die Läden von Käufern aus aller Welt gestürmt. Und damit steigen die Preise.

REINHOLD MESSNER, KATHMANDU, *29.5.2013*

60 Jahre Everest-Erstbesteigung. Ein unmögliches Fest … Morgens beginnt es eine Stunde zu spät. An einer unförmigen, schlecht gegossenen und gestauchten Bronzeplastik werden über die Köpfe von Hillary und Tenzing Blumenkränze gelegt. Dazu spielt eine Militärkapelle falsch, zu laut und ohne Unterbrechung. Jedes Gespräch ist unmöglich.
Später werden die »Stars« in Kutschen in die Stadt gefahren: Hillarys Enkelin, Tenzings Enkel … als ob die Verdienste der Großväter selbst die Enkel noch ehren würden.
Es folgen wieder zu laute Musik, endlose Reden von Politikern und Bürokraten, die die Festgemeinde dazu benutzen, ihre Dummheiten loszuwerden.

Am Nachmittag wird in der britischen Botschaft gefeiert. Der Botschafter verliest Grußworte der Queen, in einem Garten so groß wie ein Stadtpark: 10 000 qm! Die neuseeländische Botschafterin zitiert Sir Edmund Hillary. Mir fällt die Aufgabe zu, den beiden zu danken, was ich mit der Beschreibung des Status quo am Mount Everest verbinde. Das Mikrofon funktioniert jedoch so schlecht, dass die Kritik am parasitären Alpinismus, der seit 25 Jahren an den Achttausendern Aggressionen auslöst – vor allem bei den Sherpas –, leider untergeht.
Am Abend dann der Höhepunkt der Peinlichkeiten. Viele Gäste, auch Wolfgang Nairz und ich, verlassen die Party: wieder viel zu lange Reden, Tänze, Musik. Das Ganze war nichts als billige Propaganda für einen Bergtourismus, der als Köder dient, um sich wichtig zu machen.

REINHOLD MESSNER, PHOKSUNDO, *30.5.2013*

Ein Hubschrauber bringt mich von Kathmandu nach Shey Gompa in Upper Dolpo. Hinter Kathmandu regnet es, und die Nebel hängen sehr tief. Nach Westen hin öffnet sich der Himmel, und mit der Annapurna II sind die Berge frei.
Westlich der Dhaulagiri-Kette fliegen wir über Vorberge, wo man Terrassen- und Almwirtschaft betreibt. In Juphal wird Kerosin ausgeladen, in Dunai nochmals. Dann geht es durch enge Täler nach Phoksundo und weiter nach Shey Gompa. Überall sind kleine Zeltstädte zu sehen. Die Menschen sind zu Tausenden unterwegs, um nach dem »Gold des Himalaja« zu suchen: dem Raupenpilz – »Yarsagumba« genannt –, der nicht nur in China Gold wert ist.

Man findet den Wunderpilz im Erdreich und sticht ihn aus. Ein einziges Exemplar bringt 1000 Rupien, ein Kilo bis 40 000 Dollar ein. Shey Gompa besteht aus ein paar Mauern, dem Kloster, das von großen Tschorten umschlossen wird, und am Bach stehen Zelte, in denen einige Familien die Sommermonate verbringen.
Auch in Phoksundo, 600 Höhenmeter tiefer, bleiben die Menschen nur von April bis November. Wind und Schnee sind hier im Winter schier unerträglich. Nur die Bön-Mönche halten es in ihrem Kloster selbst während der kalten Monate aus.
Das Dorf besteht aus eng aneinandergebauten Steinhäusern mit Flachdächern, architektonisch einheitlich und ohne Makel. Der See dahinter liegt wunderbar türkis und ruhig zwischen den Felswänden. Talwärts stehen dichte Wälder und darüber geschichtete Felswände. Im Dorf blieben nur kleine Kinder und alte Frauen, alle anderen sind höher oben auf den Almflächen.

REINHOLD MESSNER, PHOKSUNDO, *31.5.2013*

Das war ein Flug! Wir landeten auch nicht wie geplant in Pokhara, sondern in Terai, in Nepalganj.
Bereits am Morgen füllte Nebel das Tal unter uns, Wolkenstreifen zogen an den Waldhängen bergwärts. Nach Filmaufnahmen im Dorf gingen wir am See entlang zum Bön-Kloster von Phoksundo. So einzigartig die Position des Klosters ist, so verfallen steht es da: Viele Dächer sind kaputt, der Mörtel bröckelt, nur noch drei Lamas oder Bönpos hüten das Gebäude. In der Gompa findet sich kein Hinweis auf die Bön-Religion, selbst die Priester kleiden sich wie Lamas.

Der Hubschrauber brachte uns mittags in zwei Flugfuhren nach Dunai. Tief in einer Schlucht gelegen, scheint der Ort ein Umschlagsplatz zu sein für die engen Täler, die sich hoch oben ins Nichts verlieren.
Beim Weiterflug nach Pokhara – wir sind fünf Passagiere im Hubschrauber – wird der Regen nach einer Flugstunde so dicht und die Sicht so miserabel, dass ich, zwischen Angst und Staunen schwankend, keinen Ausweg mehr sehe. Im selben Augenblick dreht der Hubschrauber in einer 360°-Schleife nach oben, findet ein Loch in der Regenwand und fällt in eine andere Richtung wieder ab. Über flache Hügel geht es bei ausreichend Sicht nach Nepalganj, weiterhin im Regen. Vielleicht schaffen wir es, fünf Tickets für die Abendmaschine nach Kathmandu zu ergattern.
Es scheint, dass der Monsun den Westen Nepals erreicht hat. Seit einer Woche schieben sich dichte, graue Wolkenbänke vom Kangchenjunga nach Westen. Immer an der Südabdachung des Himalaja entlang.

REINHOLD MESSNER, KATHMANDU, *1.6.2013*

Eingekauft, am 2.6. Rückreise

REINHOLD MESSNER, 2. REISE – PAKISTAN, GILGIT, *9.9.2013*

Zurückgekehrt aus dem Basislager im Diamirtal, bin ich noch immer schockiert. Der Zeltplatz, an dem im Juni elf Menschen erschossen wurden, sieht aus wie alle anderen

Zeltplätze daneben. Auch ich hatte 1978 nur 30 Meter weiter meinen Lagerplatz.
Ich stelle mir vor, wie die Killer mitten in der Nacht urplötzlich auftauchen. Nein, sie rufen zuerst, geben Befehle. Einzeln sollen die Bergsteiger aus den Zelten kommen, den Pass zeigen und sich niederknien. Einer nach dem anderen wird mit einem Genickschuss getötet. Nur ein Chinese kann fliehen, er versteckt sich hinter einem tischgroßen Steinklotz und überlebt, ein Hunza-Träger wird verschont, doch elf Menschen sterben.
Es wären viel mehr gewesen, hätte sich nicht der Großteil in den Hochlagern aufgehalten. Dorthin kamen die Killer nicht. Wer sie waren? Still und leise durch das Diamir-Tal aufgestiegen und ebenso unbemerkt wieder verschwunden … man wird die Schuldigen vielleicht nie finden. Die Berge im Norden von Pakistan sind so zerfurcht und wüstenhaft, dass es dort viel leichter ist, sich zu verbergen, als Verbrecher zu finden.
»Killer Mountain« steht am Karakorum Highway geschrieben, unmittelbar am Westfuß des Berges. Nur sind es eben Menschen, die die Bergsteiger töten, nicht der Berg selbst. Der Nanga Parbat ist einfach nur da, mit all seinen Gefahren und seiner Größe. Im Gegensatz zu Terroristen hat er keine bösen Absichten, nur seine Aufstiegswege werden zu Risiken, wenn es jemand wagt hochzusteigen.
Friedlich schliefen sie im Basislager, und dann in jener Nacht elf Tote! Zeugen einer Aggressivität, wie es sie in dieser Form bisher niemals am Berg gegeben hatte.
Ob der Terror dem Tourismus in Pakistan, den Ausländern verschiedenster Nationen, galt oder ob es Rache war, ich weiß es nicht. Doch nun werden meine Nächte in der Wildnis nie wieder sein wie einst: das friedliche Nichts.

REINHOLD MESSNER, SKARDU,
11.9.2013

Das war ein Tag! Keine Wolke über dem Nanga Parbat, und unser M171-Hubschrauber flog bis auf über 7000 m. So waren alle Wege zum Gipfel ganz detailliert zu verfolgen. Fast alle Pionierleistungen dort liefen vor meinem geistigen Auge ab, als wäre ich damals dabei gewesen. Hermann Buhl sah ich, wie er zum Silbersattel emporstieg, das riesige Plateau dahinter, ein paar zugewehte Spalten, kaum Windgangeln, der Vorgipfel, der Abstieg zum Grat zwischen Rupal- und Diamirseite – so viele Gendarmen! –, die Schulter, die höher zu sein schien als der noch ferne Hauptgipfel, den Buhl im Abendlicht erreichte, nicht wie ich ihn im ersten Morgengrauen sah.

Dann der Flug über den Ganalo-Sattel: nach Osten ein schier unendlicher Abbruch, nach Westen zieht sich ein zerrissener Gletscherstrom, der 1895 nur von einem Besessenen anzupacken war. Vor allem, da Mummery damals nicht wissen konnte, ob sein Weg vom Diamir- ins Rakhiot-Tal machbar wäre.

Die undurchstiegene Nordflanke darüber und die lange Querung zum Gipfeltrapez. Leider befand sich die Diamirflanke gerade im Schatten, und unser Zeitfenster war fast geschlossen – wir mussten nach Astor zurück, um aufzutanken.

Die zweite Runde führte uns am Rakhiot-Kessel vorbei, die Rupalwand als ein einziger Steilabbruch gerade voraus, dann flogen wir hoch über die Sechstausender im hinteren Rupaltal und in einer Schleife zurück an die Flanke, in der sich Schell-, House- und die Polenroute eindeutig aufschlüsseln lassen.

Unser eigener Weg von damals hielt mich aber mit seinen einzelnen Passagen – Eishöhle, Sérac, Merklrinne – so gefesselt, dass mit dem Blick auf die Überhänge unter der Merklrinne meine Gedanken schon bei Günther auf der anderen Seite des Berges waren. Gerade als der Gipfel des Nanga, nach einem schier unendlichen Schwenk von der Tap-Alpe bis zur Querung unterm Südgipfel, ins Bild kam. Alles dank des Militärs, das Helis bewegen muss!

Ganz anders die Nordseite des Nanga Parbat: ein Chaos aus Eisbrüchen, Mulden, Lawinenhängen. Bewunderung für die Merkl-Expedition von 1932, weil sie dort hindurchfand. Eine ebenso großartige wie zuletzt tödliche Pionierleistung. Der Mohrenkopf, der Silbersattel, das Konkav, wo 1937 eine Lawine 16 Menschen begraben hatte – alles nun unter mir ausgebreitet. Wie ein offenes Buch. Auch der Tod von Sigi Löw ist nachvollziehbar für all jene, die dem logischen Abstiegsweg vom Gipfel in die Bazhin-Mulde und der Erzählung von Toni Kinshofer folgen.

Vom Hubschrauber aus sind alle geografischen Fakten am Nanga Parbat einsehbar. Soweit diese also mit den Berichten der Pioniere übereinstimmen, gibt es nichts Ungeklärtes mehr. Legenden wurden ausschließlich von jenen geschaffen, die mit ihren Kolportagen erfundene Geschichten in die Welt setzten. Diese entsprechen aber bei detaillierter Prüfung weder der Geografie des Berges noch der Menschennatur. Kaum jemandem bietet sich jedoch die Möglichkeit, diesen Berg, bis in jede einzelne Rinne und ohne Gefahr, von oben studieren zu können. So besteht wenig Chance, Verschwörungstheorien, die sich um den Nanga Parbat ranken, als solche zu erkennen und deren Erfinder zu bedauern, zu verdammen oder am besten einfach zu belächeln.

REINHOLD MESSNER, SKARDU,
12.9.2013

Wir sind zurückgekehrt aus dem Baltoro-Gebiet, wo wir vom Hubschrauber aus K2, Broad Peak und die Gasherbrums filmen konnten. Es erfüllt mich Dankbarkeit, dass ich schon früh die Möglichkeit hatte, in dieses großartige Gebirge hineinzugehen.

Nach einer längeren Sperre dieses Gebietes, denn der indisch-pakistanische Krieg hatte auch die Bergsteiger gestoppt, war 1975 der Marsch über den Baltoro-Gletscher wie der Vorstoß in eine unerschlossene Welt. Gänzlich frei von Steigspuren, Lagerplätzen oder gar Müll. Satellitentelefon, GPS oder Wetterbericht gab es nicht, im Notfall auch keinen Hubschrauber für eine Rettungsaktion. Ich fordere keineswegs, dass sich die heutige Generation so wie wir damals ins Unbekannte vorwagt. Es wäre gar nicht möglich und widerspräche auch der Menschennatur, die Neuerungen – dank technischer Möglichkeiten im Bereich der Mobilität und jüngst in der Kommunikation – immer als Teil der Weiterentwicklung ihrer Zivilisation übernommen hat.

Wie viel Entscheidungsfreude, Entschlusskraft, Vorsicht und psychische Stabilität notwendig waren, um zu jener Zeit einen Achttausender über eine schwierige Wand zu besteigen! Wie dankbar ich heute bin, dass all diese »modernen« Hilfen damals nicht zur Verfügung standen. Jede Form des Dopings galt zudem als zusätzliche Gefahr und nicht als Hilfe, die Großexpedition als out. Im Rückblick zählt allein das Erlebte, nicht die Leistung und noch weniger die Sensation.

Während ich über Toteisgletscher, Basislagerplätze und den Gasherbrum-Eisbruch fliege, werden Bilder von damals wieder lebendig: wie Peter Habeler vor mir zwischen Spalten die Spur legt, wie Hans Kammerlander in einer Gletscherspalte verschwindet oder Friedl Mutschlechner unter dem großen Sérac in der Mitte der K2-Südwand nur noch den Kopf schüttelt. Als wollte er sagen: Hier ist kein sicherer Weg mehr möglich.

Mein Freund Oswald Oelz sprach unserer Generation traditioneller Bergsteiger die »Gnade der frühen Geburt« zu. Er behauptet damit nicht, unsere Zeit wäre besser gewesen. Im Gegenteil ist es heute viel leichter und statistisch gesehen auch sicherer, auf das Dach der Welt zu steigen als einst. Damit ist klar, dass auch das Bergsteigen sich in dieser Hinsicht weiterentwickelt. Leider verliert es dadurch an Erfahrungspotenzial.

Heute bin auch ich froh über jede Erleichterung am Berg: ein verlässlicher Wetterbericht, doppelte Isomatten, ein Koch im Basislager. Nicht nur wegen der Kosten, vor allem, weil wir unabhängig und absolut eigenverantwortlich handeln wollten, kochten wir damals auch im Basislager meist selbst.

REINHOLD MESSNER, SKARDU,
13.9.2013

Was für eine Überraschung! Im Basar von Skardu läuft mir Rosi Ali über den Weg. Wir haben uns seit 13 Jahren nicht mehr gesehen. Natürlich blieben wir in Kontakt, seine Kinder unterstütze ich beim Studium, doch meine Besuche in Baltistan sind selten geworden. Umso größer unser beider Überraschung, als wir uns nun rein zufällig begegnen. Bei sieben meiner Achttausender-Expeditionen war er dabei. Am Nanga Parbat 1978, am K2 1979, am Gasherbrum II und Broad Peak 1982, bei der Gasherbrum-Doppelüberschreitung

und wieder am Nanga Parbat 2000. Wir hatten eine gute Zeit miteinander und viel Erfolg. 1984 kam Rosi Ali für drei Monate nach Europa, und 1997 besuchte ich ihn in Hushe.
Am Nachmittag kommt dann noch Ibrahim dazu. Er gibt Massagen, die einem Massaker gleichkommen und zuletzt doch erleichtern. Beim Anmarsch ins Gasherbrum-Basislager 1984 ließ mir Ibrahim erstmals seine flinken Finger über die Kopfhaut springen, dieses Mal nun derselbe Genuss.
Rosi Ali erzählt in großer Runde seine Dremo-Geschichte, die den Yeti-Erzählungen der Sherpas und den Chemo-Berichten in Osttibet so sehr ähnelt, dass kein Zweifel besteht, dass Dremo, Chemo, Guanxi Mixbi (Hushe-Ausdruck!) oder Yeti verschiedene Bezeichnungen für die gleiche Legendenfigur sind.
Ein weiterer Zufall: Ein Händler – es ist später Nachmittag – zeigt mir seinen Fund der letzten Tage: Dabei sind eine Handvoll Xi-Steine, viel grünspaniger Schmuck, Töpfe aus Stein, von Rost zerfressene Dolche und Lanzenspitzen sowie Tontöpfe mit vielen Mustern.
Damit ist auch die tibetische Legende um die Xi-Steine geklärt. Man finde diese in Nestern unter der Erde: in diesem Fall eine kleine Tonschale, die in einem Steintopf steckte. Gleichzeitig bestätigt sich, dass Xi-Steine überall dort gefunden werden können, wo einst Tibeter herrschten: im gesamten Himalaja vom Brahmaputra-Knie im Osten bis zum Indusknie 2500 km weiter westlich.

REINHOLD MESSNER, SKARDU,
14.9.2013

Die Buddhas auf einem hausgroßen Granitfelsen unterhalb des Satpara Lake sind so beeindruckend, dass ich mich nach

Tibet versetzt fühle. Ich erinnere mich an die vielen Felsritzungen im Industal, die vor allem Tiere darstellen und bis zu 10 000 Jahre alt sind: Steinbock, Schneeleopard, Markhor. Diese aus dem harten Granit herausgearbeiteten Buddhas und Bodhisattwas erzählen von einer Zeit, als Tibet eine Großmacht war und weit über Baltistan, Gilgit und Chitral hinausreichte.

Heute sind die Grenzkonflikte im Himalaja ganz anderer Natur als vor 1000, 500 oder 100 Jahren. Dazu kommen religiöse Auseinandersetzungen zwischen konservativen Schiiten und den nizaritischen Ismailiten, deren oberster Imam der Aga Kahn ist. Sie bewohnen die nördlichen Regionen Pakistans und sind liberaler in ihrer religiösen Weltanschauung als andere Muslime.

In den vergangenen Jahren kam es in der Gegend von Chilas im Industal wiederholt zu Erschießungen, niemand will die Verantwortlichen nennen. An der Bunar-Brücke brannten bei einem terrorgleichen Überfall fünf Busse aus, viele Männer wurden hingerichtet. Frauen und Kinder mussten mit ansehen, wie ihre Männer und Väter erschossen wurden, liefen verzweifelt in die Wüste. Am Babusar-Pass ereignete sich ein ähnliches Massaker. Spätestens nach der Tötung von elf Bergsteigern im Diamir-Basislager am Nanga Parbat wird klar, dass es nicht allein religiöse Motive für solche Verbrechen gibt. Die ausländischen Bergsteiger waren ja keine Muslime.

Was mich neben der Brutalität dieser Erschießungen erschreckt, ist das Schweigen der Einheimischen dazu. Sie machen Andeutungen, wagen es aber nicht, ihre Meinung dazu zu äußern. Als ob sie Angst hätten, ihr Wissen, ihre Wahrheit zu erzählen. Vor allem der Polizei gegenüber schweigen alle.

Hier fühle ich mich dennoch so sicher wie vor vierzig Jahren, als ich zum ersten Mal in den Karakorum aufbrach.

Die Menschen sind freundlich, offen, ohne sich ihre Sorge um den versickernden Tourismus, als Folge der Attentate, anmerken zu lassen.
Was religiöser Fundamentalismus anrichtet, ist so widersprüchlich, dass mich mein Unverständnis dafür förmlich lähmt.

REINHOLD MESSNER, TARISHING,
15.9.2013

Unsere heutige Reise im Geländewagen von Skardu nach Tarishing war alles andere als eine Sightseeingtour: die Wege vom letzten Schneefall aufgeweicht, der Wind aus Südwest kalt und die Berge verhangen.
Am Ghorepani machte ich kurz Halt, um nach Dremos Ausschau zu halten: Braunbären, die hier regelmäßig beobachtet werden. Umsonst, tagsüber sind sie kaum zu Gesicht zu bekommen. Die Wege – von Straßen zu sprechen wäre Hochstapelei – sind über lange Strecken hinweg übermurt, unterschwemmt oder überhaupt nicht mehr vorhanden. Irgendwie aber kommen die geschickten Fahrer doch immer weiter.
Ihr Gottvertrauen ist in jedem Fall größer als das meine. Oft erheben sich mehrere Hundert Meter hohe, brüchige Felswände über den Wegen, oder es ragen zimmergroße Granitblöcke aus Moränenwänden, die binnen Tagen, Wochen oder spätestens Monaten abstürzen werden. Hoffentlich fährt in diesem Augenblick niemand vorbei. Ein Fußgänger könnte sich vielleicht retten, die Insassen eines Fahrzeuges nicht.
Erst bei Dunkelheit kommen wir an. Der Himmel ist dicht bewölkt, nur ein Schimmer von Mondlicht zwischen den

Wolken lässt mich auf besseres Wetter hoffen. Der Nanga Parbat bleibt unsichtbar.
In Tarishing, beim ersten Milchtee, bespreche ich mit dem Dorfvorsteher die Situation eines Gebäudes, das ich im Rahmen meiner Stiftung MMF (Messner Mountain Foundation) errichten ließ. Es soll nicht länger leer stehen. Als Schule würde es dringend gebraucht und wäre mit geringen Mitteln auszustatten. Falls die verantwortlichen Männer in Rupal zustimmen, werden wir sofort handeln. Liver Khan, mein Mann, der für die Schulprojekte am Nanga Parbat verantwortlich ist, wird morgen mit mir die Verhandlungen führen. Wichtig bleibt, dass all die Kinder aus den obersten Tälern – Diamir, Rakhiot, Rupal – eine Grundschule besuchen. Ob es möglich sein wird, in Gilgit ein Schülerheim aufzubauen und zu betreiben, muss ich noch sehen. Es wäre dringend nötig: für die Waisenkinder und jene lernwilligen Oberschüler, deren Eltern die Mittel für einen Aufenthalt ihrer Kinder außerhalb der Familie nicht aufbringen können.

REINHOLD MESSNER, TARISHING, *16.9.2013*

Inzwischen bereits zum vierten Mal im Basislager auf der Tap-Alpe, kommt mir der Lagerplatz von 1970 richtig gemütlich vor. Die Vertrautheit, die ich schon nach wenigen Minuten empfinde, hatte sich damals nach sechs Wochen noch nicht eingestellt. Nur weil der machtbesessene Expeditionsleiter Herrligkoffer mit dem Verdecken seiner Unfähigkeit das Klima im Basislager vergiftete.
Was ist auch geblieben von seiner großspurig auftretenden Stiftung »Deutsches Institut für Auslandforschung«?

Keinerlei kulturelle, soziale oder geografische Resultate! Sogar seine medizinisch-wissenschaftlichen Erkenntnisse sind unbedeutend. Und Herrligkoffers deutschnationale Höhenflüge waren mit dem Gipfelgang des Österreichers Hermann Buhl schon 1953 nur noch die reine Peinlichkeit.

Morgen werden wir die Märchenwiese erreichen, und meine Gedanken gelten den ersten Expeditionen, die von Srinagar kommend einen langen Weg – Wochen durch Schnee, Schluchten, Steilhänge – zurücklegen mussten, um ins Basislager an der Süd-, West- oder Nordseite zu gelangen. Heute kann man bis nach Tarishing fahren. Von dort aus nur noch vier bis sechs Stunden ins »Herrligkoffer«- oder »Schell«-Basislager.

Von Diamoroi im Bunar-Tal, wohin ein Jeep-Fahrweg führt, braucht man zwei Tage bis ins Basislager zur Kinshofer-Route. Von Reisegruppen wird sie inzwischen als Aufstiegsweg genutzt, sobald sie einmal präpariert ist.

Zur Märchenwiese unter der Nordflanke sind es zwei Stunden Fußmarsch von Tato aus, wohin man über eine abenteuerliche Jeepstraße fahren kann. Der Buhl-Weg aber wird gemieden: zu lang, zu gefährlich, zu komplex.

Mit dem Vollmond scheint sich das Wetter zum Besseren zu wenden, und so hoffe ich, ein paar schöne Herbsttage auf der Märchenwiese zu verbringen.

Durch all die Erleichterungen, die es heute gibt – Fahrstraßen, Strom, Telefon –, scheint der Nanga Parbat irgendwie geschrumpft zu sein. Dabei ist sein Anblick nach wie vor faszinierend: der Höhenunterschied von der Basis zum Gipfel nicht abschätzbar, die Eisbalkone allerorten absturzbereit, die langen Grate nach Osten und Nordwesten hin Herausforderungen für die besten Bergsteiger von morgen.

Mein Blick ist ebenso ins Gestern wie ins Morgen gerichtet. Die Historie und die Möglichkeiten geben dem Berg seine

wahre Dimension. Nur wer ihn mit all seinen Winkeln verinnerlicht hat, kann seine Dimensionen begreifen.
Alle frühen Expeditionen sind inzwischen Legende. Von Albert F. Mummery bis Steve House. Auch wenn sich Touristen, die heute auf einer Piste über die Kinshofer-Route aufsteigen, wie Hermann Buhl fühlen mögen: Seine Stunde am Gipfel bleibt unverwechselbar. Und sie gehört nur ihm.

REINHOLD MESSNER, MÄRCHENWIESE, *17.9.2013*

Zum 69. Geburtstag auf der Märchenwiese am Nanga Parbat. Es ist ein klarer Abend, die vom Berg herabfließende Luft ist kalt, und die Nordwesthänge leuchten bis spät am Abend. Die Nacht kommt abrupt.
Wir alle sind in kleinen Holzcottages untergebracht und sitzen lange am Lagerfeuer, ehe im »Salon« mein Geburtstag gefeiert wird. Es gibt sogar Wein, wir sitzen auf Teppichpolstern und bleiben bis Mitternacht.
Die Märchenwiese gehört mit der Gschnagenhardt-Alm in den Dolomiten zu den schönsten Plätzen der Welt. Hier wie dort ist es die Spannung: zwischen dem horizontalen Grün der Wiese mit ihren hohen Pinien und dem Nanga Parbat, der mächtig darüber aufragt. Dort zwischen dem flachen Grün mit vereinzelten Zirbelbäumen und den dahinter senkrecht aufragenden Geislerspitzen. Mag sein, dass einer Landschaft erst mit der Aufklärung und Romantik ein positiver Wert zuerkannt wurde. Plätze wie Gschnagenhardt oder die Märchenwiese begeisterten die Menschheit wohl bereits in ihren Anfängen. Der Kontrast zwischen unten und oben, zwischen nutzloser und nutzbarer Welt, zwischen Gefahrenraum und Lebenswelt hat sie vor Jahrtausenden

schon beruhigt. Auch deshalb siedelten sie früh an solchen Plätzen.
Obwohl immer mehr Hütten für Touristen gebaut werden, erscheint die Alm harmonisch. Die Ruhe ist an jedem Fleck der weitverzweigten Wiesenflächen zwischen den Waldstücken zu spüren. Und diese Ausblicke: im Norden die erste Kette des Karakorum zwischen Haramosh und Rakposhi, im Süden die Rakhiot-Flanke des Nanga Parbat.
Anfang Mai kommen die ersten Almbauern auf den flachen Moränenrücken, der sich hoch über Tato fast 10 km weit zum Nanga Parbat hinzieht. In seiner Mitte liegt die Märchenwiese. Dazwischen Seen, Holzhütten und viel Wald. Ende September geht es zurück ins Tal. Dieser Rhythmus entspricht in etwa der alpinen Almwirtschaft, und neben der Harmonie des Ortes ist dies wohl der Grund, dass ich mich hier heimisch fühle.
An diesem besonderen Ort zu meditieren und die vielen Expeditionen, die seit 1932 hier vorbeigezogen sind, nochmals – oft bis zum bitteren Untergang – emotional zu begleiten lässt den Berg vor meinem inneren Auge wachsen und Menschen wieder auferstehen, die in der breiten Öffentlichkeit längst vergessen sind.

REINHOLD MESSNER, MÄRCHENWIESE, *19.9.2013*

Spät in der Nacht bringt ein bärtiger Mann einen Sack voller Schuhe vorbei. Er berichtet, dass er sie vor wenigen Jahren in einer Art Eishöhle auf dem Toteisgletscher fand. Auch Knochen waren dabei, viele und verweste Kleider, Papier, das beim Anfassen zerbröselte. Die verschiedenen Fußbekleidungen sind zum Teil paarweise zusammengestellt, einige sind einzeln, alle jedoch mit Tricouninägeln versehen, verformt und von modrigem Geruch. Mit solchen Schuhen kann doch niemand auf den Nanga Parbat steigen, denke ich spontan. Allein schon das Gewicht, und wie sollte man damit am Fels klettern!

Nach einigen Überlegungen – 1934 beispielsweise starben viele Bergsteiger und Sherpas einzeln oder zu zweit – ist eindeutig klar, dass die Schuhe aus dem Eis des Rakhiot-Gletschers nur von der Tragödie 1937 stammen können.

16 Männer, Sherpas und Sahibs, wurden damals unter dem Rakhiot-Peak von einer Lawine verschüttet. Ein Suchtrupp, angeführt von Paul Bauer, barg die Leichen und beerdigte sie im Eis. Nun tauchten die Überreste dieser Expedition im Toteisgletscher auf. 75 Jahre lang trug der Gletscher das Massengrab talwärts, und Einheimische fanden es zufällig.

Die halbe Nacht lang beschäftigen mich die Schuhe der Wien-Expedition 1937 am Nanga: Wie viel schwieriger als heute war es damals, in die 8000er-Region vorzustoßen. Selbst unsere Stiefel von 1970 waren noch klobig und schwer. Aber wenigstens dreischichtig und damit gut isoliert. Kletterte man jedoch wochenlang durch Schneehänge und Eisflanken, ohne sie trocknen zu können, waren sie zuletzt wie Eisklumpen. Daher mied man später Lederschuhe und entwickelte Kunststoffstiefel, die am Abend im Zelt überm Brenner rasch zu trocknen sind.

So wie die Schuhe sind alle Ausrüstungsstücke längst besser und leichter geworden. Vor allem die Kleider. Nur wer je in Händen hielt, was Bergsteiger vor 75 oder 100 Jahren an und mit sich trugen, wird begreifen können, wie viel Begeisterung, Leidensfähigkeit und Ausdauer sie beseelt haben müssen.

Ich will nicht die Glorie guter alter Zeiten beschwören, nur die heutigen Leistungen relativieren, wenn Touristen sich am Nanga Parbat als überlegene Gipfelsieger fühlen, nachdem sie mit bester Ausrüstung, betreut von Führern und über eine eingerichtete Klettersteig-Piste, aufgestiegen sind. Nur drei Expeditionen waren bis heute an der Rakhiot-Seite des Nanga Parbat erfolgreich. 55 Jahre lang gelang es niemandem, den Gipfel eines Achttausenders zu erreichen. Heute steigen oft halbe Hundertschaften in einer Saison über die Kinshofer-Route auf den Nanga Parbat, die wenigsten von ihnen wissen, wie groß dieser Berg einst war.

REINHOLD MESSNER, SOST,
20.9.2013

Es besteht kein Zweifel: Der Norden Pakistans gehört den Chinesen. Nicht, dass sie das Land etwa besetzt hätten. Doch sie beliefern es mit Gütern, bauen Tunnels, Straßen, Brücken, und das mit einer Selbstverständlichkeit, die frappierend ist. Der Khunjerab-Pass, 4700 m hoch, ist das Tor zwischen China und Pakistan und der Weg zum Hochseehafen nahe Karachi. Von dort aus soll der Westen mit Gütern aus China beliefert werden.

2010 ging ein enormer Erd- und Steinrutsch aus der rechten Bergflanke über dem Hunza-Fluss, kurz nach Karimabad, nieder und versperrte das Tal. Ein 15 km langer See staute sich auf, doch man dachte gar nicht daran, deswegen den gefährlichen Karakorum Highway, der von Chinesen erbaut und 1986 fertiggestellt worden war, aufzugeben. Jetzt bauen junge chinesische Ingenieure mit chinesischen Baumaschinen und vielen lokalen Arbeitern einen Umgehungstunnel und Brücken. Der Highway wird in wenigen Jahren besser sein als je zuvor.

Trotz der Streckenunterbrechung läuft der Güterverkehr weiter: Über den Khunjerab kommen große chinesische

Lastwagen, deren Frachtgut kurz nach Pasu auf Boote umgeladen, über den »künstlichen« See transportiert und am anderen Ufer wieder auf Lastwagen verstaut wird. Und weiter geht die Reise. Auch wir setzten mit dieser Methode über, und ich finde, der türkisblaue Attabad-See ist eine zusätzliche Attraktion für das Hunza-Tal.

Die Fahrt von Gilgit zur chinesischen Grenze ist zwar kein Abenteuer, bleibt aber gefährlich. Oft erheben sich senkrechte Felswände brüchigen Gesteins unmittelbar über der Fahrstraße, 300–400 Meter hoch. Felsstücke, so groß wie Häuser, könnten jederzeit abbrechen und die Autos darunter platt walzen. Es liegt auch überall Geröll auf der Straße, das von Baggern regelmäßig entfernt wird. Es reichen ein paar Steinböcke – ich habe es selbst beobachtet –, um einen Steilhang in Bewegung zu setzen, und schon geht auf den Highway weiter unten ein Steinhagel nieder.

REINHOLD MESSNER, PASU,

21.9.2013

Bei dem »Big Game«, das England und Russland vor bald 200 Jahren miteinander spielten, drehte sich alles um die Vorherrschaft in Asien. Von Sibirien aus infiltrierten die Russen Pamir, Hindukusch und Karakorum, jenes große Gebirge, das von den Engländern, als indische Kolonialherren, von Süden her bedrängt wurde. Der Himalajabogen wurde so zu einer Art Puffer zwischen dem indischen Subkontinent und Sibirien bzw. Tibet, damals ein völlig unzugängliches Hochland.

Vom heutigen Rawalpindi aus gelangten die Engländer über Gilgit und Hunza in das Niemandsland, in dem Karakorum, Himalaja, Hindukusch und Pamir aufeinanderstoßen, doch nicht weiter. 1904 überschritt Francis Younghusband mit einem kleinen Reiterheer die Grenze zwischen Sikkim und Tibet, überquerte den Himalaja und schoss sich bis nach Lhasa durch. Unter diesem Druck gewährte der damalige Dalai Lama den Engländern ein Vorrecht bei der Vermessung und Eroberung des Himalaja.

Viel weiter kam man nicht, und als die Engländer 1947 den Subkontinent aufgaben, hinterließen sie zwei Staaten: das großteils hinduistische Indien und das vornehmlich muslimische Pakistan. Dazwischen das bis heute umstrittene Kaschmir. Die Befriedung der Region ist in 70 Jahren nicht gelungen.

Heute liegt eine ganz andere Situation vor. Pakistan verbündete sich früh mit China und soll als Korridor für Güter aus dem Reich der Mitte in den Mittleren Orient dienen. Die Straße von Sinkiang über den Karakorum, durch das Industal bis nach Islamabad, ist seit 1986 fertiggestellt. Eine Bahnlinie ist zusätzlich geplant. Die Verbindung weiter nach Süden, bis zum Hafen von Karachi, soll weiter ausgebaut werden. Es geht den Großmächten um Märkte, Ressourcen und vor allem ums Öl. Und alles soll in und über pakistanisches Hoheitsgebiet erschlossen werden.

Indien interveniert und investiert über Afghanistan in dieses »Big Game«, welches die USA zu stören trachtet. Viele Mudschahedin, einst von amerikanischer CIA gegen die Sowjets aufgerüstet, werden inzwischen als Taliban als Auftragskiller angeheuert. Von wem und in wessen Interesse auch immer: eine prekäre Situation, die die einst wilden Bergregionen, in denen schon immer Stammesfehden ausgefochten wurden, zu einem ewigen Krisengebiet macht. Die einzige Wirtschaftsform neben der Selbstversorgerlandwirtschaft, die Hoffnung in diese Bergregion trug, der Tourismus, kommt damit zum Erliegen. Armut, Arbeits- und Hoffnungslosigkeit treiben weitere junge Menschen in ihrer Verzweiflung in die Hände jener, die nichts anders gelernt haben als eine Kalaschnikow zu bedienen.

REINHOLD MESSNER, NEW DELHI, *24.2.2014*

Empfang bei Colonel Kohli. Colonel Khumar, der den modernen Alpinismus in Indien einführte und »Bull« genannt wird, ist da, ein paar junge Bergsteiger und die Kinder, Enkel und Schwäger/innen von Mr. Kohli.
Die beiden schauen stolz auf ihre Bergsteigerkarrieren zurück. Col. Khumar als Expeditionsleiter 1977 am Kantsch-Nordostsporn, Col. Kohli als Leiter der erfolgreichen indischen Everest-Expedition 1965. Und ich staune über ihr gutes Gedächtnis, sind doch beide schon über 80. Sie erzählen von Nanda Devi, Nanda Kot, Annapurna III, Siniolchu, Mount Everest und Kangchenjunga. Col. Kohli ist immer noch erstaunt, dass die Plutonium-Batterien, die sie 1965 im Herbst bei einer Aktion der CIA (Joint Venture Indien/USA, um China auszuspähen) hoch oben an der Nanda Devi platziert hatten, bisher keinen Schaden angerichtet haben.
Die Funkstation war abgestürzt und nie gefunden worden. Man brachte eine zweite Funkstation auf den Nanda Kot. Sie funktionierte, schmolz allerdings tief ins Eis ein und schuf so einen natürlichen Dom, eine halbkugelförmige Höhle mit 7 Metern Durchmesser. Diese zweite Station wurde wieder heruntergeholt und in die USA verfrachtet, denn in der Zwischenzeit erledigten bereits Satelliten die gewünschte Aufklärungsarbeit. Auf welche Ideen Menschen kommen, wenn es um das globale Machtgefüge auf unserer Erde geht …

REINHOLD MESSNER, LEH, 3500 M,
25.2.2014

Im Nebelgrau des frühen Tages hebt die Maschine in New Delhi ab. Ausgebucht. Mit Mühe bringen wir unser Übergepäck unter. Außer unserer Gruppe befinden sich nur zwei weitere Ausländer unter den Fluggästen. Alle Übrigen sind Tibeter/innen, also Menschen aus Ladakh. Es riecht auch nach Tibet.

Im Dragon Hotel finden wir Quartier. Wie hat sich dieser Ort vergrößert: Heute leben 50 000 Menschen in Leh, bis weit in umliegende Täler hinein wird gebaut, die Felder zwischen den Straßenzügen sind geschrumpft, und die Häuser weisen insgesamt mehr indisches als tibetisches Flair auf.

Dazu kommen die Militärsiedlungen, ganze Städte, die nach dem Krieg mit China, dem Kaschmir-Konflikt und dem Streit mit Pakistan um den Siachen-Gletscher hier entstanden sind.

Der Königspalast, grau in grau, an eine Felsschulter gebaut, ist ziemlich verwahrlost. Vom Stadtzentrum aus gesehen, hinterlässt er doch noch immer einen starken Eindruck.

Die Hälfte der Läden in der Innenstadt verkauft »Antiquitäten«, allerdings sind fast alles Repliken und Souvenirs von minderer Qualität.

Der viele Staub in den Gassen und Straßen, ständiger Wind und die Wüstenlandschaft, die sich über den Stadtrand hinaus bis an die unteren Schneeränder fortzusetzen scheint, machen müde. Es ist nicht besonders kalt, die Sonneneinstrahlung mittags recht stark, meist aber ist der Himmel von dünnem Gewölk überzogen: im matten Licht dieser sonnenlosen Tage eine trostlose Welt.

REINHOLD MESSNER, LEH,
26.2.2014

Heute wurden die Klöster Thiksey und Hemis besucht. Auf der Rückreise kommen wir dann noch bei einer Schamanin vorbei, die man hier »Orakel« nennt. Was sie voraussagt, ist weniger, als die Allgemeinheit bereits weiß. Ihr »Zauber«, den sie aufführt, imponiert jedoch: Sie bellt, hustet, schreit, schnaubt und zittert am ganzen Körper, ehe sie sich äußert. Sie erzählt uns, sie habe ihr Wissen vererbt bekommen und durch Übung, wofür sie lange arbeiten musste. Die Einheimischen sind beeindruckt, doch für aufgeklärte Menschen wirkt das Ganze wie schlechte Comedy. Ähnlichkeiten gibt es in allen Religionen, in Hochasien finden sich aber ganz besonders viele Wahrsager bzw. »Orakel«, die mit ihrer Kunst hausieren gehen und damit versuchen, Menschen zu trösten – eine Aufgabe, wie sie sonst üblicherweise Priester übernehmen.

Die Unterschiede zwischen den beiden berühmten Klöstern Thiksey und Hemis könnten größer nicht sein. In Thiksey ist die Klosterwelt und deren Umgebung sauber. Das Gebäude ist auf einem Felsvorsprung errichtet, das Industal und viele Ländereien der Mönchsgemeinschaft befinden sich unmittelbar darunter. Alles wird gepflegt, die Wege sind gepflastert, die Wandmalereien restauriert. Innerhalb der Klostermauern findet sich eine Apotheke mit tibetischer Medizin, ein Vortragssaal sowie Kiosk, Restaurant, Cafeteria. Diese Infrastruktur westlichen Zuschnitts scheint dem Kloster gut zu tun. Dazu gehören auch die vielen Parkplätze, die vor dem Haupttor angelegt wurden.

Anders Hemis. Dieses Kloster liegt versteckt in einer Felsschlucht, orografisch links im Industal, und hat viel Flair. Die Umgebung aber ist vermüllt, das Gemäuer bröckelt, und ich konnte nur wenige Mönche entdecken. Vielleicht erklärt sich der Unterschied durch die jeweilige Klosterleitung. Der Head-Lama von Thiksey war Abgeordneter im indischen Parlament, jener von Hemis mag zwar lebensfroh sein, praktisch veranlagt ist er offensichtlich nicht.

REINHOLD MESSNER, LEH, *27.2.2014*

Zwischen Jetlag und Luftmangel verbrachte ich keine gute Nacht. Zudem bellt irgendwo ausdauernd ein Hund. Während des Wartens auf den Beginn einer Puja im Kloster am Palast – mehr als sechshundert Jahre alte Mauern, dem Potala in Lhasa nicht unähnlich – beobachte ich die eintrudelnden Gäste. Fast ausschließlich Einheimische. Am Ende ist nicht nur der Klosterhof besetzt, sondern auch die Terrassen darüber und die Felsflanke bis unter einen Festungsturm, an dem unzählige Gebetsfahnen flattern. Ein Bild des Glaubens!

Die Maskentänze – Buddha, der Tod, tantrische Rituale – erinnerten mich an das Mani-Rimdu-Fest in Tengboche im Solo Khumbu. Die Kultur ist ja in ihren Grundsätzen dieselbe, mehrheitlich auch die Religion. Dazu kommen noch einige Hindus, ein Dutzend christliche Familien, und etwa ein Fünftel der Bevölkerung ist muslimisch. Drei weithin sichtbare Moscheen beweisen die Toleranz, die den Bergbewohnern zu eigen ist.

Nachmittags ist Markt in der Stadt, und hier wird die Nähe zu China besonders deutlich, auch die Spiellust dieser Leute. Auf der Straße werden billiges Schuhwerk, Stoffe, Kleider und vor allem Spielzeug aus China angeboten. Dazwischen, an Spieltischen, um die sich Trauben von

Männern drängen, opfert man dem Glücksspiel. Zum Teil mit hohen Einsätzen.
In einem Teppichladen finde ich an die 50 tibetische Teppiche aufgestapelt: Läufer, Satteldecken, Lama-Capes. Auf mein Angebot für einen klassischen Tibeter will der Händler jedoch nicht eingehen. Zurück in Tibet, woher die alten Teppiche zweifellos kommen, bringen sie heute mehr ein, meint er. Denn Chinesen und junge Tibeter haben inzwischen ihre Vorliebe für tibetische Kultur entdeckt.

REINHOLD MESSNER, CHANGTANG, *28.2.2014*

Durch eine grandiose Schlucht geht es das Industal hinauf und nach rechts weiter über einen 4950 m hohen Pass, dann erreichen wir einen austrocknenden Salzsee. An seinen Ufern verbringen ein halbes Dutzend Clans von Tibetern und Ladakhi als Halbnomaden ihre Winter. In kleinen Siedlungen – Steinhaufen mit Flachdächern und Kogen, die von Steinmauern eingefasst sind – leben sie wie in der Steinzeit. Meist besteht ein solcher Clan aus 10 bis 20 Familien. Die Herden – Ziegen, Schafe, Yaks – werden am Morgen auf die Weide getrieben und kommen abends in genauer Reihenfolge zurück. Sie finden ihre Kogen und bleiben eng aneinandergekauert so stehen, dass sie sich gegenseitig warm halten können. Morgens dampft die Luft über den wolligen Rücken. Nur einzelne Tiere werden gemolken: Milch für den täglichen Gebrauch. Kleine Lämmer und Kitze bleiben untertags im Kogen.
Die Milch wird den Sommer über zu Butter und Käse verarbeitet, sodass genug Reserven für den harten Winter bleiben, der vier Monate lang dauert. Bis zu 40° minus können

es im Jänner werden, dazu der Wind und die ärmlichen Behausungen. Ein Wunder, dass die Menschen unter solchen Umständen überleben. Nur weil ihre Kultur, ein antikes Know-how, überlebt hat, bleibt ihnen auch morgen noch eine Überlebenschance.
Den relativ warmen Sommer über als Nomade von Weideplatz zu Weideplatz zu ziehen, die Nächte im großen schwarzen Yakhaarzelt zu verbringen, den ganzen Tag draußen bei den Tieren zu sein – eine romantische Vorstellung zwar, doch die Winter wären für uns Mitteleuropäer ein Albtraum.

REINHOLD MESSNER, BEI NOMADEN, *1.3.2014*

Besuch in einem Tibet-Winterlager: Am Rande eines Hügels steht eine Stupa: steingemauert, 10 m hoch, jahrhundertealt. An einem Platz, der offensichtlich seit ebenso langer Zeit einer Sippe aus Tibet als Winterlager dient, hier am Tso Kar-See. Die Sommerweiden liegen in der tibetischen Changtang.
Ein halbes Dutzend Familien mit ihren 500 Schafen, 100 Yaks, Kaschmirziegen leben auf einem Geländeband, etwa hundert Meter über dem See. Sie schmelzen Schnee zu Trinkwasser, horten kleine Mengen Heu für Notfälle und füttern den Tieren Gemüsereste und Getreide zu. Ihre Häuser, vielleicht 6 × 5 m im Quadrat, bestehen aus einem Vorrats- und einem Wohnschlafraum, wo gekocht, gegessen und geruht wird.
Bei einer Familie zu Gast, staunte ich über die gemütliche Atmosphäre und die Lebensfreude, welche die Kinder ausstrahlten. Gerade buk die Hausfrau eine Art Faschings-

krapfen, ihr Mann zerkleinerte Schafskäse, den er mit etwa 4 kg Schafsbutter vermengte. Es entstand ein süßliches, sehr nahrhaftes Gemisch, das zum tibetischen Neujahrsfest, das morgen beginnt, innerhalb von zwei Wochen gegessen wird. Auch auf den langen Märschen von einem Lagerplatz zum nächsten führt man diese Art Fett als Grundnahrung mit.

Die einzelnen Lagerplätze waren ziemlich unaufgeräumt, die Tiere aber wirkten gesund und robust. Im Gegensatz zu den kleinen Tibet-Ponys waren die herumstehenden Autos größtenteils unbrauchbar. Überall lagen Autoteile herum. Als ob die Hoffnung bestünde, später wenigstens aus allen Teilen etwas Ganzes bauen zu können. Die Tibeter kommen ja ansonsten mit fast allen Problemen zurecht.

REINHOLD MESSNER, LEH, TIBETISCHES NEUJAHRSFEST, *2.3.2014*

In der Frühe besuche ich einen Lehrer in Leh, der sein Haus, Hausaltar und das Wohnzimmer fürs tibetische Neujahrsfest geschmückt hat. Die in Fett herausgebackenen Krapfen für die kommenden zwei Wochen sind säuberlich unter dem Hausaltar aufgeschichtet. Dort brennt eine Butterlampe, und auch andere Süßigkeiten stehen bereit. Der Wohnraum ist klein, aber gemütlich, alles wirkt warm und aufgeräumt. Die Halle, die ich dann später betrete, vermittelt einen Disneyland-ähnlichen Eindruck. Was für Gegensätze! Hier ein Paar, das, wie in Tibet üblich, das Neujahrsfest über zwei Wochen lang feiert, dort das offizielle Ladakh: hohe Militärs, Politiker und lokale Organisationen, die sich gegenseitig eine »heile Welt« zwischen den Bergen vorspielen.

Die geladenen Gäste fahren in Geländewagen vor, alle mit Chauffeur, und schon ihr Anbrausen verrät ihre Haltung: Niemand sollte sich ihnen in den Weg stellen. Dann hocken sie an ihren Tischen, während Ladakhis laut Musik machen, wie in Amerika. Bei Heavy-Metal-Lautstärke, wie in einer Berliner Disco, werden indische und tibetische Songs geschmettert. Während die Gäste, großteils uninteressiert, verhalten klatschen und die Snacks genießen, die ihnen von Dienern und Dienerinnen an die Tische gebracht werden. Der offizielle Teil beginnt mit der Begrüßung aller anwesenden Autoritäten, es folgen die Reden all derer, die »ununterbrochen für die lokale Bevölkerung arbeiten« und noch viel Gutes tun wollen. In gutem Englisch führt eine Moderatorin durch den Nachmittag. Wohl wissend, dass die Menschen in Ladakh ihnen nicht zuhören konnten, verlassen alle Anwesenden den Festplatz voller Stolz: Das neue Jahr möge kommen.

REINHOLD MESSNER, KARDUNG LA, NUBRA-TAL, *3.3.2014*

Noch bei Dunkelheit verlassen wir Leh. Am ersten Checkpoint werden Ketten montiert, dann geht es über eine Schneepiste in weit ausladenden Serpentinen bergwärts, bei flacher Steigung. Probleme bereiten das Ausweichen bei Gegenverkehr und eingefrorene Dieselleitungen. Wiederholt müssen die Geländewagen durch Hitzequellen wie Atemluft, Feuer, heißes Wasser wieder funktionsfähig gemacht werden.
Am Pass auf ca. 5400 m Höhe ist es sehr kalt, geschätzte −25 °C, dazu ist es windig. Wir verlieren Zeit mit Filmarbeit und streikenden Motoren.

Die Fahrt hinunter ins Nubra-Tal verläuft reibungslos, und wir nächtigen in einem Rasthaus an der Straße Richtung Siachen Base Camp.
Am nächsten Vormittag ist die Fahrt zwischen gigantischen Granitwänden hindurch wirklich eindrucksvoll. Die Straße führt durch ein flaches Flusstal, und darüber, zur Rechten, zur Linken, ragen Felspfeiler auf, die sich in den Schneewolken 1000 m höher verlieren: Yosemite im Dutzend. Als wir über eine Eisenbrücke ins Lager einbiegen, sind wir willkommen geheißen: betreut und kontrolliert zugleich. Der Lagerkommandant empfängt uns, lässt Snacks und Getränke auffahren, präsentiert uns einen Lichtbildvortrag über Historie, Sinn und Zweck der Siachen-Operation und verweist auf die vielen Opfer, die diese pakistanische Aggression bereits gekostet hat. Alles aus indischer Sicht selbstverständlich.
Colonel »Bull« Khumar ist ein Draufgänger, der als soldatischer Bergsteiger das Siachen-Gebiet zu Indien schlagen wollte. Mit seinen Expeditionen in ein bis dahin nicht beachtetes Niemandsland rief er die Pakistani auf den Plan, die das Siachen-Gebiet bis zum Indira-Col für sich reklamieren.
Seit dreißig Jahren (1984–2014) herrscht nun hoch oben in den Bergen, entlang der gesamten Saltoro-Kette, ein Stellungskrieg. Allein die Frontlinie erstreckt sich über 68 Meilen.

REINHOLD MESSNER, SIACHEN BASE CAMP, *4.3.2014*

Wie können so viele Menschen geopfert und Unsummen von Dollar – man spricht von 6 Milliarden in Pakistan,

10 Milliarden von indischer Seite – ausgegeben werden, nur um einen Winkel der Erde zu verteidigen, in dem niemand lebt, nichts wächst und Bodenschätze auch in 1000 Jahren nicht gefördert werden können? Dort oben existieren nur Gletscher, die größten zusammenhängenden Eismassen außerhalb der Polar- und einiger weniger Inlandeisgebiete der Welt sowie Geröll und Eisgipfel. Vier bis sechs Monate bleiben die Grenzposten in Kuppelbauten aus Kevlar und Plastik jahraus, jahrein auf ihrem Platz. Die Temperatur sinkt bis – 50 °C, dazu kommen häufig Wind, Lawinengefahr und das Ausgesetztsein in einer unberechenbaren Natur.

Schon Forscher und frühe Bergsteiger stießen einst in diese Regionen vor: aus Neugier, Eroberungswillen und freiwillig. Die Soldaten, eigens trainiert und geschult, tun ihren Dienst nicht unbedingt freiwillig, aber selbstverständlich, und alle wirken dabei zufrieden mit ihren jeweiligen Aufgaben. In 6000 m Meereshöhe gedient zu haben macht offensichtlich stolz. Auch wenn derzeit Waffenstillstand herrscht.

Wir wohnen einer Show bei, die Neuankömmlingen – Rekruten aus ganz Indien – zeigen soll, was sie alles lernen müssen, ehe sie, körperliche Leistungsfähigkeit vorausgesetzt, in die Höhe geschickt werden: Von Lager zu Lager sich akklimatisierend, gelangen sie nach zwei Wochen in eine Arena aus Schnee und Eis, die sie sich in ihren kühnsten Träumen nicht hätten ausmalen können.

Dieser Stellungskrieg im Karakorum erinnert ein wenig an die Dolomiten- oder Ortler-Front im Ersten Weltkrieg. Letztere dauerte drei Jahre, von 1915 bis 1918. Hier liegen sich Inder und Pakistani seit 30! Jahren gegenüber, hoch oben im Gebirge – bis in 6000 m Meereshöhe.

REINHOLD MESSNER, SIACHEN BASE CAMP UND LEH,

5.3.2014

Über Sinn und Zweck einer solchen Operation lohnt es sich nachzudenken. Jedes Nachfragen bei der Lagerführung bringt aber nur Kopfschütteln ein: Hier geht es doch um Heldentum, Steigerung von Know-how und die Ausbildung von Bergsoldaten. In Indien sind alle Expeditionen mit dem Militär verknüpft. Sie sind wie Kriegszüge, und Erfolge werden gefeiert wie Siege.

Auf beiden Seiten versuchen nicht nur Generäle, ihr Image durch solche Aktionen zu steigern, vor allem Politiker verstehen es, das Nationalbewusstsein ihrer Wähler mit Feindbildern und Siegesmeldungen anzuheizen. Von 1962 bis heute ging es bei den Kriegen an den Grenzen Indiens – zu Pakistan bzw. China – weniger um einen umstrittenen Teil des Himalaja oder Karakorum, sondern mehr um Ehre, Machtgehabe und Sturheit.

Bei einer morgendlichen Zeremonie am Kriegerdenkmal wird deutlich, dass die gefallenen Soldaten den Machthabenden im Hintergrund – ob militärischer oder politischer Natur – als Mittel zum Zweck dienen. Sie wurden zum Stoff, aus dem, mit nationalistisch gesinnten Bürgern, landesweiter Aggression und damit ohne viel weiteren propagandistischen Aufwand, immer wieder neue Grenzkonflikte geschmiedet werden können. Als wären in solchen Zivilisationen, bei innenpolitischen Problemen, ständig neue Kriegsschauplätze zwingend die Folge.

REINHOLD MESSNER, LEH, *6.3.2014*

Im Museum, der »Hall of Fame«, sitze ich den alten Herren des Kriegsgeschehens in Indien während des vergangenen halben Jahrhunderts gegenüber: Colonel Khumar und Sherpa Wangchuk. Dieser, ein Sherpa aus Darjeeling, hatte Colonel Kohli an die Nanda Devi begleitet und erzählt haarsträubende Geschichten darüber: Bei der ersten Expedition gelang es weder, den Gipfel zu erreichen, noch die nuklearbetriebene Abhöranlage so zu installieren, dass sie funktionierte. Es wurden keine Signale aus China empfangen. Wegen schlechten Wetters gelang es nicht, die von Barry Bishop trainierte Spitzengruppe, dazu Tom Frost, Lute Jerstard und Sandy Bill zu erreichen. Pasang Dawa Lama stürzte beim Versuch, über eine glatte Eisrinne zum Lager IV vorzustoßen. Die anderen stiegen, da ohne Nachschub, wieder ab, hatten aber die Anlage nur notdürftig verankert. Sie ist wohl wenig später abgestürzt. Auch ein zweiter Versuch an der Nanda Devi scheiterte. Am Nanda Kot, immer unter der Leitung von Colonel Kohli, gelang zwar der Gipfelgang und die Montage der vom Geheimdienst (Indien und USA) ausgeklügelten, nuklearbetriebenen Abhöranlage, aber wieder ohne viel Erfolg.
Wangchuk Sherpa konnte dann erst am ca. 5600 m hohen Kardung La eine stabile, nutz- und kontrollierbare Station aufbauen und betreuen. Nachdem die Abhör-Spionage bald darauf über Satellit möglich wurde, verlor die Mission jede Bedeutung. Mit allen nötigen Schutzvorrichtungen versehen, wurden die radioaktiven Teile auf Yakrücken vom Berg geholt und nach Amerika verbracht.
Beide Teufelskerle, Colonel Khumar und Wangchuk Sherpa, fühlen ihre Leistungen bis heute verkannt. Die hohen Orden holten sich andere. Den Ruhm, den Norden Indiens zurück-

erobert zu haben, will weder das Militär noch der Staat mit ihnen teilen. Denn: »Der Ruhm gebührt jenen, die für die Sache und Indien im Kampf gegen die Feinde gefallen sind.«

REINHOLD MESSNER, LEH UND DELHI, *7.3.2014*

Herrliches Wetter. Pünktlicher Flug. In Delhi auf Einkaufstour.

REINHOLD MESSNER, *2014*

Die Dominanz der geführten Kunden von Hochtourismusanbietern an Achttausendern verändert das Extrembergsteigen der Gegenwart dramatisch. Der Alpinist muss sich damit noch mehr absetzen vom konventionellen, gewohnheitsmäßigen Alpinismus – und er muss noch mehr riskieren. Schon 1977/78 begann der Franzose Ivano Ghirardini mit dem sogenannten Enchainement, der Aneinanderreihung von zu durchsteigenden Wänden. 1985 setzte der Franzose Christophe Profit mit dem Durchsteigen der drei großen Nordwände – Eiger, Matterhorn und Grandes Jorasses – in unter 24 Stunden, wobei er sich mit dem Helikopter jeweils zum Einstieg fliegen ließ, Maßstäbe für die Zukunft. Der Schweizer Ueli Steck stellte 2008 einen Geschwindigkeitsrekord in der Eigernordwand auf: 2:47,33 Stunden über die Route der Erstbesteiger. Karl Unterkircher aus Gröden bestieg 2004 innerhalb von 63 Tagen den Mount Everest und den K2, die höchsten Berge der Welt. Und im

Jahr 2005 bestieg Christian Stangl aus Österreich – derselbe Stangl, der später einräumen musste, nicht auf dem Gipfel des K2 gewesen zu sein – zehn Sechstausender in sieben Tagen. Stangl gelang auch das »Seven-Summits-Speed-Project«, die höchsten Gipfel der sieben Kontinente in – addiert – möglichst kurzer Zeit zu besteigen: Den Mount Everest bezwang er in 16:42 Stunden, bei der Besteigung des Aconcagua (6962 m) in Argentinien, des Elbrus, des Kibo im Kilimanjaro-Massiv (5895 m), des Mount Vinson (4892 m oder 5140 m) in der Antarktika und der Carstensz-Pyramide (auch Puncak Jaya, 4884 m) gelang ihm jeweils ein Aufstieg in Rekordzeit. Die Zukunft des Alpinismus liegt aber nicht im Spektakulären: Wenn es nicht mehr höher geht, muss es nicht unbedingt schneller, schwieriger und besonders kombiniert sein, sondern selbstverantwortet und mit bescheidenen Mitteln erreicht.

REINHOLD MESSNER, BRIEF AN DEN WEGGEFÄHRTEN RALF-PETER MÄRTIN,

2 Tage vor dessen Tod
Meran, 24. April 2016

Lieber Ralf,
da ich immer noch nicht mit dem Computer umzugehen weiß, schreibe ich Dir diese letzten Zeilen per Hand. Ich weiß, dass sie kein Trost sind, aber ein Dank: für die vielen Tage, die wir zusammen unterwegs waren, für die Nächte, die wir durchdiskutiert, und die Rotweinflaschen, die wir miteinander genossen haben. Dank auch für das Nanga-Buch, das bleiben wird, und viele Deiner Ideen, die Du mir gegeben hast und die in mir weiterleben, bis auch ich mich in der Unendlichkeit verliere.

Ich bewundere Dich für Deinen mutigen Schritt – einen goldenen Schritt –, denn damit bleibst Du bis zuletzt ein Handelnder. Ein Trost ist mir, Dich durch die vielen gemeinsamen Erfahrungen in meinem Erinnerungsspeicher immer bei mir zu haben. Und dass wir in Irene, auf die wir gut aufpassen werden, eine verbindende Brücke haben.
Diesmal ein »Kalipé« und ein lautes »Lagyeló«.
Dein Reinhold

Kalipé: tibetisch »Immer behutsamen Schrittes«,
Lagyeló: tibetisch »Die Götter seien gütig«.

REINHOLD MESSNER, 2016/2017 SOLO KHUMBU, NEPAL, KATHMANDU,
28.10.2016

Im Flugzeug von Abu Dhabi nach Kathmandu sitzen Trekker aus ganz Europa. Ich erkenne sie an ihren Schuhen, Jacken und Gesten. Ihr Blick ist in die Ferne gerichtet, das Handgepäck ein Rucksack. Sie alle sind neugierig: Wie hat sich Kathmandu inzwischen entwickelt? Ist im Solo Khumbu bereits Schnee gefallen?
Das Erdbeben liegt erst zweieinhalb Jahre zurück, und der Wiederaufbau dauert an. Viele dieser Nepal-Freunde hier haben gespendet oder sogar ein eigenes Projekt in Angriff genommen: eine Schule wieder aufgebaut, ein Waisenhaus, eine zerstörte Brücke. Auch ich engagiere mich in Nepal seit Jahren: In Khunde musste das Krankenhaus, das Sir Edmund Hillary einst mit seiner Stiftung »Himalayan Foundation« aufgebaut hatte, abgerissen werden. Zusammen mit Wolfgang Nairz finanziert meine MMF (Messner Mountain Foundation) Teile des Wiederaufbaues. Bald ist

in Khunde Winter, und der Schnee macht die Bauarbeiten unmöglich.
Sehr gespannt bin ich darauf, wie sich der Arzt zwischen Bauruinen und Neubau wohl eingerichtet hat. Auch zu hören, wie die Menschen mit dem Schock, den die starken Erdbeben vom 25.4. und 12.5.2015 ausgelöst hatten, zurechtkommen. Die Plattentektonik lässt die Erde beben, da sich die indische Kontinentalplatte unter die eurasische und speziell auch die tibetische Platte schiebt. Vor allem am südlichen Fuße des Himalaja. Genau dort verläuft die Bruchlinie.
Viele Nepalesen glauben jedoch an Götter, die unsere Welt verändern. Sie fliehen einfach in ihre Schicksalsergebenheit und bleiben. In ihren Tälern, in Kathmandu, bauen dort vielleicht erdbebensichere Häuser und warten dann auf das nächste Beben. Wo sollten sie auch hingehen? Nepal ist ein dicht besiedeltes Land, an seinem Nordrand ragt der Himalaja auf, entstanden durch den über Jahrmillionen anhaltenden Druck in der Erdkruste. Die Menschenzeit ist nur ein Augenblick in der Erdgeschichte, weshalb es so schwierig ist, persönliche Antworten zu finden auf eine Erdbebenkatastrophe oder den endlosen Monsunregen. Es ist weder zu riechen noch zu sehen, dass die feuchtwarme Luft, die vom Golf von Bengalen und dem Persischen Golf gegen den Himalaja strömt – ein Hindernis von fast 9 km Höhe bzw. 3000 km Länge –, dann an seinen Südhängen emporsteigt, kondensiert und sich als Schnee und Regen niederschlägt.

REINHOLD MESSNER,
29.10.2016

Im Basislager am Fuße der Ama Dablam. Hier lagern so viele Expeditionen auf der riesigen Almfläche, dass ich sie gar nicht erst zählen will: Hundert Zelte oder mehr, vorrangig gelbe, stehen in einem Halbrund mit Blick ins Tal. Die beiden Hochlager, wiederum gelbe Zelte, schmiegen sich an die felsigen Hänge der Südseite des steilen Grates, den amerikanische und britische Bergsteiger 1961 erstmals erklettert hatten. Er trennt die Mingbo La-Wand, die jäh gegen Tengboche abfällt, von der noch steileren Südwand, an deren Fuß ich auch noch ein einzelnes Zelt entdecke. Drei Bergsteiger sind auf ihrem unendlich langsamen Marsch über die letzten Hänge Richtung Gipfel zu erkennen. Sie bewegen sich an Fixseilen in einer breiten Spur, der Wind von Nordwest streift die Wand, unter ihnen zerschlissene Nebelstreifen, darüber ein lichter Himmel.

Im Basislager finden die drei dort oben kaum Beachtung. Wer sind sie? Wie lauten ihre Namen? Niemand scheint es zu wissen. Modernes Bergsteigen ist eine Art Massentourismus an berühmten Bergen und scheint eine recht anonyme Angelegenheit zu sein. Es sind einfach zu viele Gipfelanwärter vor Ort, um sie alle kennenlernen zu können.

Die Aufstiegsroute, den mit Fixseilen präparierten Klettersteig des Normalweges, nutzen zwar alle gemeinsam, man begegnet sich auch im Vorübergehen, kennt sich aber nicht. Warum also sollte man sich grüßen? Noch dazu wird alle Konzentration und der Atem benötigt, um selbst voranzukommen. Es ist wie in der Stadt, man kennt höchstens noch die unmittelbaren Nachbarn. Neben den Dienstleistern natürlich, wie Friseur, Zahnarzt, den Mann im Kiosk oder die Kassiererin im Supermarkt.

REINHOLD MESSNER, KATHMANDU, *30.10.2016*

David Lama ist in der Stadt. Er sitzt im Garten hinter dem »Yak & Yeti«, wartet auf Conrad Anker, mit dem er hinter dem Nangpa La einen Sechstausender, den Lunag Ri, besteigen will. Es ist bereits ihr zweiter Versuch. Er weiß, dass der Wind aus Tibet noch stark ist, dazu liegt verhältnismäßig viel Schnee. Was auch ein Vorteil sein kann, wenn er aufgefirnt hat. Sie werden es, einmal oben, besser erkennen können. So gute Bergsteiger wie die beiden – ein begnadeter Kletterer der eine, Routinier der andere – haben immer eine Chance, selbst dann noch, wenn sich alle Pistenbergsteiger lieber in ihre urbanisierte Welt zurückgezogen haben.

REINHOLD MESSNER, KATHMANDU, *31.10.2016*

Dreiundneunzig Jahre alt wird Liz Hawley in den nächsten Tagen. Sie erscheint mir wie geschrumpft, fast durchsichtig, aber gesundheitlich geht es ihr gut. 1959 kam sie, anlässlich einer Weltreise, erstmals nach Kathmandu. Es gefiel ihr hier so gut, dass sie ein Jahr später zurückkehrte und blieb. Damals beobachtete sie zwar die Expeditionen zu Ama Dablam, Silver Hut, Dhaulagiri, allerdings nicht als Berichterstatterin. Ihre ersten Berichte über die Berge und ihre Besteiger verfasste sie 1963, als Norman Dyhrenfurth eine starke Mannschaft auf den Everest führte. Die Überschreitung von West nach Südost – Willi Unsoeld und Tom Hornbein waren die Mutigen, die es wagten – gehört für immer zu den Glanzleistungen des Alpinismus.

Der Haudegen, Säufer und Expeditionsmanager Colonel J. O. M. Roberts brachte ihr die Sprache und Haltung der Bergsteiger bei, viel lernte sie von ihm. Über Logistik, den Umgang mit den Sherpas, Berg-Ethik. So wurde und blieb sie über Jahre und Jahrzehnte hinweg die Chronistin des Bergsteigens im nepalesischen Himalaja. Mit viel Ausdauer, Hartnäckigkeit und dem angesammelten, gigantischen Wissen gelang es ihr, die Geschichte des Himalaja-Alpinismus aufzuzeichnen und damit zu bewahren.
Jetzt, sagt sie, habe sie losgelassen. Das Vergessen habe begonnen. Es ist auch müßig, über das heutige Pistenbergsteigen berichten zu wollen. Damit aber bleibt ihr Himalaja-Archiv etwas Einmaliges, es ist unwiederbringlich.

REINHOLD MESSNER, KATHMANDU, *2.11.2016*

Es ist ein Wunder, dass wir fliegen! Vier Stunden lang wurden wir am Heliport festgehalten, ehe wir abheben durften. Ein Zusatz im Permit fehlte …
Nun geht es westwärts: Manaslu und Annapurna sind frei, ein erster Blick auf den südlichsten der Nilgiri-Gipfel lässt mich schaudern. Die Route, die Hansjörg Auer mit seinen beiden Ötztalern kletterte, ist steil, exponiert und sehr schwierig.
Wir landen in Lete, entladen die Maschine und steigen nochmals hoch, bis über den Gipfel. Aus dieser Perspektive wird die Überschreitung Süd – zum Hauptgipfel mit Abstieg über den Südwestgrat – erst richtig begreifbar. Großartig! Alpinismus des dritten Jahrtausends.
Am Nachmittag kehren wir zurück nach Kathmandu, entlang der Annapurna-Nordseite. Eine ganze Reihe un-

bestiegener Wände taucht auf und verschwindet wieder. Gangapurna-Nordwand und der Nordpfeiler der Annapurna II. Auch die Nordseite der Grand Barrière birgt eine ganze Reihe von Möglichkeiten, die Spitze links davon fällt schier senkrecht ab.

REINHOLD MESSNER, EVEREST BASE CAMP, *6.3.2017*

Der Winter scheint vorüber zu sein. In der Sonne ist es angenehm warm, und im Inneren des Esszeltes spüre ich, dass sich unter dem Boden Gletschereis befindet. Aber kein Knacken wie im Sommer ist zu hören, es ist still und der Wind so schwach, dass sich die Zeltplane kaum bewegt. Nur oben, ganz oben, zieht eine Schneefahne über den Gipfelgrat, der Sturm jagt in Jetstream-Geschwindigkeit von Nordwesten über die Spitze des höchsten Berges der Erde.

Der Baske Alex Txikon, zur Zeit einer der erfolgreichsten Alpinisten der Welt, war angetreten, das Dach der Welt im Winter und allein zu erreichen. Nun sitzt er bereits seit Weihnachten hier fest und wartet auf ein paar windstille Tage, um seinen Aufstieg wagen zu können. Wieder nichts, im Lager II wird er aufgeben. Im Tal ist bereits der Frühling eingezogen, doch oben wütet noch immer ein Sturm, der die Kälte unerbittlich macht.

Ab und zu kommen Trekker vorbei, oder sie lugen nur benommen über die Moränenkante, mit einem Ausdruck von »Basislager erreicht, jetzt ist es genug!« auf den Gesichtern. Was genau ist es, das Menschen im Winter durch diese trostlose Moränenlandschaft treibt: Neugier? Selbstkasteiung? Dekadenz? Man hat ja sonst schon alles gesehen, nur den höchsten Berg der Welt noch nicht? Nein, sie wollen ihr Potenzial testen und ausschöpfen, so viele Erfahrungen wie nur möglich machen. So ziehen sie durch die Täler Solo Khumbus, probieren die Sherpa-Küche, lauschen in den Klöstern den kehligen Gesängen der Mönche, schlafen in rauchigen Hütten und erleben die vielfältigsten Emotionen. Seitdem sie die Routine ihres urbanen Daseins zu Hause zurückließen, ließen sie sich hier auf verschiedenste Beziehungen ein, experimentierten auch mit immer neuen Gehrhythmen und Tragmethoden. Der Rucksack wurde auch dadurch nicht leichter.

Es ist eine Art romantischer Konsumismus, in exotische Gegenden zu reisen und dort die Gerüche, Landschaftsbilder, Gebete, Worte, Geschmäcker und Gewohnheiten anderer Menschen kennenzulernen. Die Vorstellung, auf diese Weise glücklich zu werden, ist ein Traum, der dem nostalgischen Ideal vom einfachen Leben hinterherjagt. Mit der Aufgabe der vertrauten Umgebung und Alltäglichkeiten für einen Urlaub im Ausland ist es aber nicht getan. Wer schon einmal einen Blick aufs Mai-Basislager des Mount Everest geworfen hat – tausend Zelte auf einem Quadratkilometer, vier Heliports, Haupt- und Nebenwege durch die Zeltstadt –, kann sich der Erkenntnis nicht entziehen: Der Konsum hat, wie die präparierte Piste, auch den höchsten Berg der Welt erreicht, ja vereinnahmt.

Zu Mallorys Zeit war dieser Gipfel eine Unmöglichkeit. Im Hillary-Jahr 1953 das letzte Ziel von geografischem Wert. Für mich war er ein Experimentierfeld der Physiologie. Heute ist seine Besteigung im Reisebüro buchbar. Wer bereit ist, für ein paar Wochen Ungemütlichkeit und Schinderei eine Menge Geld auszugeben, hat damit aber weder die Erfahrung noch die Genugtuung der Pioniere eingekauft, sondern einzig und allein die sentimentale Vorstellung von einer Welt, wie sie längst nicht mehr existiert.

REINHOLD MESSNER, LUKLA,
18.5.2017

Trotz Nebel und Haufenwolken schafft es der Pilot, unsere Filmcrew »Der heilige Berg« nach Lukla zu fliegen. Morgens beim Anflug stand eine Phalanx von Wolkenbergen vor der Südflucht des Himalaja, sodass ich nur drei Gipfel ausmachen konnte: Annapurna II, Manaslu und Ganesh-Himal. Einzelne Wolkentürme schienen sie zu überragen. Ich hätte gewettet, dass wir nicht gleich weiterfliegen können, täuschte mich jedoch. Zuerst über, dann unter den Wolken steuerte der Pilot unsere Maschine durch die Dudh Kosi-Schlucht. Gewonnen!

Das Filmequipment ist noch nicht nachgekommen, daher verzögert sich unsere Arbeit.

Im Basar treffe ich gleich beim zweiten Spaziergang Maurizio Folini, den Hubschrauberpiloten, der als Retter die kühnsten Einsätze im ganzen Himalaja fliegt. Schon seit Jahren. Er ist bestens orientiert und erzählt, was oben in den Bergen gerade los ist. Am Mount Everest herrscht Hochbetrieb. Von Norden und Süden steigen in diesen Tagen ganze Kolonnen gipfelwärts. An unserem Berg, sagt er, ist niemand. Am Kantsch und Makalu flog er schon Rettungseinsätze. Er wurde auch beauftragt, die Leiche von Ueli Steck zu bergen, die in Tengboche feuerbestattet werden sollte. Dessen Tod hat die Bergsteigerszene erschüttert. Auch für mich wird es damit wieder schwieriger, unser Tun einer breiten Öffentlichkeit gegenüber zu rechtfertigen.

REINHOLD MESSNER, PHAKDING, *19.5.2017*

Der Weg durch das Dudh Kosi ist großteils gepflastert und so breit, dass Tierherden – Mulis, Dzos, Sobjoks – und Menschen – Trekker, Träger, Bergsteiger – mühelos aneinander vorbeikommen. In welche Richtung sie auch gehen.
Die Nachrichten, die uns von den Bergen herab erreichen, könnten kontroverser nicht sein: »Der Südgrat an der Ama Dablam ist unmöglich«, erzählen Alpinisten aus Kenia. »Der Bergschrund klafft so weit auseinander, dass ohne lange Leitern kein Hinaufkommen ist.« Und wie sollte man eine hauslange Leiter über den teilweise senkrechten Grat hieven? Dann treffe ich drei Kärntner mit ihrem Begleitoffizier. Sie bestiegen den Berg vor ein paar Tagen erfolgreich, über den Südgrat, der heute als Normalweg gilt.
»Und die Spalten unter dem Gipfel?«, frage ich.
»Weiters kein Problem, man kann sie rechts umgehen.«
»Schwierig?«
»Nein, ein kleiner Umweg nach rechts reicht.«
»Sind noch Bergsteiger im Basislager?«
»Nein, alle abgereist. Im Vormonsun ist an der Ama Dablam meist Ebbe, die Leute kommen alle erst im Herbst, wenn der Aufstieg frisch präpariert ist. Dann stehen im Basislager hundert und mehr Zelte, und oben am Berg hängen die Leute an den Fixseilen, es wirkt wie eine Ameisenstraße.«

REINHOLD MESSNER, NAMCHE BAZAR, *24.5.2017*

Der Heli-Verkehr hier in Namche Bazar, wo vor fünfzig Jahren gerade ein paar Bauernhäuser standen, wird zur

Plage. Andererseits ist er unumgänglich, denn hier existieren keine Straßen. Alles Notwendige, von Baumaterialien wie Zement, Steinen, Holz bis zu Lebensmitteln wie Reis, Gemüse und Obst, muss getragen oder eingeflogen werden. Die vielen anspruchsvollen Touristen, die Namche im Frühling und Herbst besuchen, erwarten inzwischen in den zahlreichen Lodges und Hotels einen ähnlichen Komfort wie in erschlossenen Bergregionen.

Nach zwei Tagen in den beiden Basislagern an der Ama Dablam, unter der Westwand und am Fuße des Nordgrates, scheint sich das Wetter zu verschlechtern.

An der Ama Dablam sind wir keiner Menschenseele begegnet. Der größte Teil der Bergsteiger ist inzwischen auf Pisten unterwegs: am Mount Everest, Cho Oyu, Manaslu. Und immer nur dann, wenn sie mit Fixseilen oder Lagerketten präpariert sind. Die Sherpas berichten, dass im Herbst an der Ama Dablam bis zu zweihundert Zelte stehen, dann drängen sich hundert Alpinisten und mehr am präparierten Südwestgrat bis zum Gipfel. Dabei gibt es allein an der Ama Dablam ein Dutzend verschiedener Routen, einige davon sehr steil und extrem schwierig, was mir Bewunderung abnötigt für die jeweiligen Erstbegeher.

Im Verhältnis zum Pistenbergsteigen wird im Himalaja leider immer weniger traditionell geklettert: irgendwo abseits der Achttausender und Modeberge, in Eigenregie und -verantwortung. Die Staus am Gelben Band des Cho Oyu oder am Hillary-Step des Mount Everest sind eine logische Folge, die ihre Opfer fordert und überall Leichen hinterlässt, Bergsteiger, die in ihrem Zelt ersticken, Sherpas, die beim Abtransport rekordsüchtiger Europäer zusammenbrechen und sterben. Oder Everest-Aspiranten, die mit ihrem Ziel, mit den Seven Summits die höchsten Gipfel der sieben Kontinente zu erreichen, bewusst den Tod in Kauf nahmen.

REINHOLD MESSNER,
25.5.2017

Unterwegs von Namche Bazar nach Tengboche. Es ist ungewohnt für mich: Einheimische, die mir auf dem breiten Fußweg entgegenkommen, grüßen tatsächlich nicht mehr. Früher war das üblich. Der hier gebräuchliche Gruß der Nepali »Namaste« oder der Tibeter »Tashi Delek« bleibt aus, weil fast alle mit ihrem Handy in der Hand durch die Gegend stolpern. Es ist schlimmer als in unseren europäischen Städten oder Flughäfen. Als ob die Welt des Einzelnen geschrumpft wäre auf ein handtellergroßes Display, auf dem und durch das Kommunikation stattfinden soll. Kein Wunder, denke ich, dass Millionen Menschen nach Europa drängen, wenn sie sich im Netz in unsere Welt beamen, wo sie das Paradies vermuten – selbst vielleicht gerade barfuß, mit einer schweren Last auf den Schultern, hungrig. Es ist die Gleichzeitigkeit der Extreme, global und über alle kulturellen Unterschiede hinweg, die Migrationsströme auslöst, wie es sie noch nie gegeben hat. Lebensstandard wird mit Lebensqualität gleichgesetzt, und so entstehen Träume, die dann irgendwo auf dem Weg in ein suggeriertes Glück ins Unglück führen müssen.
Dass jedoch ausgerechnet im Himalaja das Nirwana dem Konsumgedanken geopfert werden könnte, hat mich mehr als überrascht. Doch auch hier ist die Welt im Umbruch.

REINHOLD MESSNER, LUKLA,
26.5.2017

Simon ist heute mit Vitus und Alfi zur Ama Dablam aufgebrochen. Die drei sind an einem nicht präparierten Berg unterwegs und lernen, mit diesen größeren Dimensionen im Himalaja zurechtzukommen. Mit Logistik und Strategie will ich ihnen nicht behilflich sein, denn nur in Eigenregie können sie lernen, wie eine solche Besteigung funktioniert. Auf dem Weg von Namche nach Lukla kommen uns immer noch Gruppen von Trekkern entgegen – Chinesen, Inder, Amerikaner vor allem – und eine Menge Tragtiere, die Zement oder Sand befördern. Im Solo Khumbu zu bauen ist sehr teuer. Trotzdem sieht man überall Steinmetze, Tischler und Schmiede, die Hand in Hand miteinander arbeiten. Handwerk wird hier wirklich noch mit den Händen ausgeführt, und das rechte Augenmaß bestimmt die Architektur.

Wer vom Mount Everest kommt, ob Sherpa oder Sahib, ist auf dem Trail sofort zu erkennen: am sonnenverbrannten Gesicht, an den Sherpas, die mit großen Lasten beladen mit den stolzen »Summiters« talwärts gehen. Nicht alle Anwärter erreichten den Gipfel: Ein Däne erzählt mir von seinem Traum und seinem Scheitern. Noch warten Dutzende Alpinisten auf das entscheidende Gutwetterfenster, um selbst zur Spitze zu kommen, zu erzählen, selbst die Spitze zu sein, die der höchste Berg der Erde symbolisiert. Im Unterdruckzelt zu Hause wird akklimatisiert, mit dem Heli ins Basislager geflogen, dann im Eisfall trainiert, weiter akklimatisiert im Lager II oder III, dazwischen nach Namche geflogen, um sich für den Gipfelsturm noch einmal mit Frischluft zu versorgen. Auch das sind Alpinisten, die ihren Träumen folgen. Wer in Eigenregie und ohne die Infrastruktur der Pistenbergsteiger hinauf möchte, findet trotzdem eine ganze Reihe nicht abgesicherter Routen und damit die Möglichkeit eigener Ausdruckskraft.

Es beeindruckt mich wenig, dass es immer mehr werden, die auf den jeweiligen Pisten Lhotse und Everest quasi im Doppelpack besteigen. Eine harte Tour, die ohne Maske

wegen der großen Meereshöhe und trotz vieler montierter Fixseile sehr viel Energie erfordert. Und es steckt immer ein Traum dahinter, der realisiert werden will.
Träume, die uns ausfüllen, sind so verschieden, wie es die Menschen sind, die sie träumen. Es gibt hier kein größer oder kleiner – es gilt nur, die Umsetzung so zu realisieren, dass der Berg nicht als Trampolin des Heldentums missbraucht wird.

REINHOLD MESSNER,
29.5.2017

Der Monsun lässt heuer auf sich warten. Immer noch steigen Grüppchen von Touristen auf den Mount Everest. Die meisten von ihnen fliegen dann im Helikopter wieder zurück nach Lukla oder gleich nach Kathmandu.
Die »Summiter«, jene, die einen der hohen Gipfel erreicht haben, sind in den Straßen von Kathmandu leicht an ihren verbrannten Nasen und aufgesprungenen Lippen erkennbar.
»Am Dhaulagiri«, erzählt mir ein Italiener, »musste ein halbes Dutzend Bergsteiger aus Lager III gerettet und mit dem Heli ausgeflogen werden. Viele dieser Höhenbergsteiger sind maßlos überfordert, und es sind einfach viel zu viele Leute an den ›leichten‹ Achttausendern.«
Dass er selbst zu diesen vielen gehört, will er nicht begreifen. Das Problem ist ja, dass alle gerade dorthin drängen, wo ohnehin schon viele Gipfelaspiranten an Lager- und Fixseilketten hängend eine Piste zum Gipfel treten. Kein dummer Witz: Da erzählt mir ein anderer, dass Sauerstoffmasken am Mount Everest doch Betrug seien – obwohl er den Berg gerade selbst mit Maske bestiegen hat! Bei einem weiteren

Versuch ohne Maske sei er gescheitert, habe aber von einem Sherpa Sauerstoff geborgt, um durch die Nordwand des Berges auch noch absteigen zu können.
Am Kangchenjunga, erfahre ich, mussten deutsche Bergsteiger aufgeben, weil ihre Sherpas die letzten paar Hundert Höhenmeter bis zum Gipfel nicht abgesichert hatten. »Man hat uns für ihr Scheitern verantwortlich gemacht, Skandal! Skandal! gerufen und uns den Lohn vorenthalten«, schimpft einer der Sherpas.
Am Makalu mussten einige ihrer Kollegen ausgeflogen werden, weil sie sich beim Abtransport ihrer völlig erschöpften Klienten so sehr verausgabt hatten, dass sie selbst zu Tode geschwächt das Basislager erreichten. Verkehrte Welt: Dreißig Jahre reichten aus, um das, was einmal unter Höhenbergsteigen verstanden wurde, zu persiflieren. Man berichtet mir, der Diebstahl von Zelten, Sauerstoffflaschen und Schlafsäcken sei keine Seltenheit mehr, die parasitäre Nutzung von Lagern und Fixseilen sei an der Tagesordnung und es gebe keinen Gruß mehr auf den Anmarschwegen, weil alle mehr auf ihre Handys blicken würden als auf den Weg.

REINHOLD MESSNER, KATHMANDU,
Herbst 2017

Der neueste Schrei, erzählen mir die Sherpas, sei nun der Everest »im Flash«. Was für eine Chance für zahlungskräftige Kunden! Die »Everest Flash Expedition« ist das aktuellste Konsum-Angebot für Menschen mit wenig Zeit und viel Geld. Ist doch Zeit für sie das wertvollste Gut. Damit verändert sich der Bergtourismus an den hohen Bergen nochmals grundlegend: Frühe Everest-Expeditionen dauerten ein halbes Jahr, meine drei Monate, eine normale Everest-Expedition heute knapp zwei Monate. Die »Flash Expedition« kommt mit unter vier Wochen aus, bei erhöhter Sicherheit und größeren Erfolgschancen. Was will der moderne Möchtegern mehr?

Die lange Akklimationszeit am Berg, mit mehrfachen Auf- und Abstiegen und deren Gefahren, entfällt dabei. Denn die Akklimatisation findet mittels Hypoxiezelt, das den Sauerstoffgehalt großer Höhen simuliert, bereits sechs bis acht Wochen vor Reiseantritt zu Hause statt. Auf diese Weise vorbereitet, erhöht sich die Leistungsfähigkeit. Der Gipfelanstieg wird kürzer, die Sicherheit größer, die Erfolgschance liegt bei fast 100 %. Das ist genau das, was der Tourist heute möchte: spezielle Vorbereitung, maximaler Sauerstoffsupport, bestes Equipment und erfahrene Sherpas. Diese leisten die ganze gefährliche Vorarbeit und minimieren das Risiko für ihn.

Das Wichtigste aber ist die Verkürzung der Expeditionsdauer auf nur vier Wochen. Wer will denn schon mit 100 anderen in einem versifften Berglager frieren und dabei vielleicht auch noch krank werden? Man kauft sich Prestige, aber doch nicht Erfahrung oder gar »Land und Leute«. Taktik, Technik, Ausrüstung, Doping, Höhenmedizin und Wettervorhersage sind enorm weiterentwickelt und mit der »Flash«-Methode zuletzt so modernisiert worden, dass sie dem Stand der heutigen Wünsche entsprechen.

Für diese »Flash«-Methode eignet sich die objektiv sichere Nordseite von Tibet aus viel besser als die nepalesische Südseite. Die Anreise erfolgt per Jeep, im Basislager ist alles vorbereitet, die Köche sind schon vor Ort, die Piste zum Gipfel steht. Wenn die Teilnehmer Anfang Mai ankommen, schön sauber in ihren neuen Outdoorklamotten, sind auch alle Hochlager bereits mit Sauerstoffdepots ausgestattet. Beim ersten Schönwetterfenster kann es dann gleich losgehen: ohne dass man sich vorher lange abschinden müsste. Wer will denn heute noch 70er-Jahre-Erfahrungen machen …

Das neueste, leichteste und zuverlässigste Sauerstoffsystem mit speziellen Regulatoren, die mehr Sauerstoff liefern als herkömmliche – Flussraten bis zu 8 l pro Minute sind möglich –, garantiert Erfolg, minimiert das Risiko, reduziert aber auch das Abenteuer. Sauerstoff steht den Teilnehmern ab 6400 Metern in unbegrenzter Menge zur Verfügung, daher ist es nur noch eine Frage des Willens, der Piste bis zum Gipfel zu folgen. Die Sherpas leisten den Rest.

Schon wie die Reiseveranstalter ihr Angebot anpreisen, zeigt ihre Unkenntnis, ihre Kultur- und Respektlosigkeit. Die Auseinandersetzung zwischen Mensch und Berg wird auf Angebot und Nachfrage reduziert, der Abenteuer-Faktor mehr oder weniger ausgeschaltet. Noch lebt auch diese Art Tourismus vom Storytelling jener Pioniere, die sich vor bald hundert Jahren erstmals an den Berg herantasteten oder die ihn 1953 erstmals bestiegen – Hillary und Tenzing –, sowie all derer, die sich immer weiter ins Geheimnisvolle locken ließen, mit immer weniger Ballast und umso größerer Neugier. Mit Geld kann man sich zwar Geltung verschaffen, aber nicht die Erfahrung, in Eigenverantwortung im Gefahrenraum zu überleben.

Erst wenn die breite Öffentlichkeit verstanden haben wird, dass der Everest-»Flash« von der Stange nur einen Preis, aber keinen Wert hat, wird sie meine differenzierte Wahrnehmung des Everest-Hypes vielleicht nachvollziehen können.

REINHOLD MESSNER, KATHMANDU,
Herbst 2017

Die Touristen kehren vom Manaslu zurück, darunter viele Asiaten, und alle sind wie high, denn sie waren oben! Für viele Japaner, Koreaner, Inder, Chinesen oder Mitteleuropäer scheint der Aufstieg mit Bergführer und in der Kolonne – wie inzwischen auch aufs Matterhorn – zum Höhepunkt einer Nepalreise zu gehören. Und so ist zuletzt auch ein Everest-Trip im Gänsemarsch für Sonntagsbergsteiger attraktiv geworden. Hier wie dort stehen die Gipfelaspiranten an, hier wie dort geht es um Prestige, letztlich aber um Aufstieg und Fall des modernen Bergtourismus.

Die Erstbesteigung des Matterhorns 1865 markiert das Ende des Eroberungsalpinismus. Im Wettstreit zweier Seilschaften, die eine über den italienischen Liongrat, die andere über den Schweizer Hörnligrat, »siegten« die vier Engländer mit ihren drei Führern. Vier Mann stürzten beim Abstieg in die Nordwand ab, in den Tod. Die Ersten von über 500, die ihnen in den nächsten 150 Jahren folgen sollten. Trotzdem werden die Warteschlangen immer länger. Weil man sich, einmal am Gipfel, das Prädikat »Matterhorn« anheften kann. Ebenso, wie sich alle mit dem Rekord Everest adeln, die es bis zum höchsten Gipfel der Welt geschafft haben.

1865, als mit dem Matterhorn einer der letzten Viertausendergipfel der Alpen erobert worden war, gelang zeitgleich am Mont Blanc der Anstieg über die Brenvaflanke, eine schwierige Route von Süden her. Nicht mehr allein der Gipfel, sondern der schwierige Weg dorthin war zum Ziel geworden. 110 Jahre später, 1975, ist es wiederum Briten gelungen, die Südwestwand des Mount Everest zu durchsteigen, den Hillary und Tenzing 22 Jahre vorher, nach vielen gescheiterten Versuchen, erobert hatten. Das alles ist ursprünglicher und integraler Teil des Alpinismus: die kulturelle und physische Auseinandersetzung mit dem Berg.

Vieles, was dann später folgte – Klettersteige, Fixseile und Biwakschachteln am Matterhorn, die Piste vom Basislager bis zum Gipfel des Mount Everest –, ist reine Infrastruktur für den Tourismus am Berg, auch Internet und Satellitentelefon gehören dazu. Erst wenn die Piste am Cho Oyu, Manaslu, Mount Everest fertig präpariert ist, reisen – oft per Hubschrauber – die Touristen an. Viele von ihnen sind bereits in Unterdruckkammern akklimatisiert und lassen sich zum Gipfel begleiten – bekocht von Sherpas in den Hochlagern, betreut von Ärzten und aufgemuntert von ihren Führern.

So wird die Bergnatur erlebbar gemacht für viele, auch für alle jene, die in Eigenregie und -verantwortung keinen Schritt über den Khumbu-Eisbruch hinauswagen würden.

Natürlich dürfen sich auch Touristen im Gebirge tummeln, bis hin zur Spitze des Mount Everest. Meine Aufgabe dabei ist nur, das Tun am Berg genau zu beschreiben – als pseudoabenteuerliches »Soft Adventure«, als »State of the Art« in Klettergarten oder -halle. Letzteres ist Sport – messbar, olympiatauglich, abgesichert. Die Menschenschlangen am Mount Everest hingegen sind Teil jenes Tourismus, der das Storytelling der alpinen Pioniere missbraucht, um sein Angebot »mit Reisegruppe zum Dach der Welt« gut verkaufen und füllen zu können.

REINHOLD MESSNER, KATHMANDU,
Herbst 2017

Das Problem heutzutage sind Reiseveranstalter, die Kunden locken, indem sie ihnen etwas anbieten, das sie gar nicht

leisten können. Ich meine damit nicht den Bergführer, der immer das letzte Wort hat, auch nicht die Garantie auf 100 % Erfolg oder die Sauerstoffdepots bis zum Gipfel. Sondern das eindrückliche Erlebnis der Annäherung an einen »sauberen Berg«, diese Erfahrungsmöglichkeit können sie nicht mitliefern. Alpinismus ist, wenn ein paar Menschen selbstständig und in Eigenverantwortung den Berg Schritt für Schritt erkunden und, wo notwendig, so weit absichern, dass die Sherpas eine Versorgung der unteren Hochlager leisten können. Das Risiko soll dabei so gering und das Gemeinschaftserlebnis so groß wie möglich sein.
Wenn aber Hundertschaften am Berg unterwegs sind, wie jetzt am Manaslu, und dafür der Berg bis zum Gipfel mit einer Piste versehen wird: Das ist Gänsemarschtourismus. »Gipfel erreicht« allein bedeutet nicht automatisch auch ein »intensives Erlebnis«. Im Gegenteil: Am Gipfelgrat stundenlang im Stau zu stehen gehört zum Stupidesten, was ich mir vorstellen kann. Die Fixseile – sofern ich überhaupt welche anbrachte – installierte ich immer selbst, mit den jeweiligen Kameraden. Niemals ist einer der fleißigen Sherpas vorgestiegen. Ich weiß, heute sind die Sherpas exzellente Alpinisten und Organisatoren mit viel Erfahrung. Ohne sie läuft nichts auf den Pisten der Achttausender, die sie im Vorfeld der Massenanstiege legen. Heute gibt es Satellitentelefon, Schuhheizung, genaue Wettervorhersage, Heli-Rettung bis in fast 8000 m Meereshöhe und die Anleitung zum Doping. Und die »Everest-Industrie« baut auf nichts anderes als Marketing.
Es stimmt wirklich, dass vor Ort »jeder Komfort zu haben« ist: gute Unterhaltung, bester Wein, Heli-Flüge zum Abendessen weiter unten oder in Kathmandu, Kinoabende, Internet, Sauna … Kein Wunder, dass bei so vielen Konsummöglichkeiten ab und zu der Lagerkoller ausbricht. Nicht bei nepalesischen Billiganbietern, wo es im Basislager be-

scheidener zugeht. Anders im Vorgeschobenen Hauptlager, wo offensichtlich jede differenzierte Wahrnehmung dieser übertriebenen Art des Bergtourismus abhandengekommen ist. Dass eine Mannschaft vor Ort Route und Hochlager einrichtet und die Klienten erst einsteigen, wenn die Piste bis zum Gipfel steht, ist heute Usus. Dass es jedoch eine Klientel für solche Auswüchse parasitären Bergsteigens gibt, in die Sherpas viel Arbeit investieren müssen – Pisten- und Lageraufbau, Sauerstofftransport und Gästebetreuung, nicht selten bis zur tödlichen Erschöpfung –, verwundert mich noch mehr als die Bereitschaft, für so wenig »Spaß« so viel Geld auszugeben. Bis zu 100 000 Dollar pro Person: in der Kolonne bis zum Gipfel und, wenn es gut geht, auch wieder zurück. Einmal zum höchsten Punkt der Erde! Wer schmückt sich nicht gerne damit. Dank Everest-Cocktail, Sherpakraft, Reiseveranstalter und Helikopter ist vielen möglich, was einst nur wenigen zugänglich und vorbehalten war.
Doch egal, was es auch kostet, welche Mengen Müll zurückbleiben, wie viele Helfer auch immer ihr Leben dabei riskieren mögen, den Gipfelsiegern reicht ihr »Summited« als Fußnote in ihrer Karriere. Ein wahrhaft teuer erkaufter Rekord.
Als ich 1980 vom Everest-Gipfel ins Basislager zurückkehrte, war mir, als wäre ich wiedergeboren worden. Obwohl ich all meine mentale Energie zurückgelassen hatte – meine Seele war noch dort oben, und sonst gab es nichts, gar nichts.

REINHOLD MESSNER, KATHMANDU,
6.5.2018

Als wir vor gut vierzig Jahren am Mount Everest waren, blieb mein Fokus ganz auf die letzten Stunden des Aufstieges gerichtet. Die Gefühle dabei sind längst versickert, überlagert von anderen Erlebnissen, die später wichtig wurden. Mit dem Buch, das ich anschließend herausbrachte – zusammengestellt aus Tonbandaufnahmen, die ich bis zum Gipfel auf ein Miniaufnahmegerät gesprochen hatte, aus Tagebucheintragungen und Dias, die ich zur Dokumentation machte –, sollte die Everest-Besteigung ohne Maske erzählt sein. Für alle Zeit. Details dazu, den banalen Alltag der Tour, konnte ich also vergessen. An Aufgeschriebenes – die eingefrorene Wirklichkeit im Bild, die Emotionen – musste ich mich ja nicht mehr erinnern. Es war auch nicht notwendig, mir alle Erfahrungen, Erlebnisse und Informationen detailgetreu zu merken.

Wenn ich heute zurückdenke an die Monate damals am Berg, sind mir die vielen Stunden im Zelt am Südcol noch gut in Erinnerung: der Sturm, die reißende Zeltplane, die Angst. Die Nacht nach dem Gipfelgang dort – schneeblind, die Schmerzen, wieder die Angst, nicht mehr herunterzukommen. Auch die große Mühe, am Gipfelgrat eine schier unendliche Anstrengung, von der Stelle zu kommen: rasten, schnaufen, zwei Schritte, rasten. Erst knapp unter dem Südgipfel hatte ich dann zu fotografieren begonnen. Als ob der lange Anstieg über den Südostgrat – 800 Höhenmeter! – zur Dokumentation nicht so wichtig wäre. Wer oder was hat mich damals dabei unterstützt, so effizient zu handeln?

Gerade so, wie ich immer schon am Berg aussortiert und einen klaren Fokus gesetzt habe – wo ist wirklich meine ganze Konzentration notwendig? –, half später das Ausblenden und Vergessen, Ordnung in meinen Erinnerungen zu schaffen. Nur was ich aus der Fülle der Erfahrungen am Mount Everest für zukünftige Entscheidungen nutzen konnte, behielt ich. Als ob das »Vergessen« ebenso wichtig wäre wie das Erinnern. Natürlich haben dann spätere Erfah-

rungen die immer weiter zurückliegenden vom Everest-Aufstieg 1978 überlagert, immer mehr davon wurden aussortiert. Als könnte unsere Erinnerung uns nur aus einer recht überschaubaren Menge gefilterter Informationen heraus bei gegenwärtigen Problemstellungen helfen, die richtigen Entscheidungen zu treffen.
Es war nicht meine Idee, zum 40-jährigen Jubiläum unserer Everest-Besteigung nach Nepal zu kommen. Gerne hätte ich noch zehn Jahre gewartet. Obwohl dann vermutlich noch mehr von damals vergessen gewesen wäre. Doch Zufriedenheit finden und vergessen gehören wohl zusammen.

REINHOLD MESSNER, NAMCHE BAZAR,
im Mai 2018

In nur 30 Jahren sind hier überall Lodges entstanden und am Berg selbst ein Klettersteig bis hinauf zum Gipfel. Viele sehen darin einen Fortschritt, mich jedoch überzeugt dieser Fortschrittsglaube nicht. Neue Fähigkeiten, Techniken und Verhaltensweisen bedeuten nicht zwingend eine bessere Lebensqualität für alle. Die Menschen lernten bereits während der landwirtschaftlichen Revolution, ihr Leben nach den eigenen Bedürfnissen zu gestalten. Das Leben des Einzelnen aber verschlechterte sich dadurch. Man musste nun viel mehr arbeiten als in der Zeit der Jäger und Sammler. Krankheit und Ausbeutung kamen noch dazu. Verbreiten sich Ideen, Technologien und Güter über den gesamten Globus, ist auch das nicht unbedingt für alle von Vorteil. Ungleichheit, Konkurrenzstreben und Machtmissbrauch nehmen auch dadurch zu. Es wäre naiv zu glauben, Fortschritt mache automatisch glücklicher oder die Sicherungstechnik steigere das Abenteuer.

Ich behaupte nicht, dass Fortschritt unausweichlich ins Unglück führt. Mit unseren Erfindungen jedoch schufen wir uns eine kalte, sterile Welt, die menschlichen Erlebnishunger nicht befriedigt. In einer Jahrmillionen währenden Evolution haben wir Menschen uns körperlich und geistig aufs Jagen und Sammeln eingelassen, ein direktes Spüren und Erleben des Lebens. Landwirtschaft und Industrie zwangen uns dann nach und nach eine unnatürliche Lebensform auf. Unsere Instinkte, das Empfinden von Lebenssinn und ureigene Sehnsüchte schwanden zunehmend.
Das angenehme Leben in einer Stadtkultur reicht niemals an die Erregung, Angst und Freude heran, die ich mit einer Gruppe von Freunden beim Bergsteigen, inmitten der Natur, erfahren konnte. Mit jeder neuen Erfindung, jeder zusätzlichen Erschließung entfernen wir uns weiter vom Kosmos als Erfahrungsraum, den mir die Berge schenkten.

REINHOLD MESSNER, TARISHING AM NANGA PARBAT,

11.6.2019

Nach einer ebenso aufregenden wie mühsamen Fahrt über das Deosai-Plateau erreichen wir bei Starkregen, der nach und nach in Schneefall übergeht, unsere kleine Herberge in Tarishing. Im Zimmer ist kaum ein Fleck trockenen Bodens, das Wasser tropft von der Decke, rinnt unter der Tür zum Innenhof herein und sickert die Wände herab.
Nein, über den Wirt ärgere ich mich nicht. Nass bin ich, mich friert, und ich bin dabei froh, ein Dach über dem Kopf zu haben. Ein Bettbezug ist nass, also lege ich mich ins andere Bett. Doch bald schon tropft mir das Wasser ins Gesicht, und meine Geduld hat ein Ende.

Nichts kann ich dagegen ausrichten. Stattdessen denke ich an den eisig kalten Wind, dem wir heute ausgesetzt waren, droben auf dem Pass zum Astortal. Simon, mein Sohn, hatte einen Bären erspäht, den wir unbedingt filmen und fotografieren wollten. Er war viel zu weit entfernt, und die Kälte fraß sich in meine Knochen, sodass die Vorstellung einer gemütlichen Unterkunft allen Ehrgeiz erstickte. Was, wenn wir jetzt noch immer dort oben wären?
Also schlafe ich jetzt ein. Ist doch jede Unterkunft besser als keine.

REINHOLD MESSNER, RUPALTAL AM NANGA PARBAT, *13.6.2019*

Es ist so berührend, diese kleinen Mädchen und Buben – Knirpse noch – zu sehen, wie sie auf Bänken vor ihrer neuen Schule sitzen. Saubere, frohe Gesichter, die Talhänge dahinter verschneit.
Die beiden Lehrerinnen haben die Kinder mit leiser, aber bestimmter Stimme im Griff. Anders ist die Stimmung bei den herumstehenden Männern. Es rumort im Dorf, schon bald ist Liver Khan, der hier die Verhandlungen führte und den Bau der Schule leitete, von einer ganzen Traube Dorfbewohner umringt. Man redet auf ihn ein, der Ton wird lauter, die Atmosphäre frostig, aggressiv. Ich erkundige mich, worum es geht, und werde als Geldgeber für die Schule sofort beschwichtigt: kein Problem, nur um das Grundstück vor der Schule gehe es, es solle bebaut werden.
»Die Schule gehört euch«, sage ich, »bedenkt, wenn ein Haus davorgesetzt wird, verliert sie an Wert, Ausblicke schwinden, und die Kinder haben weniger Raum zum Spielen.«

REINHOLD MESSNER, MÄRCHENWIESE, *15.6.2019*

Nach den vergangenen Regentagen ist die Anreise lebensgefährlich. Deshalb ziehe ich es – gezwungenermaßen freiwillig – vor, die ersten Passagen des Jeepweges vom Indus bis Tato zu Fuß zurückzulegen. Die Fahrzeuge haben oft nur wenige Zentimeter Spielraum, unter ihnen gähnt der Abgrund mit 300–500 senkrecht abfallenden Metern, die stützenden Trockenmauern sind sehr fragil.

Dieser abendliche Marsch zur Märchenwiese – vom Berg her weht kühle Luft – tut mir gut. Unsere Unterkunft ist gemütlich, diese kleinen Chalets aus Holz passen auch gut zur Landschaft. Ihr Stil entspricht den Almhütten der lokalen Bauernfamilien, die hier nur den Sommer verbringen.

Offensichtliche Probleme dieser Gegend sind massive Überbauung und Müll. Inzwischen wurden mehrere Hotels hochgezogen, und jeder Ladenbesitzer legt Terrassen an, um dort in Reih und Glied eine Serie von Ferienhäuschen zu errichten. Das besondere Flair, das die deutschen Bergsteiger 1932 oder 1934 hier erlebt haben mögen, ist also Geschichte.

Nur wenige Jahrzehnte werden vergehen, bis die Märchenwiese in eine dicht verbaute Ortschaft verwandelt ist, mit »atemberaubendem Blick auf den Nanga Parbat«, wie es die Werbebroschüren dann wohl verheißen werden.

Oder – noch kühner – ein Unternehmer aus China baut einen Lift durch die Rakhiot-Schlucht: rechts die in Fels gehauene »Todesstraße«, links steile Wüstenhänge, oben eine Aussichtsplattform über der bröckelnden Seitenmoräne des schrumpfenden Gletschers, der nach und nach die deutschen Bergsteiger aus der heroischen Phase des Alpinismus freigibt. Von der im Bau befindlichen neuen Seidenstraße aus böte sich dem weltweiten Konsumtourismus damit eine weitere Option.

Beim Abstieg zurück ins Tal gibt es Chaos. Die Straße ist unterbrochen, an den meisten Stellen kann weder gewendet noch ausgewichen werden, daher stehen kolonnenweise Jeeps, und ihre Fahrer streiten sich lauthals, wer wie weit zurückfahren muss. Da ich ohnehin lieber zu Fuß unterwegs bin – es ist wirklich lebensgefährlich, im Jeep gefahren zu werden! –, verlasse ich den Ort gelebter Unordnung und gehe trotz der großen Hitze talwärts.
Allen, die zur Märchenwiese wollen, rate ich, wenigstens an besonders engen, ausgesetzten oder prekären Stellen – zusammengebrochene Stützmauern, absturzbereite Felsklötze in Straßennähe, baufällige Brücken – auszusteigen und zu Fuß zu gehen. Es sind bereits tödliche Unfälle zu beklagen, weitere werden folgen.

REINHOLD MESSNER, GAROL, *22.6.2019*

Garol, über 3000 Meter hoch gelegen, ist ein lang gezogenes Sommerdorf mit einzelnen Steinhütten, Wassergräben und vielen winzigen Äckern. Mais und Kartoffeln werden hier noch angebaut, um die Felder gibt es viel Weideland. Allerdings ist es schwierig und sehr anstrengend, das Garoltal zu erreichen. Der Steig ist ausgesetzt und steil, sodass sich alle Haustiere – Schafe, Ziegen, Rinder – wirklich abmühen müssen, die ersten Hindernisse zu überwinden. Besonders Esel sind zu bewundern, die ihre Lasten durch schier senkrechte Hänge schleppen.
Dieser Anmarsch ist eindrucksvoller als jener durchs Diamirtal zum Nordwestfuß des Nanga Parbat: Während dort ein halbes Dutzend Expeditionen lagert, kamen hier in Garol seit Jahren keine »Fremden« vorbei. Entsprechend groß ist

die Neugier der wenigen Einheimischen, die sich ums Vieh und die Bewässerung der Felder kümmern.
Sehr viele Bauern aus dem Bunartal ziehen im Juli und August hierher: um der Hitze und den Moskitos im Tal zu entgehen und um ihre Reserven für den Winter aufzufüllen. Ihr Leben hier oben erscheint geradezu mittelalterlich. Wenn ich meinen Blick über diese archaische Landschaft schweifen lasse, kommen mir Bilder aus Ötzis Zeiten in den Sinn. Genau so könnte er schon vor 5300 Jahren mit den Seinen gelebt haben – als Halbnomade zwischen 1000 und 3000 Metern Meereshöhe.

REINHOLD MESSNER, GESHOT, *29.6.2019*

Was für ein Tag, was für eine Erstbesteigung!
Anna, Simon und Robert stiegen gestern Abend noch auf ins Lager – ein vorgeschobenes Basecamp. Es liegt am Fuß des Geshot Peak (Toshe III), eines guten Sechstausenders, der bis gestern unbestiegen war. Vom Camp bis zum Gipfel sind es noch mindestens 1500 Höhenmeter, die Aufstiegslinie ist komplex, aber logisch. Vieles hängt von den Schneeverhältnissen ab.
Bei einer ersten Erkundung beschlossen wir – wegen faulen Altschnees unter dünner Firnschicht –, auf einen Versuch zu viert, mit Hochlagern und ein paar Fixseilen, zu verzichten. Doch Simon wollte es trotzdem versuchen: allein, ohne alles, in einem Zug.
Als ich um vier in der Früh den unteren Wandteil mit dem Fernglas absuche, sehe ich ihn nicht. Erst beim dritten Absuchen der Wand entdecke ich ihn: Er ist schon hoch oben am Berg, folgt der sichersten Linie, und das in einem Tempo,

wie es bei ähnlichen Schwierigkeiten höchstens in den Alpen vorgelegt wird.
Als Küchencrew und Hirten aus der nächsten Siedlung erfahren, dass Simon zum Gipfel unterwegs ist, auf ihrem Berg, der schon öfter Ziel größerer Expeditionen gewesen war, bitten sie mich um das Fernglas, das bald hektisch die Runde macht. Großes Staunen auch darüber, wie schnell Simon absteigt. Vermutlich treibt ihn die Sorge um den immer weicheren, instabileren Schnee zur Eile an. Trotzdem bleibt er sicher und immer auf der Ideallinie – egal, ob Eis, Fels oder Schnee zu meistern sind.
Für mich ist es ein großes Glück, dieses Erlebnis mit meinem Sohn zu teilen, kann ich doch gut nachempfinden, was er in dieser Höhe, Weite und Exposition mit all seinen Instinkten, seinem Können und Fühlen leistet und erlebt.

REINHOLD MESSNER, GILGIT/CHILAS, *6.7.2019*

Dort, wo der schäumende Gilgit River in den Indus mündet, trennen wir uns:
Simon reist per Landcruiser die Indusschlucht aufwärts weiter nach Skardu, wo er auf seine beiden Kameraden trifft, mit denen er sich zu einer Expedition zum Mustagh Tower verabredet hat. Unsere kleine Nanga-Gruppe hingegen reist indusabwärts bis Chilas, um morgen früh rechtzeitig zum Babusar-Pass aufbrechen zu können. Durch das Kahgan-Tal wollen wir Islamabad erreichen, um von dort aus die Heimreise anzutreten. Für Simon wird es eine neue Herausforderung sein, nach der Gewalttour am Geshot Peak, die Kräfte für den extrem schwierigen Aufstieg zum Black Tooth-Gipfel am Mustagh Tower zu mobilisieren.

Inzwischen scheinen sich die Wetterverhältnisse wieder zu normalisieren. Die ersten Achttausender sind bestiegen worden, der Schnee hat sich gesetzt, die Basislager sind erreichbar.
In Hunza, speziell in Karimabad, blüht der Tourismus. Gut ausgebaute Straßen, viele Hotels und kleine Läden mit allem, was ein Tourist als Andenken mit nach Hause nehmen will, haben den Ort – mitten in einem Rund vergletscherter Karakorumberge – zu einer Attraktion gemacht. Vor allem für Pakistani aus dem Süden des Landes, die im Sommer die Kühle in den Bergen suchen.
Es ist hier so wie in den Alpen auch: Überall, wo die Infrastruktur gut, die Landschaft gepflegt und der Gast willkommen ist, herrscht Hochkonjunktur. Wo ein Teil davon fehlt, bleiben die Touristen aus. Auch deshalb, weil sie eben dort sein wollen, wo alle anderen auch schon sind.

REINHOLD MESSNER, SMS,

1. November 2019, 10:30 Uhr

Liebste Diane,
Stehe unter dem Howse Peak,bin erschüttert .Hans Jörg ,David und Jess alle drei Himalaya erfahren - fehlen .Was für eine geniale Route in der Ostwand!Schade ,daß ich sie Dir nicht mehr vorstellen kann.Sei gedrückt.Dein Reinhold

Andere Kommunikationsformen heute

JOST KOBUSCH, MOUNT EVEREST BASE CAMP,

2. Januar 2020 (Instagram-Post)

Der Lho la ist der Gebirgspass an der Grenze von Nepal und Tibet nördlich des Tales des Schweigens. Es ist der niedrigste Punkt des Westgrats des Mount Everests. Als die Everest Gletscher noch sehr viel größer waren als heute, wurde der Pass zum Handel auf der Route zwischen Namche Bazaar und Tingri benutzt. Gestern (01.01.2020) habe ich am unteren Punkt des Lho la alles vorbereitet, um ein Fixseil an der Felskletterstelle anzubringen. Während des Solos kann das Seil im Notfall zum Abseilen genutzt werden. Vorerst aber wird es Daniel dabei helfen, die ersten Schritte der Besteigung zu filmen. Ich kann es kaum erwarten, diesen Felsen in meinen Händen zu spüren, diesen neuen Abschnitt kennenzulernen und damit einen weiteren Schritt zu gehen, um das Unbekannte langsam aufzulösen. Die persönliche Landkarte zu erweitern. Allerdings im Daunenanzug, da ich mir bei –19 Grad sonst nicht nur meine Finger abfriere. – Lho la is a col on the border between Nepal and Tibet north of the Western CWM. It is the lowest point of the West Ridge of Mount Everest. When the Everest glaciers were much bigger than today, the pass was used as a trade route between Namche Bazaar and Tingri. Yesterday (01.01.2020) I prepared everything at the lower point of Lho la to mount a fixed rope at the rocky slope. During the solo the rope can be used for rappeling in case of emergency. But for now, it will help Daniel to film the first steps of the climb. I can't wait to feel this rock in my hands, to get to know this new section and to take another step to slowly dissolve the unknown. To expand my personal map. But in a down suit, as I otherwise at –19 degrees don't only freeze my fingers off.

Montag, 10. Februar 2020

Lieber Hubert,
ich könnte Dich auch anrufen, aber lieber schreibe ich ein paar Zeilen: Old Scool. Wenn ich daran denke, wie lang früher – 1970 am Nanga Parbat, 1975 am Hidden Peak, 1978 am Mt Everest – ein Brief brauchte, Euch Brüder oder die Eltern aus dem Himalaja zu erreichen, wird mir die damalige Dimension der Achttausender wieder bewußt.
Sherpas brachten die Post aus den Hochlagern ins Basislager. Alle zwei Wochen ging der Mailrunner los, zu Fuß bis nach Kathmandu. Dort wurde frankiert und gebeten, daß auch alle Briefe weitergingen.
Heute geht alles in Sekundenschnelle: elektronisch geht eine Mail nicht nur sofort zum gewünschten Empfänger, sie erreicht zigtausend Interessierte zur gleichen Zeit.
Damit schrumpfen die Dimensionen dieses Gebirges, wie es dazu auch noch banalisiert wird, wenn Hundertschaften im Gänsemarsch über präparierte Pisten auf seine Gipfel steigen. Wie erschütternd muß es für Euch damals gewesen sein, als der Tod Günthers aus heiterem Himmel publik wurde. Was für ein Schock für unsere Mutter! In Erinnerung an unsere Zeit hier ein Tashi Delek Reinhold

QUELLENVERZEICHNIS

Nicht in allen Fällen war es dem Verlag möglich, die Rechteinhaber der Zitate zu ermitteln. Wir bitten daher, bestehende Ansprüche uns mitzuteilen.

Die Briefe stammen aus folgenden Quellen:

Paul Bauer
Paul Bauer (Hrsg.), *Kampf um den Himalaja*, Knorr & Hirth, München/Ulm 1952

Hermann Buhl
Privatarchiv Buhl; Abdruck mit freundlicher Genehmigung von Eugenie Buhl

Aleister Crowley
John Symonds, *Aleister Crowley: Das Tier 666*, herausgegeben von Wolfgang Bauer, ins Deutsche übersetzt von B. F. Netthow, Sphinx Verlag, Basel 1983

Hans Hartmann
Hans Hartmann, *Ziel Nanga Parbat: Tagebuchblätter einer Himalaja-Expedition*, Wilhelm Limpert-Verlag, Berlin 1938

Maurice Herzog
Maurice Herzog, *Annapurna: Erster Achttausender*, Ullstein, Wien 1955. Abdruck mit freundlicher Genehmigung von Elisabeth Herzog

Hanns Hieronimus
Reinhold Messner, *Der Eispapst: Die Akte Welzenbach*, S. Fischer Verlag, Frankfurt am Main 2019. Abdruck mit freundlicher Genehmigung des S. Fischer Verlags

Jules Jacot-Guillarmod
John Symonds, *Aleister Crowley: Das Tier 666*, herausgegeben von Wolfgang Bauer, ins Deutsche übersetzt von B. F. Netthow, Sphinx Verlag, Basel 1983

König von Nepal
Harald Lechenperg (Hrsg.), *Himmel Hölle Himalaya*, Copress-Verlag, München 1958

George Herbert Leigh Mallory
Edward F. Norton et al., *Bis zur Spitze des Mount Everest*, ins Deutsche übersetzt von W. Rickmer Rickmers, SVB Sportverlag, Berlin 2000

Willy Merkl
Archiv des DAV; sowie: Karl Herrligkoffer (Hrsg.), *Willy Merkl: ein Weg zum Nanga Parbat*, Bergverlag Rudolf Rother, München 1938

Albert Frederick Mummery
Albert Frederick Mummery, *My Climbs in the Alps and Caucasus*, 2. erweiterte Ausgabe, Thomas Nelson & Sons, London et al. 1908.
Deutsche Übersetzung der Briefe von Walter Schmidkunz

Noel Odell
Edward F. Norton et al., *Bis zur Spitze des Mount Everest*, ins Deutsche übersetzt von W. Rickmer Rickmers, SVB Sportverlag, Berlin 2000

Marco Polo
Harald Lechenperg (Hrsg.), *Himmel Hölle Himalaya*, Copress-Verlag, München 1958

Hermann von Schlagintweit
Hermann Schlagintweit an Alexander von Humboldt. Darjeeling, 24. April 1855, hg. v. Moritz von Brescius, Linda Martin und Ulrich Päßler unter Mitarbeit von Dominik Erdmann. In: *edition humboldt digital*, hg. v. Ottmar Ette. Berlin-Brandenburgische Akademie der Wissenschaften, Berlin. Version 5 vom 11.09.2019. https://edition-humboldt.de/v5/H0016453

Hermann Schlagintweit an Alexander von Humboldt. Rawalpindi, 11. Dezember 1856, hg. v. Moritz von Brescius, Linda Martin und Ulrich Päßler unter Mitarbeit von Dominik Erdmann. In: *edition humboldt digital*, hg. v. Ottmar Ette. Berlin-Brandenburgische Akademie der Wissenschaften, Berlin. Version 5 vom 11.09.2019. https://edition-humboldt.de/v5/H0016446

Hermann Schlagintweit an Alexander von Humboldt. Kathmandu, 7. März 1857, hg. v. Moritz von Brescius, Linda Martin und Ulrich Päßler unter Mitarbeit von Dominik Erdmann. In: *edition humboldt digital*, hg. v. Ottmar Ette. Berlin-Brandenburgische Akademie der Wissenschaften, Berlin. Version 5 vom 11.09.2019. https://edition-humboldt.de/v5/H0016464

Robert von Schlagintweit
Robert Schlagintweit an Alexander von Humboldt. Leh in Ladak, 26. September 1856, hg. v. Moritz von Brescius, Linda Martin und Ulrich Päßler unter Mitarbeit von Dominik Erdmann. In: *edition humboldt digital*, hg. v. Ottmar Ette.

Berlin-Brandenburgische Akademie der Wissenschaften, Berlin. Version 5 vom 11.09.2019. https://edition-humboldt.de/v5/H0016455

Willo Welzenbach
Reinhold Messner, *Der Eispapst: Die Akte Welzenbach*, S. Fischer Verlag, Frankfurt am Main 2019. Abdruck mit freundlicher Genehmigung des S. Fischer Verlags

Karl Wien
Paul Bauer (Hrsg.), *Kampf um den Himalaja*, Knorr & Hirth, München/Ulm 1952

VON REINHOLD MESSNER LIEGEN BEI MALIK UND IM PIPER VERLAG VOR:

Annapurna – Expeditionen in die Todeszone
Bis ans Ende der Welt
Cho Oyu – Göttin des Türkis
Der nackte Berg – Bruder, Tod und Einsamkeit
Der Philosoph des Freikletterns: Die Geschichte von Paul Preuß
Die Freiheit, aufzubrechen, wohin ich will
Die rote Rakete am Nanga Parbat
Die weiße Einsamkeit. Mein langer Weg zum Nanga Parbat
13 Spiegel meiner Seele
Everest solo – »Der gläserne Horizont«
Gasherbrum – Der leuchtende Berg
Gebrauchsanweisung für Südtirol
K2 – Chogori. Der große Berg
Mein Leben am Limit
Mein Weg – Bilanz eines Grenzgängers
Mord am Unmöglichen – Spitzenkletterer aus aller Welt hinterfragen die Grenzen des Möglichen
m^4 Mountains – Die vierte Dimension (mit Stefan Dech und Nils Sparwasser)
On Top – Frauen ganz oben
Pol – Hjalmar Johansens Hundejahre
Torre – Schrei aus Stein
Über Leben
Überlebt
Vertical – 170 Jahre Kletterkunst (mit Simon Messner)

»Ein Buch, das packt, das mitnimmt.«

Die Rheinpfalz

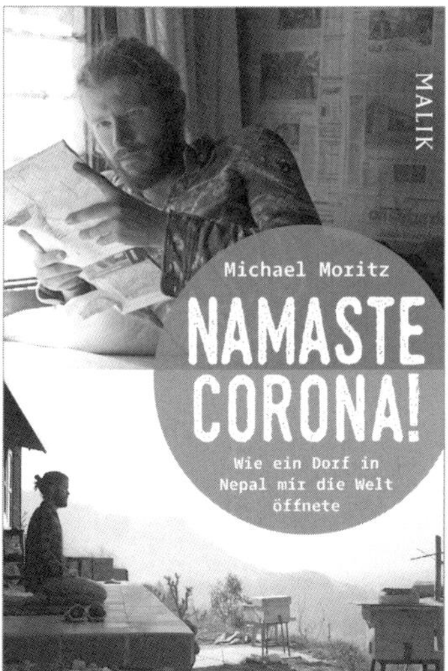

Hier reinlesen!

Michael Moritz

Namaste Corona!

Wie ein Dorf in Nepal mir die Welt öffnete

Malik, 256 Seiten
€ 18,00 [D], € 18,50 [A]*
ISBN 978-3-89029-563-3

Treffpunkt Kathmandu: Hierhin ist der Weltreisende Michael gekommen, um Anna wiederzusehen, seine Seelenverwandte. Als Nepal vom Lockdown überrascht wird, fliehen sie in ein Dorf im Himalaya, umgeben von Regenwald und Reisterrassen. Zunächst ruft man sie »Corona« – Reisende sind plötzlich unerwünscht, sie könnten das Virus im Gepäck haben. Doch als die Nahrung knapp wird und die Not wächst, wächst auch der Zusammenhalt – und die beiden werden für fünf Monate Teil einer Schicksalsgemeinschaft.

MALIK

*Cover- und Preisänderungen vorbehalten

Leseproben, E-Books und mehr unter www.malik.de